职业教育教师专业发展丛书

ZHIYE·JIAOYU
XINLIXUE

职业教育
心理学

曾玲娟 / 主编

北京师范大学出版集团
BEIJING NORMAL UNIVERSITY PUBLISHING GROUP
北京师范大学出版社

图书在版编目（CIP）数据

职业教育心理学/曾玲娟主编. —北京：北京师范大学出版社，2010.7（2024.8重印）
（职业教育教师专业发展丛书）
ISBN 978-7-303-11162-6

Ⅰ.①职…　Ⅱ.①曾…　Ⅲ.①职业教育－教育心理学
Ⅳ.①G710

中国版本图书馆 CIP 数据核字（2010）第 126653 号

教材反馈意见：zhijiao@bnupg.com
营销中心电话：010-58802755　58800035
编辑部电话：010-58806368

出版发行：北京师范大学出版社　www.bnupg.com
　　　　　北京市西城区新街口外大街 12-3 号
　　　　　邮政编码：100088
印　　刷：北京天泽润科贸有限公司
经　　销：全国新华书店
开　　本：730 mm×980 mm　1/16
印　　张：14.75
字　　数：231 千字
版　　次：2010 年 7 月第 1 版
印　　次：2024 年 8 月第 9 次印刷
定　　价：26.00 元

策划编辑：周光明　　　　　责任编辑：周光明
美术编辑：高　霞　　　　　装帧设计：弓禾碧工作室
责任校对：李　菡　　　　　责任印制：马　洁　赵　龙

序

　　进入新世纪以来，国家把大力发展职业教育作为经济社会的重要基础和教育工作的战略重点，职业教育的快速发展推动了我国由人口大国向人力资源大国转变的历史进程。我国职业教育已经发生了重大的变化，也实现了历史性的突破。随着《国家中长期教育改革和发展规划纲要》的制定与实施，深化职业教育改革创新、加快提高职业教育人才培养质量、实现职业教育教学水平全面提高的历史重任，摆到了广大职业教育工作者面前。

　　面对职业教育发展的新机遇、新挑战，努力造就一支师德高尚、业务精湛、结构合理、充满活力的高素质专业化教师队伍，为职业教育改革与发展提供强有力的人力资源支持尤为关键。我国一直重视教师队伍建设，2006 年教育部、财政部印发了《关于实施中等职业学校教师素质提高计划的意见》，2007 年教育部在《关于"十一五"期间加强中等职业学校教师队伍建设的意见》中明确提出了中等职业学校教师队伍建设的指导思想、工作目标和任务，随后实施了专业骨干教师国家级培训、专业骨干教师省级培训，开发重点专业师资培养培训方案、课程和教材以及中等职业学校紧缺专业特聘兼职教师资助计划等一系列项目，对职业教育师资队伍建设起到了巨大的促进作用。

　　与全国一样，广西的职业教育师资队伍建设，在严格教师资质、提升教师素质、提高教师业务水平、完善培养培训体系等方面进行了积极的探索。在此基础上，我们组织编写了《职业教育教师专业发展丛书》。这套丛书从职业科学角度来诠释职业教育管理、职业教育学、职业教育课程与教学论、职业教育研究方法和职业教育心理学的基本理论，在职业教育学科建设方面进行了有益探索。全套丛书从不同侧面展示了职业教育学科的概貌且各具特色。

《职业教育管理》一书，针对职业教育的改革与发展，阐述了现代职业教育管理理论，职业教育管理的职能和方法，职业教育管理体制，职业教育政策与法规，职业教育人力资源管理，职业教育德育管理，职业教育教学管理，职业教育科研管理，职业教育评价等内容，编写过程中注重职业教育管理的前瞻性、现实性和科学性，将职业教育管理的理论与实践相结合，并为职业学校的教育管理工作者提供了很好的管理案例。

《职业教育学》一书，汲取职业教育学学科建设的积极成果，立足中国职业教育实践的实际，以行动导向理念为指导，建构有区域特色和实践应用性的职业教育学。在此基础上，本书在职业教育学学科发展史、职业教育发展历史介绍的基础上，讨论职业教育学的学科性质、研究对象、职业教育的本质、目标、体系等基本问题，辨析、澄清一些理论和实践问题，并对职业教育人才培养过程中的专业设置、教学、德育、职业指导和教师专业成长等基本环节、要素进行介绍和探索，试图为职业教育人才培养、师资培训等工作给予可能的导向。

《职业教育课程与教学论》一书，着眼于对职业教育发展中亟待解决的现实问题的研究，如课程开发、教学设计与实施等，阐述了从职业科学角度将职业知识融入职业教学的思路和流程，强调了在熟悉相关职业领域里工作过程知识基础上，将职业知识融入课程开发之中并通过行动导向的教学实现职业能力培养目标的职业教育课程观与教学观，使本书既具有对职业教育课程与教学理论的思考，又具有实际运用的职业教育课程与教学的实践参照。

《职业教育研究方法》一书，借鉴普通教育研究方法，结合职业教育研究的特殊性，按照研究者完成课题可能涉及的主要研究方法，逐层展开研究思路。全书从职业教育研究选题与设计入手，对职业教育观察法、文献法，调查研究、实验研究、行动研究、叙事研究方法进行深入探讨，并从定量分析、研究成果表述与评价方面为读者提供了提炼研究成果的思路与方法。同时，本书每一章都附有相关案例剖析，设身处地为读者活学活用本书的研究方法提供了蓝本。

　　《职业教育心理学》一书，以先进的教育教学理论为指导，以职业院校学生学习活动为主线，聚焦于职业院校教与学过程中的心理学基本规律，着重阐述了职业院校的学生心理特点和学习规律，分析了影响职业院校学生和教师心理问题的因素，提出了师生心理健康的维护策略，围绕学生的学习动机、课堂管理与教学等主题进行了有益的探讨，此外还介绍了职业态度的培养、职业素质测评与职业指导的相关内容。本书既具有对职业院校学生与教师心理规律的理论探索与思考，又具有运用心理学规律来实施职业教育教学的参考指导作用。

　　本套丛书的编写团队，由专门研究职业教育的学者、一线的职业院校教师、教育管理人员、教师教育研究人员等共同组成。这套丛书可以作为职业教育教师资格培训考试、职业教育教师职前培养和职后培训的教材，也可以作为各级教育行政部门、职教科研单位、职教师资基地进行职业教育学科研究和交流的材料。

　　职业教育学科建设直接影响职业教育教师专业化发展。现代职业教育客观上要求职业教育教师既具备一般性专业科学的知识，还必须掌握与工作过程、技术和职业发展相关的知识，职业教育教师的教学实践必须与不断变化的专业技术人员的职业实践相适应。虽然，在职业教育学科建设、职业教育教师专业发展方面我们取得了可喜的成绩，但是必须清醒地认识到，职业教育研究领域还有许多亟待研究解决的问题。可以说，我们还任重道远。

　　　　　　　　　广西壮族自治区　　高校工委　书记
　　　　　　　　　　　　　　　　　　教育厅　厅长　　高　枫
　　　　　　　　　　　　　　　　　　2010 年 3 月

目 录

第一章
绪论

　　20世纪90年代以来，伴随着我国职业教育和心理学事业的快速发展，职业教育心理学的研究成为摆在我们面前的一项重要课题。无论是教师的"教"或是学生的"学"，无论是教师发展或是学生成长，都需要我们把握职业院校情境中教与学过程中的心理学基本规律，针对影响职业院校学生和教师心理问题的因素采取师生心理健康的维护策略。作为职业院校的教师，还应清楚学习的实质，尊重学生的心理特点和学习能力，能够依据学生个体发展的规律和学习发生的规律来进行教学或进行课堂管理。作为直接指向就业的教育，职业院校的专业教学与训练解决的是学生"能就业"的问题，但从人的发展的角度来看，职业院校还应在学生职业态度的培养与引导以及职业指导等方面进行有益的探索，从心理学视角来解决学生"乐就业"的问题，通过教与学的互动，使学生在校期间就能为相关职业素质的养成和职业心理的良性发展打下基础。

　　职业教育心理学就是探讨职业院校师生双方"如何教"和"如何学"的相互作用中基本规律的科学，心理科学理论是职业教育理论构建和实践探索的基础，学习和研究职业教育心理学，有利于职业教育院校的教师提高业务素质，完善知识结构和心理结构，运用科学的心理学理论指导职业教育实践，实现自身的专业化发展。

第一节　教育心理学概述

　　职业教育心理学是教育心理学的一门分支学科，二者是具体与一般的关系，要全面深刻地理解职业教育心理学，我们首先应该对教育心理学的相关内容有一个简单的了解。

一、教育心理学的研究对象

每一门学科都是根据自己研究对象的独特性来区别于其他学科的，教育心理学的研究对象究竟是什么？这个问题在教育心理学发展历史上曾经走过一段弯路，在心理学的早期发展阶段，人们认为教育心理学是把普通心理学的理论应用于教育、教学过程的应用心理学分支，教育过程在教育心理学的指导下，会变成如同技术科学一样的精确。但后来人们意识到，心理学是科学，教学是艺术，而科学从来不能从自身引申出艺术。

现在，越来越多的教育心理学家都认同教育心理学不是教育学和心理学的简单相加，而是具有独立研究对象的一门学科。"教育"有广义与狭义之分，广义的教育指有意识影响人、培养人的活动，包括家庭教育、学校教育、社会教育等基本形式。狭义的教育是指专门通过教育机构进行的有目的、有计划、有组织的教育过程，一般指学校教育。因而，关于教育心理学的定义大体上也有两种观点：一种认为，教育心理学是研究教育过程中的现象及其规律的学科。另一种观点则认为教育心理学是有关学校情境中学与教的心理规律探索的学科。由于个体从儿童、少年到青年，绝大部分时间在学校学习和活动。因此，我们认为，把教育心理学定义为"是一门研究学校情境中学与教的基本心理规律的科学"是合适的。这一定义包含四层意思：第一，教育心理学的研究对象是学校学与教情境中人的心理现象，而不是研究一切教育领域中的心理现象。第二，在学校学与教情境中人(施教者和受教者)是活动的主体、行为的承担者，是教育心理学研究关注的焦点，在学校教育的过程中既有教师的教，又有学生的学，教有教的法则，学有学的规律。教师的教必须以学生的学为依据，学生的学又是在教师的指导下进行的。教育心理学既要研究学生如何有效地学习，同时又要研究如何指导学生进行有效地学习。第三，要密切结合教育过程来探讨、揭示学与教的基本心理规律。学与教是教育过程中不可分割的方面。无论是学习中的心理活动还是教学中的心理活动都是在教育过程中发生、发展并表现出来的，离开了教育过程就无从研究和无法理解这些心理活动。值得注意的是，教育心理学不同于教育学，它不研究教育过程本身，而是着重研究在教育过程中学习与教学活动中的心理学问题。第四，教育心理学的基本任务是揭示学校教与学情境中人的心理活动及其交互作用的运行机制和基本规律，而不仅仅是对学与教中的心理现象进行描述。

当把教育心理学定义为研究学校情境中教与学或学与教的基本心理规律的

科学时，教育心理学的研究内容也开始表现出越来越集中的趋向。在当前国内外教育心理学体系中，除重视学习心理外，对品德心理、教学心理、教师心理、能力与个别差异和教育社会心理等内容也日渐重视，近两年学校心理健康教育的内容也开始出现在我国教育心理学教科书中。上述内容从总体上看，都是围绕学与教及两者相互作用过程而展开的。

二、教育心理学的研究任务

教育心理学是心理学与教育学相结合的产物，是一门交叉学科，因此它既有教育学的性质任务，又有心理学的性质任务，教育心理学具有双重任务：一方面，需要分析教育过程中的各种心理现象，研究、揭示教育过程中学生学习的性质、特点、类型以及各种学习的过程及条件，阐明各种教育措施对学生的心理影响，揭示心理发展与教育的依存关系；另一方面，研究如何运用学生的学习及其规律，为教育工作者科学地、卓有成效地解决教育实践中的各种问题提供依据和参考，更有效地达到提高教育质量、培养合格人才的目的。

教育心理学的双重任务，概括起来说就是进行理论研究和为实践服务。在我国教育实践领域中有许多问题亟待教育心理学去解决。比如，学生的学习动机问题、创造力问题、教与学的课堂教学与策略问题、教育社会心理问题、教师心理以及学科教学心理的问题，都应在教育改革的实践过程中加以研究。同时，从教育过程这一侧面对一些心理规律进行探索，形成相关的理论，可以促进教育心理学和整个心理科学的发展，充实心理科学理论库。

三、教育心理学的研究趋势

教育心理学经过近百年的发展，目前正处于快速发展时期，受当代社会思潮和自然科学的影响，教育心理学研究呈现出以下趋势：[①]

1. 研究学习者的主体性

研究如何使学生主动参与教和学的过程，对自身心理活动做更多的控制。如，探讨学生怎样进行知识建构，探讨如何为学生创设最近发展区以促进其认知发展，如何营造以学习者为中心的学习环境等。

2. 研究学习者的能动性

研究元认知和自我调控的学习。

---

① 陈琦，刘儒德．当代教育心理学[M]．北京：北京师范大学出版集团，2007 年 4 月第 2 版：12.

3. 研究学习的内在过程和机制

如研究知识获得的深层加工过程、先前经验的构成以及概念转变过程等。

4. 研究社会环境的影响

共享教和学中所涉及的人类资源，重视在一定背景下组织起来一起学习，把个人的科学思维与同伴合作相结合。

5. 研究实际情境的影响

如探讨实际问题情境和真实性任务对学习的作用、基于问题的学习、结构不良领域的问题解决等。

6. 研究文化背景的影响

如不同文化背景对学习的影响、多元文化的交汇对教学的影响。

7. 研究学习环境设计和有效教学模式

如研究发现和探索学习、合作学习、支架式教学等。

8. 研究信息技术的利用

如研究网络环境下的学习与远距离教学、信息技术环境下学习过程与教学模式等。

第一节　职业教育心理学的概念与体系

职业教育心理学，又称职业技术教育心理学，是教育心理学的重要分支，也是教育心理学在职业教育领域的积极拓展，是职业教育的主要理论基础之一。从 20 世纪 70 年代末 80 年代初开始，随着心理科学和职业教育的逐步恢复与发展，我国职业教育心理学研究领域也逐渐呈现出繁荣的景象，其研究内容涵盖了职业教育心理学的学科基本理论问题、职业教育教学心理、职业院校学生学习心理、职业培训心理、高技能人才培养问题、职业教育心理学课程建设、教材建设与教学改革研究等方面。[①]

进入 21 世纪以来，中国现代化建设的要求和全面建设小康社会的号召，为职业教育的发展迎来了新机遇。特别是自 2002 年全国职业教育工作会议以来，职业教育的改革和发展取得了新的重大成就，同时也带来一系列研究课题，如职业院校学生就业心理压力的调适、自信心的建立、职业技能实训中师生心理

---

① 　徐大真，金太亮. 中国职业教育心理学回眸：1978－2008[J]. 江苏技术师范学院学报，2008，23(10)：12～16.

的沟通、职业院校学生道德教育的心理障碍研究等，亟待从事心理学研究的教师和科研人员关注这个领域中的新问题，为职业教育质量的提高提供心理理论的支撑。正是在此背景下，中国职业教育心理学研究，从起步到飞跃，研究队伍不断壮大，在研究成果数量和质量上都有显著提高，研究内容日益丰富。职业教育心理学要更好地为我国职业教育事业发展和深化职业教育改革服务，应以职业教育对心理学的基本要求为出发点，以解决职业教育实践中的心理学问题为目的，根据我国职业教育实践的实际情况来确定自己的研究课题和工作范围。

一、职业教育心理学的概念与研究对象

作为一门正在处于发展过程中的学科，要建立其学科体系，首先必须明确其研究对象究竟是什么。职业教育心理学是心理学与职业教育相结合的产物，是教育心理学的一门重要分支学科。现代职业教育心理学不再也不应是心理学理论的职业教育学延伸，而是以心理科学为指导来研究职业教育领域现实中的教与学的问题。职业教育心理学的研究对象应该既包括职业教育教学情境中学生学习时的心理现象及规律，也包括教师在教育教学时的心理现象及规律，还包括教师和学生在职业教育教学活动中相互影响、相互作用时的心理现象及规律。由于教师和学生都是独立的主体，某一方的心理行为表现必然会对另一方产生影响，因此，可把职业教育心理学看作是研究职业教育教学情境中教师和学生及其相互作用时的心理现象及规律的科学。结合前面第一节对教育心理学定义的分析，在本书中我们把职业教育心理学定义为"研究职业院校情境中学与教的基本心理学规律的一门应用科学"。为了更好地理解这一定义，有必要作以下三点说明[①]。

(一)职业教育教学情境

职业教育教学情境，是教师和职业院校学生进行教与学的活动时所处的一种特定的社会情境。美国社会学家卡尔(L. T. Garr，1945)认为社会情境是由人、文化特质、特殊关系、特殊意义、活动过程、时间地点六个因子综合而成。在职业教育教学情境中来理解这六个因子："人"是指正在从事职业教育教学活动的教师和正在从事职业学习活动的职业院校学生；"文化特质"是指师生所具

---

① 冉苒. 关于职业教育心理学研究对象的思考[J]. 职教通讯，2004(12)：9～11.

有的一定的文化素养，是职业教育教学活动得以顺利进行的前提条件；"特殊关系"是指由教师和学生共同构建的一种新型的师生关系，即教师有正确的育人观、尊师爱生、教学相长；"特殊意义"，指通过职业教育教学，不仅使学生掌握职业技术知识、形成职业技能、发展职业能力，更重要的是使学生形成一定的职业观念、职业道德，使之成为社会所需要的人；"活动过程"是指职业教育教学活动是一个过程，具有动态的特点；"时间地点"指任何职业教育教学都是在一定时间、一定地点进行的。

综上所述，职业教育教学情境是由具有一定文化素养的已经构成新型师生关系的教师和职业院校学生，在特定的时间和地点所进行的旨在使学生掌握职业技术知识，形成职业技能、发展职业能力，养成一定的职业观念和职业道德的职业教育教学活动。

(二)职业教育教学情境中的互动系统

职业院校的教师和学生是职业教育教学情境因素中最活跃、最核心和最具决定性的两个因素，这两个因素决定着职业教育教学活动的过程与形式、质量与效益和教学内容的取舍，完成职业教育教学活动的任务。在职业教育教学活动中，教师担负着教书育人的任务，是施教的主体，起主导作用；职业院校学生是学习和发展的主体。从教的角度看，教师处于主体地位，学生处于客体地位；从学习和发展的角度看，学生处于主体地位，教师处于客体地位。因此，教师和学生是职业教育教学活动的复合主体，而不是平行的双主体，他们的共同客体是职业教育教学的内容。教师的教和学生的学，一刻也离不开教育教学情境的影响和制约，同时教与学的成效也会反作用于教育教学情境，从而引起教育教学情境（特别是气氛）的变化。教师的教、学生的学和职业教育教学情境三者的关系，是相互影响、相互作用的关系，三者构成一个"互动系统"，职业教育教学中的一切现象、问题，都是由这个互动系统造成的，只有抓好这三个因素及其互动系统中的一切，职业教育教学才能顺利进行。这个互动系统并非仅是职业教育心理学要研究的，它同时也是职业教育学等学科所要研究的。职业教育心理学，主要是研究职业教育教学活动中教师和学生交互作用时所产生的心理现象及其规律这一部分。

(三)职业教育教学情境中师生的心理现象及其规律

职业教育教学情境中，教师和学生均有许多复杂的心理现象，这些都是职业教育心理学的研究对象。比如，学生的学习动机问题、学生的有意义学习问题、学生的学习效率问题，还有学生的职业能力、创新能力发展以及学生职业观念、职业道德的形成问题等。教师在教育教学中起主导作用，不仅指教师拥有相对于学生来说更多的专业知识，更是指教师掌握着学生从不知到知、从知之不多到知之甚多的过程中的许多规律，其中包括掌握着学生的心理规律。教师对互动系统中师生的心理现象及其规律掌握得越好，在教育教学工作中就越能做到主动有效。

从以上论述可见，职业教育心理学被看成是教育心理学的一门分支学科，因此，职业教育心理学毫无疑问地在基本原理方面更多地依存于教育心理学，在学科性质上也更接近于教育心理学。但是，职业教育心理学是较教育心理学更为具体化的一门应用学科。职业教育心理学是心理学与职业教育相结合的产物，其研究对象就是职业教育过程中学与教的基本心理规律。从这一对象出发，这门学科的理论体系不仅首先应密切结合职业教育过程去总结、概括出基本原理，而且更要运用这些原理去研究、解决职业教育中的实际问题，为职业教育实践与改革服务。它所研究探讨的课题来源于职业教育实际工作的需要，对职业教育教学中的心理现象与规律进行科学分析和揭示，并提出科学合理、切实可行的教育策略，对职业教育教学具有实际的指导意义。所以，职业教育心理学与心理学是具体与一般的关系，它既有对教育心理学内容的依存与继承，也应具有相对的独立性，有其自身的理论体系。

二、职业教育心理学的内容体系

职业教育心理学研究必须及时地吸收本学科和某些相关学科的研究成果，调整自身的学科体系。正如台湾心理学家张春兴所言："教育心理学是所有心理学领域内需要最大、应用最广、对象最多的一门心理学。"从组成内容上说，职业教育心理学将包含相关的学习理论、教学理论、心理发展理论、职业院校师生心理理论、职业心理理论、教育社会心理理论相互联系的六大块；从理论观点上看，除了认知观点外，职业教育心理学还将吸收其他心理流派、理论学说的精华，如行为主义、人本主义、精神分析等方面被证明是正确的理论观点来充实和完善自身的理论体系。这样，职业教育心理学的研究内容将十分繁杂，另外，职业教育心理学研究内容的构建还应充分考虑其面对的对象以及其欲解决的问题等。因此，为了更好地把握职业教育心理学的研究内容，我们可以从以下几个不同层面来对其内容体系加以建构①：

(一)理论的职业教育心理学(基础的职业教育心理学)

主要探讨职业教育心理学的概念、对象、性质与作用；职业教育心理学的特点；职业教育心理学的内容和范畴、体系与结构；职业教育心理学的任务、研究方法；学习职业教育心理学的意义和方法；职业教育心理学与邻近学科的关系；职业教育心理学的基本理论；职业教育心理学的发展等。

(二)应用的职业教育心理学

应用的职业教育心理学的研究范围可以从以下几个方面来构建：①宏观的职业教育心理学。主要研究社会因素对职业教育产生的心理影响；社会教育中受教育者的心理；社会环境对职业教育的心理影响；社会发展对职业教育的心理影响等。②中观的职业教育心理学。主要研究职业院校集体中的社会心理学问题；职业院校个体与个体间的社会心理问题；影响个体发展的社会因素和社会心理问题；职业院校中的个体与集体的社会心理问题；社区道德、成人娱乐、教育中的社会气氛对职业学校学生的影响；职业院校的老师、学生与家庭、成人社会的一体化等问题。③微观的职业教育心理学。主要包括：对职业教育内容的心理分析，其中以学习心理为核心，教学心理为主体；职业院校学生的心理分析(个别心理差异)，包括学生个体心理、个别差异，学生集体或团体心理，学生个体与集体心理；职业院校教育工作者的心理分析，其中教师心理是主要的、核心的内容。

(三)专项的职业教育心理学

主要针对某些领域的关键性操作技能进行的心理学分析，并提出了一些训练方法。例如陈立的《细纱工培训中的几个心理学问题》对有关操作流程与培训方法的研究，中国科学院心理研究所有关人员对冲压操作合理化和炼钢工人视觉火焰判断的研究，徐联仓等对装配流水线传送带生产中错误操作的心理分析研究以及对提高手纺产品质量进行的系统研究等，荆其诚、李家治先生对信号显示、照明度标准视觉等的研究。这些研究对生产实践均有一定的指导作用，

---

① 王燕，董圣鸿．职业教育心理学教材内容体系的分层构建[J]．职教论坛(教研版)，2006(5)：28～29.

促进了职业技能培训工作的发展与完善。这类教材或研究不强求理论体系，而强调操作，从职业分析入手，确定职业工作对从业人员和职业教育的要求，然后围绕这一要求进行展开，依据工作需要来寻求心理学方面的理论支持，再从教师的角度探讨如何进行教学设计。

第三节　职业教育心理学的发展

改革开放三十年来，伴随着职业教育和心理学事业的快速发展，我国职业教育心理学在学科定位、结构体系、发展方向、学科分布、人员队伍建设等方面都取得了突破性进展，出现了较为繁荣的景象，主要表现在研究队伍不断壮大，研究领域不断扩展和深入，也出现了一些有特色的职业教育心理学著作。但从总体上看，我国职业教育心理学发展状况不容乐观，在发展过程中也暴露出诸多问题。

一、职业教育心理学发展中存在的问题[①]

与职业教育改革和发展实践的要求，与国际职业技术教育的发展形势相比，我国职业教育心理学还存在很大的差距。在实际工作和理论研究中，我国职业教育心理学在发展进程中存在的突出问题表现在以下几个方面：

(一)角色定位不恰当

职业教育心理学是一门性质特殊的重要分支学科，但在目前的学科体系中，它或作为教育心理学的"附庸"而存在，或寄生于职业教育学，处境非常尴尬。在职业教育的学科建设中，职业教育心理学的角色变得可有可无，大多空位、缺位或者错位。在职业院校，职业教育心理学如同"塑料花瓶"一般"好看不中用"，说起来相当重要，做起来排在次要，忙起来根本不要，只是在特别需要时才被搬出来作为"装饰与摆设"，或是作为学校教育创新发展的门面，或是在申报与论证课题、制订发展计划时才被一些研究者提出。

(二)结构体系不成熟

构建职业教育心理学体系，目前基本上有两种思路：一种是职业教育与教

---

① 崔景贵.我国职业教育心理学发展的困境与变革[J].职业技术教育.2006(22)：68.

育心理学的"对接"与"嫁接";一种是依据职业教育工作实际需要来寻求心理学理论的支撑与支持。这两种思路都不完全适合职业教育改革与发展的需求,由此导致了职业教育心理学课程教学和教材编写的"普教化"问题,缺乏应有的职业教育特色。在一些职业技术师范院校,比较通行的做法是努力反映职业教育领域的最新研究成果,不断增加教育心理学研究的新课题,把师生心理、学习心理、教学心理、社会心理、管理心理与职业心理等几块内容组合,将这些内容相加包容于一体,还没有形成相对成熟、比较公认的学科框架和结构体系。

(三)作用发挥不理想

职业教育改革与发展、决策需要职业教育心理学研究提供切实的心理学依据。但职业教育心理学大多借用或套用教育心理学的思想观点和研究成果,多停留在对问题研究阶段,影响机制和干预研究少,从宏观上研究我国职业教育改革、职业学校素质教育现实情况并为之服务的研究更少,投入的力量也远远不够,以致在职业教育深化改革、推进素质教育迫切需要职业教育心理学为之服务的时候,职业教育心理学在功能发挥上游走于"边缘",作用微弱。国内已经出版的职业教育心理学著作和教材的学术贡献固然可贵,但总体而言,都存在着缺乏深入性或针对性的问题,缺乏应有的改造创新和职业教育特色,缺少对职业教育活动心理规律的深层次把握,学术影响力不够大,对职业教育实践与研究的科学指导性不够强。

(四)发展方向不明确

职业教育心理学是职业教育与心理学等相结合的产物,是一门交叉学科。在学科划分上,职业教育心理学究竟属于职业教育学还是属于教育心理学,学术界也是众说纷纭,至今尚未达成共识。在学科发展走向上,职业教育心理学还没有成为一门相对独立的分支学科,还没有形成自身独特的话语体系。研究者在研究过程中,往往是"东一榔头西一棒子",在研究过某一课题之后,又去研究与这一课题基本没有关联的另一问题,缺乏深入性、长期性、系统性。也可以说,职业教育心理学与其他学科良性互动的发展格局还没有形成,我们还没有找到比较适合的职业教育心理学的发展路径。

(五)建设效益不显著

职业教育心理学是适应现代社会职业教育的需要而产生和发展起来的。在社会对职业教育的需求呈旺盛与快速发展的背景下，职业教育心理学可以也必须有所作为，能够也应该产生好的职业教育效益和社会效益。但目前现实的基本状况是低起点、重复性的研究多，突破性、创新性的研究少，结合中国文化背景和职业教育特点进行"本土化"深入研究则更少，由此导致职业教育心理学在职业技术师范院校游离于人才培养教育教学体系之外，成为教师教育（师范类）专业的"额外附加"，处于一种可有可无的"多余人"位置，甚至变成了食之无味、用之不得、弃之可惜的"鸡肋"。

此外，职业教育心理学发展的问题还表现为地区发展不平衡，政策保障和经费投入不到位，基础理论相对薄弱，理论创新能力不强，对重大现实问题研究力度不够大，有重大影响的精品力作不够多，科研体制、服务和发展机制没有真正建立等。

二、对职业教育心理学发展问题的多维反思

职业教育心理学作为一门新兴学科，在发展中存在以上问题在所难免，要突破其发展瓶颈，就必须放开思路，追根溯源，寻找导致上述问题的根本所在。

1. 发展路径的单一

职业教育心理学在我国发展的这 20 多年里，其发展缺乏一个系统整体的规划，既没有积极引进西方发达国家职业教育心理学的优秀成果，也没有立足于我国职业教育实际，进行深入的本土化研究；既没有贴近职业教育发展实际，也没有紧随教育心理学的前沿。各研究者随意而为，各走各的路，彼此的沟通对话甚少，各自为政。

2. 建设格局的封闭

职业教育心理学是与多种学科密切联系的一门交叉性学科，具有鲜明的跨学科性，理应向多学科开放，而事实上，职业技术师范院校闭门造车来搞学科（方向）和课程建设，即便是同一研究领域，理论建设工作者和实践工作者也缺乏展开学术对话与交流分享的机会，其结果必然导致理论与实践的严重脱节。

3. 研究视野的狭隘

职业教育心理学的研究视野相对比较狭隘，研究课题和内容基本是职业教育与心理学共同关注的"交集"，常常把重大的、重要的职业教育心理学课题人为地排除在专业研究领域之外；应用性、服务性、系列化、争鸣类的研究少，为职业教育改革发展创新服务的研究成果寥寥无几。

4. 课程教学的缺陷

目前，职业教育心理学是职业技术师范院校学生的教育类公共必修课程，但普遍不被重视、不受欢迎。其不仅时间安排偏少，而且教学内容远离或偏离职业教育，教学方法启发性、互动性不强，理论灌输比较多，教学实践环节薄弱，教学评价考核方式单一。职业院校教师继续教育与学习培训中，真正有关职业教育心理学的内容也大多是象征性的、点缀性的。

5. 专业队伍素质不高

我国进行职业教育研究的机构和人员日益增加，但潜心从事职业教育心理学研究的人员数量相当少，高层次的专业化研究人才奇缺，一些研究者反映在国内很难找到能够进行对话交流的同行，学术研究基本上处于"无语或失语"状态，人才队伍建设缺乏科学、有效的管理，专业结构不合理，缺少科学引导、政策鼓励和财力支持。

三、职业教育心理学发展的基本策略[①]

根据上述分析，有研究者提出了相应的促进职业教育心理学发展对策。

(一)与时俱进的发展理念

实现职业教育心理学的和谐发展，重在建设，贵在创新。与时俱进、勤于探索、勇于创新是发展职业教育心理学的内在要求和必由之路。职业教育心理学的发展，必须坚持为职业教育服务的方向和"百花齐放、百家争鸣"的方针，坚持理论联系实际，推动理论不断创新，积极探索有中国特色的职业教育实践与发展的心理规律，以实践应用研究为主，加强基础理论研究。职业教育心理学要以科学发展观、现代教育思想和心理学新理念为指导，突出重点，凸现特色，强化质量，优化效益，全面加大建设力度，着力打造发展品牌，以学科建设、课程建设、队伍建设为基本依托，以科学研究来促进创新发展，以服务职业教育来积极塑造社会形象。

(二)多元共生的学科范式

在发展范式上，职业教育心理学既要立足于现在又要着眼于将来，既统领全局又兼顾局部，做到学科建设、巩固与提高并重。从理论和逻辑上分析职业

---

① 崔景贵. 我国职业教育心理学发展的困境与变革[J]. 职业技术教育，2006(22)：68.

教育心理学的"成长"，其发展范式也应是多元的。既有基于职业教育科学的范式，也有基于职业（技术）科学的范式，还有基于教育心理科学的范式；既有偏重于对职业教育基本范畴心理规律研究的教育学科范式，也有侧重于对心理发展与职业教育关系研究的心理学科范式；既有侧重于研究职业教育教学心理规律的范式，也有侧重于研究职业教育学习心理规律的范式。应该说，职业教育本来就是纷繁复杂的，其逻辑起点必然是多元的，而且心理学的发展更是流派纷呈、此起彼伏，这就决定了职业教育心理学学科范式发展的多样性和复杂性。

（三）开放互动的学术机制

促进交叉学科的发展是目前科学界普遍关心的问题之一，而针对社会需求开展合作研究和学术交流是推动交叉学科研究发展的方向之一。职业教育心理学要向社会开放，把握职业教育的社会需求，积极吸纳社会职业教育资源，主动向社会学、文化学、经济学、教育学、心理学、经济学、伦理学等多学科开放。职业教育心理学的课题研究仅凭个人的努力是难以胜任的，需要集体的智慧和力量协作完成。因此应该欢迎、鼓励和支持多学科专家（如心理学工作者、职业教育工作者，职教行政管理人员等）共同协作，从多方面、多角度研究职业教育心理学课题。同时应积极组织召开高层次的职业教育心理学学术研讨会，就学科当前的焦点和重大问题进行国内或国际合作研究。

职业教育心理学理论工作者要自觉深入职业教育改革实践、参与职业教育决策，从创造性实践中汲取营养，实现理论进步。而实践工作者也要主动学习职业教育心理学理论与方法，在理论的科学指导下，更新教学观念，改善教学行为，提升教学水平。

（四）分层整合的结构体系

职业教育心理学是一个复杂的多层次、多维度的系统，有广义和狭义之分。有研究者主张，职业教育心理学体系应分为理论、应用和专项三个层次，其中应用的职业教育心理学又可以分为宏观、中观和微观三个层次。从教育主体来划分，职业教育心理学有职业学校、家庭和社会三大类别；从纵向层次上划分，有初等、中等与高等职业教育心理学；从横向服务范围来看，有岗前、转岗和在岗的职业教育心理学。最重要的是，能站在当代职业教育和心理学学术发展的前沿，处理好为实践服务和推进学科建设的关系，在科学分层的基础上纵向有机衔接、横向融会贯通，着力建设有中国职业教育特色的职业教育心理学体系。

(五)求真务实的课程建设

课程建设是职业教育心理学发展的重要基础。求真，就是要倡导科学性，研究、把握职业教育心理的特殊规律，研究本真的职业教育心理学问题，科学界定其课程性质，科学推进课程建设。务实，就是课程建设要有针对性，尤其要紧密联系我国职业教育改革发展实际、职业院校学生发展实际和职业学校办学实际，强化和优化课程实践教学环节，注重培养学习者的实际应用能力和专业实践能力。职业技术师范院校要站在培养职教师资专业人才和彰显办学特色的高度，采取务实的倾斜和扶持政策，整体提升职业教育心理学的课程建设水平。

(六)服务为本的实践模式

职业教育最突出的特点是应用性和实践性，职业教育实践是职业教育心理学发展的源泉和动力。职业教育心理学要坚持"以育人为本"的理念，进一步认识"职业教育的对象是人，职业教育是由人来实施"的这一特殊现象，围绕"职业教育促进人的心理发展"问题，加强实践性、实证性和应用性的研究。要坚持"以服务特色人才培养为本，以服务职业教育发展为本"，加强服务职教的科学性，突出服务职教的针对性，注重服务职教的实效性，把握服务职教的创造性，坚定不移地为职业教育决策服务，为我国职业教育改革发展与创新实践服务。

第四节 职业教育心理学的研究原则与方法

任何一门科学除了要有明确的研究对象、目的和任务外，还需要不断地明确自身的研究原则和完善自己的研究方法，并在实践中得到积极应用才有可能顺利发展。职业教育心理学与心理学的其他分支学科在研究的基本原则和具体研究方法上基本一致。但由于领域的特殊性，在具体的原则与方法上职业教育心理学表现出自身的一些特点。

一、职业教育心理学研究的基本原则

从国内外职业教育心理学的研究成果来看，以下几个原则必须予以重视。

1. 客观性原则

就是指研究者要尊重客观事实，按照事物本来的面目准确地反映事物的实质。要杜绝主观臆断，防止想当然地作出结论。我国的职业教育具有很强的专业性，教育对象基础差、底子薄，职业教育注重职业能力的培养，要求学生具有较强的动手创造能力，这些都是我国职业教育的客观情况，在研究过程中应充分考虑到这些现实情况。

2. 教育性原则

就是研究者所选择的研究手段、方法、措施及内容都要对学生的身心发展有利，有教育意义。职业教育不是单一的知识传授或技能训练的教育；不是"补差"式教育或者"二流"的教育；不是学习"失败者"的教育；也不是消极防御、被动应付的"救火式"教育。职业院校学生的个别差异性很大，他们也区别于普高生和普专生，职业教育对学生的培养不应该按照同一个标准，而应该鼓励学生扬长避短、个性化、多元化发展。作为研究者，亦应树立以人为本、助人自助、育人至上的教育理念。

3. 整体性原则

要求研究者在课题设计、资料分析、观点确立中，从全面、发展、联系的角度出发，防止片面、静止、孤立地分析问题。

4. 理论联系实际的原则

教育心理学的课题来自教育实践，它的研究结果要付诸教育实践，所以教育心理学的研究工作必须和教育实践密切结合，以获得其实际效用。就职业教育实践而言，负责施教者是本地区的教师，接受教育的是本地区的学生。因此，任何有关教与学的问题，全都是本土性的。针对本土性的职业教育问题，选择适当的研究方法以谋求解决，才能促进中国职业教育教学的改革深化与创新发展，建立真正适合中国本土文化的、具有中国特色的职业教育研究范式。

二、职业教育心理学研究方法

"工欲善其事，必先利其器。"这里的"器"就是工具、方法。科学的每一步发展都离不开其研究方法的发展与进步。巴甫洛夫说过："科学随着方法学获得的成就而不断跃进，方法学每前进一步，我们仿佛上了一个台阶，于是我们就有了更广阔的视野，看见从未见过的事物。"职业教育心理学的首要任务是揭示职业教育实践过程中的心理活动规律，更好地为我国职业教育事业发展和深化职业教育改革服务。社会的进步和发展给职业教育心理学研究者提出了大量急需解决的心理学问题，了解和学习职业教育心理学研究方法为我们解决问题提供了有效的工具。职业教育心理学的研究方法是多种多样的，概括起来，其基本方法有如下几种：

(一)观察法

观察法是在教育过程中直接观察并记录个体某种心理活动的表现或行为变化，从而对学生心理进行了解。在学校教学、教育活动中，教师经常采用此法观察学生的行为。在教学情境下观察学生的行为，可以获得多方面的资料，如通过观察，随时注意学生学习进步的情况，或学习的困难所在，作为辅导学生学习与调整教学方法的参考，教师可以发现学生对自己的反映，借此加强或改进师生间的关系。

观察法是教育心理学研究最基本、最普遍的方法，它可以直接使用，也可以结合其他方法进行，使用起来方便易行，对教育过程不会发生干扰，所得的结果比较符合实际。但其不足之处是只能了解学生心理活动的某些自然的外部表现，而不能对心理活动的进行施加影响，从而更深入地了解它的过程；同时观察者所获得的资料，难免带有主观的色彩，因而影响其准确性。为了使观察尽量客观、准确，观察者宜注意下列几点：(1)每次观察不宜太广泛，最好只观察少数或一种行为；(2)所观察的行为须事先明确规定；(3)观察时应随时记录，或利用录音、录像、摄影等仪器帮助；(4)每次宜用较短的时间，对同一类行为，可做多次重复观察。

(二)调查法

调查法的途径和方式是多种多样的。如通过谈话要求学生本人作口头回答；通过家访了解学生平时在家中的情况；通过查阅材料(如班级鉴定、教师评语、学生的作业等)进行分析。教育现象错综复杂，采用调查可以有针对性地收集先前资料，以把握好研究方向。常见的调查方式有问卷法、访谈法、文献分析法等。其中的问卷法简便易行，取样具有广泛性与代表性，并且大样本可以抵消一些中间变量的影响，研究结果的统计处理具有科学性。采用问卷法虽有这些优点，但也有某些很难克服的缺点。如问卷中题目的用语有时容易表露某种期待的答案；被试对问题的回答常有猜测的成分，不真实；统计处理较简单，难于进行质的分析等。

为了使问卷法发挥它的优点，应用时可作如下改进：(1)问卷试题不宜过多，可以适当加大，但必须紧紧围绕主题拟题；(2)问卷题目内容应使被试愿意回答，回答须简单；(3)被试应根据自己的实际情况回答，尽量避免去猜测主试的意图；(4)一套问卷题，中间应加入一定量的测谎题，以测试被试回答是否真实；(5)问卷材料的选择须严格和客观，应通过预测进行效度和信度的检验。

(三)实验法

实验法是创设并控制一定的条件，并对其引起的某种心理及行为现象进行研究的方法。据实验情境的不同，实验法可分为实验室实验法和自然实验法两种。实验室实验法是在实验室情境中，采用一定的实验设备或仪器，严格控制实验条件，或者在实验室里模拟某种自然环境或教学环境，以探索心理活动规律。实验室实验多用于对一些简单的心理现象的研究，对于研究人的个性方面的复杂现象，则有较大的局限性。自然实验就是在实际的教育、教学条件下观察学生的行为变化，所得结果比较接近实际，能较真实地反映教育过程中的心理现象，所得结果比较具有主动性和准确性。自然实验法是教育心理研究最常用的一种方法。

使用自然实验法要有明确的研究课题，对实验过程要有完整的设想，如控制或改变条件的内容、方法及预期出现的结果。在实验中或结束后要进行详细的记录，并进行认真的分析，验证预先的设想。在教育、教学实验中，通常都设置实验组和控制组，使实验组的实验条件发生作用而其他条件则与控制组保持均等条件，以考查两组被试表现的异同。比如，为了研究发现法教学对学习过程的影响，研究者可选择两个条件相近的平行班，分别运用发现法和传统教学方法进行教学，让其他条件尽量相等，以考查两个班教学效果的异同。

在运用实验法中也可以利用同一个实验样本，将实验前后的教学效果进行对比研究。研究者也可进行重复的实验和比较长期的追踪观察，来提高研究结果的可靠性和有效性。

(四)个案研究法

个案研究是对少数人或个别人进行深入细微的研究，从中寻求教育规律的研究方法。个案研究与前述三种研究方法不同，由于研究的是个别学生，特别是针对那些学习上有困难或行为上有问题的学生进行研究，需要深入地了解，因此，对个案本人的有关资料，必须搜集齐全，除学校现成资料以外，其他如教师、同学的意见以及对学生的直接观察和与学生本人的交谈，更是非常重要的资料。

要使个案研究顺利而有效地进行，研究者除深入了解被试的各种情况以外，还应与学生多接近，建立友谊，保持良好关系，能给学生解决一些困难，使其充分信任研究者的帮助和关心，这样，个案研究就会取得良好的效果。目前教育心理研究中有时采用临床法，也是以少数人或个别人为研究对象，基本上也是一种个案研究的方法。个案研究法的优点是可以使研究人员充分考虑每个被研究者的特点，并能提供有关各个特殊行为学生发展的具体资料；它的缺点是研究结果所依据的数据太小，代表性差，所以采用个案法研究结果的代表性常常被人怀疑。

(五)教育经验总结法

教育经验总结就是教育工作者根据平时自己工作实践的经验，通过分析综合作出总结，使它们上升到教育理论的程度。例如，"知之者不如好之者，好之者不如乐之者"、"不愤不启，不悱不发"、"循循善诱"等论述，都是我国历代教育家和思想家从经验中总结出来的，具有一定的规律性意义，一直为后人所效法。

总结教育经验的方法，可以分为以下几个步骤：①确定总结的题目。②确定总结对象。③制订总结的计划。④搜集资料。⑤分析资料。⑥讨论结果。⑦将讨论所得结论写成书面报告。比如，对某一学生学习心理的表现、品德和人格发展特征等，进行观察了解，或进行测试和个案研究，经过一定时间的教育考察和实践，教师可以作出恰当的结论。使用教育经验总结法时，选择的对象要有典型意义，把定性与定量的分析相结合，并注意多方面联系，要有整体和创新的观念，得出规律性的结论。

由于教育心理学的研究对象的复杂性，决定了在研究中常常不是采用单一的方法，而是根据不同的研究目的和不同的研究课题以及研究对象，选择适当的几种方法配合使用。研究有法，但无定法，贵在得法。未来职业教育心理研究只有适当的方法，没有"最好的方法"，凡是适合于研究目的、研究对象以及问题性质的方法，就是最适当的方法。

第二章
职业院校学生心理

当代职业院校学生的年龄在 16 岁至 22 岁，正处于人生最活跃，最丰富多彩的青年初期。他们经历着从少年向成人过渡的时期，这是人生发展变化的重大转折期。职业院校学生对自身心理发展有独特的见解，他们强烈渴望自己拥有鲜明的个性。有位学生这样抨击道："现在的中学生缺乏个性，你只要认识一个中学生，就认识了一群中学生。高中生发展的是呆性，不是个性。"这话显然偏激，却也引人深思。有学生说："我们不愿意用单调的色彩包裹自己，我们要有气魄，抱着对国家和自己未来的期望，怀着对生命永恒的爱心，去选择合适的个性发展，去寻求属于自己的内涵。"丰富多彩，又具特色成为这个群体心理发展的主线，职业教育工作者要学习与了解职业院校学生心理发展的特点，从而为更有效的实施教育影响奠定基础。

第一节　职业院校学生的心理发展

职业院校学生从少年向成年过渡，从依赖性向独立性转化，从幼稚性向自觉性发展。这个时期是充满着矛盾心态的时期，是心理发展产生许多质的变化时期。认识职业院校学生的心理发展规律与特征，是实施职业教育的前提与基础，同时也是职业教育取得实效性的根本保证。当代职业院校学生的心理发展特点一方面表现出与同龄人相同的共性特征，另一方面又具有职业院校学生这个特殊群体的个性特征。以下从三个方面来分析。

一、职业院校学生心理发展的一般特点

(一)职业院校学生认知特点

1. 感知和观察质量提高
由于职业院校学生需要掌握知识技能，进行观察和实验的要求，加之学习

的社会动机日益发展的影响，随着学习目的性逐渐明确，学习态度逐步端正，观察水平不断提高，内容更加丰富，他们能抓住事物的主要本质特征，更全面更正确地感知事物。但也存在观察程序不合理，观察精确性不够，容易草率下结论等不成熟的表现。教师应注意引导学生把观察任务具体化、顺序化、层次化，组织经常性的独立观察训练活动，培养学生观察事物的兴趣和能力。

2. 注意品质得到较好发展

职业院校学生的注意力比较稳定、持久，同时具有较强目的性，能够较集中和持久地注意他们要学习和研究的问题，有意注意在学习、生活中发挥重要作用。注意的广度、分配达到了一般成人的水平，他们大都能根据学习的目的、要求及时而迅速地转移注意力。教师的任务是要善于向职业院校学生提出明确的学习目标，善于把学生的注意力引导到符合教育、教学目标的方向上来。

3. 记忆能力已达到新的水平

职业院校学生记忆的主要特征有：以意义识记为主，机械识记逐渐减少，对无意义的材料，也能采用"人工记忆术"，有效地加以识记；以有意识记为主，兼顾无意识记；记忆的容量增大，记忆的质量明显超过少年期的水平。有关研究资料表明：在相同时间内，高中一二年级的学生，在记忆内容上，比初中一二年级的学生要高一倍多，比小学一二年级的学生要多四倍。但部分职业院校学生否认必要的机械识记，认为是"死记硬背"，教师要帮助他们消除对机械识记的错误认识，教给学生有效识记、保持、再认和回忆的科学方法，促进职业院校学生记忆的敏捷性、持久性、准备性和准确性等品质的全面发展。

4. 想象能力有明显提高

随着平面几何和立体几何的学习，职业院校学生的空间想象越来越丰富、生动和复杂。他们的想象大多是有目的、有意识的，想象中的再造想象变得更加独立、概括、精确，创造想象越来越占优势，开始把创造想象同创造性活动联系起来，对理化实验及某些科技活动逐渐产生浓厚的兴趣与爱好，结合专业设计、生产实习，已经能够完成有一定创造性的专业产品与科技作品。职业院校学生想象中的创造性成分日益增多，无疑为他们今后走上工作岗位的发明创造打下良好的基础。职业院校教师必须珍视这一特点，积极指导，使职业院校学生的创造意识和想象能力能循着正确的道路进一步发展。

5. 思维品质初步成熟

与初高中学生相比，职业院校学生的思维从内容、形式至品质都获得了很大发展。他们的思维既有从一般到特殊的演绎过程，也有从特殊到一般的归纳过程，开始从直觉经验型向理论逻辑型转化，形象思维与抽象思维达到了高度的统一，他们能够用提出问题、明确问题、提出假设、验证假设的基本步骤去解决问题，他们还能够对自己的思维过程进行有效的自我监控，把握思维的正确方向。

职业院校学生随着年龄的增长，知识经验的丰富，解决问题过程中思维的创造性越来越大，发散性思维能力越来越强。表现在他们不受旧思想、旧观念和思维定势的束缚。善于改变思维方向，敢于并且善于提出新的观点和独到的见解。不少学生在学习过程中能举一反三，触类旁通，在解题时能一题多解，并能独辟蹊径进行巧解、妙解。值得提出的是，职业院校学生发散性思维能力的发展存在着性别差异，群体而言，男生优于女生。因此，在培养职业院校学生的创造性、发散性思维能力方面，教师应待别重视对女生进行训练和指导。

（二）职业院校学生的情感特点

1. 内容丰富多彩

随着生活、学习范围的扩大，青年初、中期的职业院校学生喜欢音乐、舞蹈、诗词、书法、绘画及体育娱乐活动等，借此表达自己喜、怒、哀、乐、好、恶、欲等不同的情绪情感。他们常常对自己喜爱的对象和活动表现出狂热，对所憎恨的东西深恶痛绝，取得成就后会欢欣鼓舞，遇到失败就苦恼忧伤。职业院校学生已形成了许多与高级的社会需要相联系的社会性情感，如集体荣誉感、社会责任感与义务感、民族自豪感与职业道德感等。这些情感若能深刻而持久地发展，就会形成高尚的情操。

2. 明显的文饰与内隐性

少年期初中生的面部表情常常是内心世界的晴雨表，而处于青年初、中期的职业院校学生的面部表情和内心世界体验并不完全一致，情感并不都表露于外，掩饰作用较突出。如有的职业院校学生明明痛苦却可以表现出毫不在意；明明对异性朋友爱慕，却可以做庄重、回避的姿态；明明对人厌烦，却可能强装笑脸；明明心虚胆怯，却能故作镇静等。他们在表白自己真实情感时选择性很强，一般不愿向别人吐露真情，即使对密友也会保留一些内在的个人隐私。这种特点是与情感自控能力的增强以及心理发展水平的提高分不开的。职业院校学生情绪的内隐性与闭锁性，是他们社会适应能力增强的结果，是他们社会化程度提高的一种表现，与表里不一的虚伪性格是两回事。但也使我们这对了解职业院校学生的真实情感带来了一定困难。因此，要了解职业院校学生的思想感情，不能只依据他们的表情，而应该综合他们在一段时间的行为表现及其一贯的个性特点，经过深入细致的分析，作出判断，才比较可靠。

3. 延续性表现较强

职业院校学生情绪很少出现儿童期的喜怒无常现象，而更多地显现出心境状态。某件事所引起的情绪体验可以长久留在心头，虽已时过境迁，却很难消退。碰到挫折和不顺心的事，有的学生变得沉默寡言，感到一切黯然失色，甚至一连几天不理人，而碰到高兴的事情，又变得爱说爱笑，似乎万事都如愿，干什么事都有劲头。

(三)意志过程的主要特点

在接受职业教育阶段，由于学习活动的复杂程度提高，应用性增强，独立活动增加，因此，职业院校学生有进一步发展良好意志品质的可能。

与少年期相比，职业院校学生意志行动的自觉性有所增强，他们对动机、行动目的及其后果的认识更加自主，开始自觉地考虑未来的职业及生活目标，自觉地约束自己的言行，在行动之前大多能冷静思考。

与少年期相比，职业院校学生意志行动的独立性有所发展。他们不再依靠父母和师长而独立地去完成各种活动和各项任务。为了培养职业院校学生独立工作的能力，职业教育工作者及成人对他们应多给予指导，但不要包办代替，否则，容易引起他们的反感与叛逆。

此外，职业院校学生在果断性、坚持性、自制性等意志品质方面也有较快发展和明显进步。他们大多有恒心、有毅力，能善始善终地完成既定的任务，开始形成自己的独特风格，逐渐形成良好的意志品质。

(四)职业院校学生的个性特点

个性的内容广泛，包括个性倾向性和个性心理特征两个方面，主要有需要与动机、兴趣与爱好、理想信念与世界观、能力、气质、性格等。在职业教育阶段，职业院校学生个性有了很大发展，表现出鲜明的特色。限于篇幅，这里仅从两个方面简述职业院校学生个性心理的主要特点。

1. 性格的逐步定型

职业院校学生对现实逐步形成稳定态度，性格趋向稳定和社会化。在男女学生中，由于社会环境、教育及个体主观能动性的差异，形成了不同的性格。一般来说，男生大多性格开朗、勇敢坚强、果断机智、勤于思考、好动好问、不拘小节，但存在骄横、逞强、好胜、粗枝大叶的弱点。女生多文静、温和、细心、守纪、富有责任感和同情心，但她们也存在着任性、怯懦、自卑、心胸狭隘、情感脆弱、优柔寡断等缺点。职业院校教师的职责就在于教育、引导职业院校学生正视自身性格弱点，不断优化性格结构。

2. 人生观与世界观的形成与发展

人生观和世界现在心理结构中处于最高层次。它是指导个人认识和支配行为的最高调节者。青年期是形成世界观、人生观的重要时期，职业院校学生大多会极自然地提出"人活着到底是为了什么"的问题。他们也期望弄清楚整个社会发展的规律，确定自己的生活目的和意义。我们常常看到，职业院校学生总喜欢从社会意义和价值的角度来衡量所接触的活动和事情，并经常为此而展开争论。这说明他们的人生观已经有所发展。此外，由于学习内容的不断加深和扩大，生活阅历的不断丰富，许多问题得到了科学解答，职业院校学生逐渐形成了辩证唯物主义和历史唯物主义的观点，促进了科学世界观的形成。这也是职业院校学生心理发展趋于成熟的标志。它对于职业院校学生更正确地评价自己，有原则地处理个人与集体的关系，使心理发展到更高水平都具有重要影响。

必须指出，职业院校学生人生观、世界观的发展只是处在初步形成时期，还是不稳定、不成熟的，很容易受所接触的社会环境以及交往对象的影响，而改变对社会生活、人生目的和人生意义的看法。可以说，职业院校学生的人生观和世界观的发展既可能向正确的方向前进，也可能走向错误的歧途。因此，职业院校应该加强对学生进行教育，引导其树立科学、合理的人生观、价值观和世界观。

（五）职业院校学生的自我意识

1. 自我分化，迫切要求了解自己

在个体发展过程中，主我和客我最初是混沌不分的，小学生的自我意识比较简单，对"自我"了解很肤浅，他们很少自我反省，很少把自己的心理活动当做认识的对象。初中生则对认识自己、分析自己、评价自己产生了兴趣，而高中、大学阶段的职业院校学生对自己的认识更自觉、更深刻，他们经常关心和考虑有关自己的各种问题，很想知道自己是什么样的人。他们头脑里常常出现诸如"我究竟是什么样的人？"，"别人怎么看我？"，"我长得怎样？"等问题；他们常常会在日记、作文和与亲密朋友交谈或通信中表现出对这些问题的想法，他们常常从别人对自己的态度和评价中了解自己，激励自己，完善自己。总之，职业院校学生不仅在了解、观察现实的自我，还在积极追求和实现理想的自我。

2. 自我评价能力有很大提高

大学生、高中生和初中生在自我评价能力发展水平上存在差异，总体而言，初中生要落后于高中生。大学生比高中生更稳定。大多数职业院校学生能够一分为二地对自己作出较为客观的整体性评价。一般而言，职业院校学生的自我评价经历了以下过程：从轻信他人的评价向自己独立评价发展；从评价他人向评价自己发展；从评价外部表现到评价内在品质；从评价行为结果到评价动机和效果的一致性。在某些方面，职业院校学生的自我评价存在性别差异，例如，在取得成绩和能力方面，女生比男生相对缺乏自信，她们对成就的期望值较低，对自己的能力和实际成绩的评价也较低。相反，男生的自我评价往往过分自信，他们经常对自己的成绩和能力作出过高的评价。

必须指出的是，部分职业院校学生的自我评价还不够成熟，没有达到全面而深刻的水平，不能客观公正地评价自我，或者自高自大，自吹自夸，或者自暴自弃，自怜自卑。

3. 自尊心进一步增强

在学习生活过程中，职业院校学生希望在班集体或社会群体中扮演合格成员的角色，得到较好的评价，拥有适当地位和受到应有重视。他们懂得人与人之间应互相尊重，若要别人尊重自己，自己首先要自尊。他们常常认为自己是大人了，认为自己的事应由自己来处理，不愿别人插手，一旦有人干涉就会产生强烈的反感，他们非常担心别人看不起自己，所以在各种场合都设法表现自己。在学习和生活中，如果自尊心受到伤害，他们可能会有过激的行为反应。如果自尊的需要得不到满足，他们有可能会以违反社会规范的方式加以满足，如玩世不恭、哗众取宠、寻衅滋事等。因此，如何引导职业院校学生自尊心的正常发展，把他们不踏实的尝试性的自尊需要变成进步的内驱力，是职业院校教育学生的过程中应该重视的问题。

二、职业院校学生心理发展的特殊性

由于职业院校是为就业作定向教育的，学校的条件、学生的待遇、教育的内容以及生产实习所接触的环境，都与普通大学与高中生有所不同。他们是一个特殊群体，因此职业院校学生心理发展在与同龄人共性发展的基础上，还存在其自身的特点。

(一)较强的独立性

这种较强的独立性从积极因素看，世界观和人生观成熟得快，独立生活、独立工作能力较强，社会经验较为丰富，看问题较为实际。

(二)兴趣定向较早

一般在普通高中的青年人，兴趣广泛，且易于变化，而职校的学生，一进校门就不自觉地将兴趣集中于固定的专业工种上，在所学的专业中编织自己的理想花环。这种兴趣早期定向的心理特征，其积极意义是，使职业院校学生较早地树立事业心，具有较强的创造心理和竞争心理，有利于他们掌握专业知识和生产技能，尽快地适应工作岗位；其消极方面是，当入学前的兴趣爱好与所学的专业工种发生矛盾时，他们要经历一番思想动荡后，才能逐步取得情绪上的平衡。

(三)情感成熟较快

主要表现为他们比其他同龄人更理智。他们喜欢交际，特别是有意识地同社会上与自己未来职业有关的人员进行交际，学习成年人的语言、行为举止；他们还关心两性的交往，比其他同龄人较早地恋爱和结婚。

(四)自我效能感低

职业院校学生在中学学习过程获得了太多的失败体验，中考、高考更是强化了他们的自卑感，他们总走不出失败的阴影，对自己的能力持怀疑态度。因此，在困难面前，缺乏信心，甚至自暴自弃。

(五)注重技能性

这是职业教育的培养目标和要求，也是学生毕业后参加工作的基本要求。因此，职业院校学生容易忽视基础理论知识的学习，只注重技能方面的训练。技能知识固然重要，但同时也应该重视基础理论知识的学习，毕竟理论是基础。忽视理论知识的学习，在实践过程中只能是"摸着石头过河"，最终会走很多弯路。

三、职业院校学生的主要心理问题

职业院校的学生正经历着生理和心理上的巨大变化，面临多种发展，同时也潜伏着危机，加之他们中的大多数是在基础教育中被忽视的弱势群体，这就决定了他们的心理问题多发、易发而且日益复杂，因此特别需要关注他们这个群体。据调查显示，在职业院校学生中比较常见的心理问题有：第一，学习障碍；第二，交往压力；第三，情感困惑；第四，不良习惯和不良嗜好；第五，自卑、抑郁；第六，焦虑、恐怖等。

(一)学习心理问题

学习是学生第一要务和主导活动，职业院校学生的身心发展也主要是通过学习来实现的。职校教育阶段是职教生学习与发展的重要时期、黄金时期，而学生心理问题也是职业院校学生最普遍、最常见、最突出的心理问题。

1. 学习目标不够明确

不少职业院校学生对进入职业院校学习自信心不足，他们大多没有学习的近期、中期和远期目标，学习态度也不够认真，只求"六十分万岁"，甚至是得过且过。

2. 学习动机不强

不少职业院校学生对学习的认知内驱力不足，对学习提不起内在的兴趣，始终在家长、老师的检查督促下被动地进行学习，把学习当成混文凭找工作，而不是学本领找工作。学习的实用化倾向十分明显，不重视基础文化知识和道德修养方面知识的学习，觉得这些知识没有用处，学习这些纯粹是浪费时间。

3. 学习方法不当，学习习惯不良

不少职业院校学生在中学阶段就没有养成良好的学习习惯，不知道怎样学更科学、更有效，没有掌握基本的学习策略，因为不会学而学不好，由学不好到不愿意学，最后发展到厌学、逃学。

4. 学习的认知能力水平较低

相当一部分职业院校学生对学习过程、学习活动和自己的学习习惯缺少必要的反思自省意识，不懂得科学合理地安排学习时间，不懂得如何进行学习成败上的合理归因。

5. 学习焦虑现象比较普遍

不少职业院校学生在中学期间学习困难，上不了高中或普通高校，但往往迫于父母压力又不得不选择继续读书，他们往往在家中敷衍着父母，在学校应付着老师，两头应付造成很大的心理压力，对考试或某些学科、课程的学习存在比较严重的恐惧心理，有明显的厌学情绪和行为。

(二)情感心理问题

情绪情感是人对客观事物态度的一种反应,是客观现实是否符合自己需要而产生的体验。职业院校学生的内心世界是五彩缤纷、各具特色的,同时充满了矛盾与困惑。

1. 情绪不稳定,情绪自控能力较弱

处于青年期的职业院校学生具有明显的情绪两极性,容易出现高强度的兴奋、激动,或是极端的愤怒、悲观。他们的情绪变化很快,常常是稍遇刺激,即刻爆发,出现偏激情绪和极端的行为方式,冲动性强,理智性差。

2. 社会性情感表现冷漠

就其实质而言,职业院校学生的冷漠是多次遭遇严重挫折之后的一种习惯性的退缩反应。不少情感冷漠的职业院校学生对他人怀有戒心或敌意,对人对事的态度冷淡,漠不关心,对集体活动冷眼旁观,置身事外。这可能与中学阶段得到教师阳光的关爱较少有关。

3. 挫折容忍力弱

面对当今社会的文凭歧视和社会偏见,以及劳动力市场上越来越激烈的就业竞争,职业院校学生群体普遍感到巨大的压力和深受伤害,对生活逆境没有充分的心理准备,一些职业院校学生稍遇挫折,就承受不了,甚至产生"以死寻求解脱"的厌世心理,出走、打架、斗殴、自残、轻生等现象在职业学校并不少见。

4. 情绪体验消极

受社会大环境的影响,许多家长认为孩子只有进入重点学校才是进了大学的门,才有前途和出息,进入职业院校,等于是成才道路上领到一张红牌。在社会和家庭的双重影响刺激下,职业院校学生的心理压力增大,常常有身心疲惫感,更容易产生抑郁、悲观等消极情绪体验。特别是一些单亲家庭、特困家庭或家庭关系不和睦的职业院校学生,这种情绪体验更为明显。

(三)人际心理问题

职业院校学生的人际交往主要是与朋友、同学、老师及父母的交往。其人际心理问题也主要表现在下面的五个方面。

1. 社会性交往萎缩

相当一部分职业院校学生在进入职业院校以前,由于学习成绩不理想,通常被认为是"笨孩子、傻学生"，一些老师和同学都懒得与他们打交道，一些家长甚至不允许自己的孩子与他们交往相处。进入职业院校后，这些学生对正常的社会交往仍然心存疑虑，尤其是担心别人会瞧不起自己，因而不愿意与过去熟悉的人打交道，不愿意暴露自己职业院校学生的身份，有意回避正常的社会性交往，甚至希望自己能与世隔绝。

2. 异性交往上的行为偏差

随着性意识的觉醒，进入异性接近期，他们渴望与异性多接触交往，渴望有能够亲近的异性朋友，希望建立良好的异性交往关系。由于情感的冲动性，不少职业院校学生分不清友谊和爱情的界限，不能理智对待自己朦胧的情愫，过早地追求所谓的爱情，因而职业院校学生过早恋爱现象比较普遍，由此而引发的职业院校学生品德心理问题和性行为过错等违纪现象比较多见。

3. 师生间交往缺乏信任感

由于中学阶段经常被老师忽视、排斥、指责，一些职业院校学生对老师产生了一种条件反射式的疏离感或压抑感，担心老师会向家长告状，怀疑老师会与自己有意过不去，想与老师亲近但又怕受到冷落。一旦老师在处理或对待与自己相关的事情不合心意时，便会产生强烈的不满或偏见，形成对立情绪，出现逆反行为，不配合、不支持甚至破坏、阻挠老师的工作。

4. 代际交往的隔阂明显

所谓代际关系是指两代人在进行物质交往和精神交往的过程中发生、发展和建立起来的一种心理倾向和相应行为。良好的代际关系会使人的物质需要、精神需求得到满足，而且会使其感到舒心、愉快。不良的代际关系不仅破坏了这种需求的满足，而且会使人产生愤怒、悲观等消极情绪。不少职业院校学生与父母之间的沟通交流比较困难，经常埋怨父母不理解、不尊重自己，轻视父母的存在和价值，与父母的矛盾冲突不断，甚至可能产生严重的行为冲突。

5. 网络交往失度

一些职业院校学生在现实交往中难以获得需要的满足，便试图在网络世界中得到补偿。如今，不少职业院校学生偏重于"人机"对话式的网上人际交往，热衷于网络交友，迷恋上网寻找所谓的友谊，甚至为此荒废了学业。沉溺于网络交往容易导致这些学生忽视真实可信的人际关系，使得人际关系更加冷漠，造成人际情感的逐渐萎缩，产生严重的人际交往心理障碍。

(四)择业心理问题

择业就业是当前职业院校的热门话题，因为择业就业是职业院校学生人生道路上的一项重要抉择，伴随着这种抉择而来的往往是兴奋、紧张、忧虑混杂于一体的矛盾心态。

1. 依赖退缩心理

虽然现在实行的是"双向选择，自主择业"的就业制度，但许多职业院校学生还是寄希望于学校或家长帮助解决自己的就业门路或去向。对于学校承诺保证毕业推荐就业的那些专业，职业院校学生往往是十分喜爱、情有独钟，这也说明不少职业院校学生在内心深处还是惧怕或不愿意自主择业，更缺乏创业精神和能力。

2. 紧张焦虑心理

能不能顺利就业，成为许多职业院校学生的一大"心病"，一些学生担心自己的学历低，专业技能水平低，害怕"毕业即面临失业"，还有的学生对所学专业不满意、没兴趣，自己又没有办法改变现实，整天心神不宁、唉声叹气、愁眉苦脸。

3. 思维定势心理

一些职业院校学生为所学的热门专业所困，希望找到有社会地位的、体面轻松的、收入高待遇好的理想的就业岗位，还有些学生一旦要放弃所学专业，就显得无所适从，心理极度矛盾。

职业院校学生心理问题的表现多种多样，其产生的原因也比较复杂，有中学阶段学习生活的不良经历，教师以及家长的教育观念方式不当，普遍存在的社会认知偏见，特殊的时代和社会环境，特别的职业院校专业教育，特定的青春期年龄阶段和独特的身份（如独生子女、特困生或孤儿），再加上一些职业院校所做的工作不尽如人意，都使得职业院校学生的心理问题日益多样，更加普遍，这也说明职业院校的相关工作必然具有长期性、系统性、复杂性和艰巨性。

特别需要指出的是，以上的分析是当代职业院校学生，特别是中等职业学校学生存在的一般性的心理问题，所提及的这些心理问题基本上属于成长性的、适应性的心理问题，是职业院校学生心理发展过程中的问题，而非个别职业院校学生身上的心理障碍或心理疾病，只要通过实施科学的、有针对性的心理教育与辅导，这些心理问题是完全可以而且能够得以妥善解决的。

第二节　职业院校学生的心理健康教育

职业院校学生是一个特殊的群体，其心理健康状况令人担忧，一方面由于中学阶段的弱势群体地位导致的缺乏自信，另一方面由于层次不高文凭导致的未来就业的不确定性，使他们中的相当一部分学生心理负担较重，不能很好地处理各方面的事情，时常会感到焦虑、敏感、恐惧、烦躁等，这些情绪严重影响了学生的正常学习和生活，给学生的心理蒙上了阴影。因此对他们的心理健康教育显得比其他普通学校学生更为重要。

一、心理健康与心理健康标准

（一）心理健康概念

世界卫生组织成立时在宪章中把健康定义为"不但没有身体的缺陷和疾病，还要有生理、心理和社会适应能力的完美状态。"由此可见，健康同时包括了生理、心理、社会三方面含义。《简明大不列颠百科全书》中指出：指个体心理在本身和环境条件许可范围内所能达到的最佳功能状态，不是指绝对的十全十美的状态①。

精神病学者麦灵格是这样定义心理健康的："心理健康是指人们对于环境及相互间具有高效率及快乐的适应情况，不只是要有高效率，也不只有满足之感，或是愉快地接受生活的规范，而是需要三者俱备。

虽然心理健康的含义目前学术界尚无一致的看法，但心理健康与否不是一个静止的概念，而是一种适应过程。面对随时变化的环境，有些人能及时适应这种变化，表现出一种健康的心理准备和应付行为，心理健康的人应能保持平静的情绪，敏锐的智能，适于社会环境的行为和愉快的气质。"

（二）心理健康标准

1. 正视现实

心理健康的人能正视客观现实，对周围的事物认识清楚客观；对于生活中出现的问题，不逃避，不推卸责任，能用切实有效的方法去处理问题；他们既有高于现实的理想，又不沉迷于过多的幻想，思想和行动能被社会承认接纳；他们办事理智，能接受一切合理的建议。

2. 正确的自我评价

心理健康的人对自己的认识切合实际，对自己的能力、性格和优缺点有恰

① 张文新. 高等教育心理学[M]. 济南：山东人民出版社，2004：299.

当的客观评价，他们自尊、自重、独立自主，既不妄自尊大，好高骛远，也不妄自菲薄，自轻自贱。所以他们在求学、谋职或恋爱等方面能做出正确的抉择，成功往往青睐他们。

3. 和谐的人际关系

心理健康的人乐于与别人交往，有稳定而广泛的人际关系，能与他人沟通交流，与他人同心协力地合作共事，能客观评价别人和自己，善于取人之长补己之短，宽以待人，乐于助人，人际关系处于和谐状态。

4. 情绪健康

情绪异常往往导致心理疾病。心理健康的人能排除心理障碍，情绪稳定、乐观。他们热爱生活，他们对未来满怀希望，遇到烦恼能自己排除。在学习、工作中积极地发挥聪明才智，在挫折中吸取教训，在成功中总结经验。无论遇到多大的困难，都能适度掌握自己的情绪，并迅速做出调整，恢复乐观进取的心态。

5. 人格完整和谐

心理健康的人有健全统一、相对稳定的人格。其气质、能力、性格和理想、信念、动机、兴趣、人生观等各方面都能得到合理的平衡发展。理性地思考问题，待人接物采取恰当灵活的态度，对外界刺激不会有偏颇的情绪和行为反应；能够与社会的步调合拍；也能和集体融为一体。以积极进取的人生观作为人格的核心。

6. 智力发育正常

智力是指一个人的认识能力与活动能力所达到的水平，是人的观察力、注意力、记忆力、想象力、思维力、创造力和实践活动能力等的综合，包括在经验中学习或理解的能力，获得和保持知识的能力，迅速而又成功地对新情境做出反应的能力，有效地解决问题的能力等。智力正常是人正常生活最基本的条件，是心理健康的重要指标。

7. 心理行为符合年龄特征

人在不同的年龄阶段，都有相对应的不同的心理行为表现，心理健康的人应具有与同年龄多数人相符合的心理行为特征。每个人的认识、情感、言行举止基本符合他的年龄特征，就属于心理健康，反之，则属于心理不健康或心理异常。

8. 顽强的意志

心理健康的人具有坚强的意志和耐挫力。在困难和挫折面前，能采取合理的反应方式，能在行动中控制情绪和言行。

9. 适应能力强

心理健康的重要标志是有较强的适应能力，善于处理与周围现实环境的关系。当发现自己的需要和愿望与其他人的利益发生矛盾时，能迅速进行自我调节，以求与社会的协调相一致。对自然环境和社会环境应具有较强的适应能力，不仅能面对和接受现实，而且能进一步地改造现实。

二、职业院校学生心理健康教育的必要性

2002 年 8 月，国务院颁发的《国务院关于大力推进职业教育改革与发展的决定》中明确提出：职业教育要加强"爱岗敬业，诚实守信，办事公道，服务群众，奉献社会"的职业道德教育，要加强职业能力教育和身心健康教育。中等职业技术学校要"加强文化基础教育、职业能力教育和身心健康教育，注重培养受教育者的专业技能、钻研精神、务实精神、创新精神和创业能力"。[①]《决定》突出了心理健康教育在职业教育中的地位。

2004 年 8 月教育部印发的《中等职业学校学生心理健康教育指导纲要》中强调指出"中等职业学校学生正处在身心发展的转折时期，随着学习生活由普通教育向职业教育转变，发展方向由升学为主向就业为主转变，以及将直接面对社会和职业的选择，面临职业竞争日趋激烈和就业压力日益加大的环境变化，他们在自我意识、人际交往、求职择业以及成长、学习和生活等方面难免产生各种各样的心理困惑或问题。因此，在中等职业学校开展心理健康教育，是促进学生全面发展的需要，是实施素质教育，提高学生全面素质和综合职业能力的必然要求。"[②]《纲要》从心理健康教育的指导思想和基本原则、目标和主要内容、途径与方法、组织与实施四个方面进一步规范了中等职业学校学生心理健康教育。

由于受长期"应试教育"的影响，职业院校学生中很大一部分在中学乃至小学阶段的教育中即处于弱势地位，这部分学生心理素质水平普遍较差，成为心理疾病高发群和易发群。有研究表明：职业院校学生存在心理健康问题的比例较大，且心理健康状况低于全国成人水平。职业院校学生心理问题发生率较高的因子有人际关系、强迫情绪、敌对情绪、抑郁情绪等。[③] 另据调查数据显示：

---

① 国务院文件《国务院关于大力推进职业教育改革与发展的决定》(国发[2002]16 号).
② 教育部文件《中等职业学校学生心理健康教育指导纲要》(教职成[2004]8 号)以下简称《纲要》.
③ 廖兰清. 中职生心理健康状况测评与对策研究[J]. 甘肃教育纵横，2005，34(5).

困扰职业院校学生的两大主要问题是：人际交往(31%)，个人感情(23%)，除此之外，学习问题(13%)择业与人生目标(12%)不良情绪问题(10%)行为习惯问题(8%)也占相当大的比例。[①]

这些心理和行为问题不但严重影响着职业院校学生自身的健康发展，也给正常的教育教学工作带来巨大困扰，直接影响职业院校教育任务的完成与教育目标的实现。因此，在职业院校中开展心理健康教育，改善和加强职业院校学生心理健康水平具有一定的必要性。

三、职业院校学生心理健康教育实施的原则

开展心理健康教育的根本目标是提高学生的整体心理素质，维护和增强学生的心理健康水平。其次，才是针对个别学生心理异常现象进行防治和矫正。因此，从心理健康教育的实施模式来看，职业院校心理健康教育应该是教育与发展模式，心理健康教育应该主要是帮助学生解决发展中的适应性问题。

(一)面向全体学生原则

学校心理健康教育的功能在于通过对学生的引导、指导、协助和服务，来促进学生的成长和发展。从本质上看，心理健康教育是日常教育教学活动的有力配合与合理补充，因此应面向全体学生。它既不能像"应试教育"观念指导下的以少数"尖子"学生为工作对象，也不能像单纯的心理治疗那样以存在心理障碍的极少数学生为服务对象。心理健康教育面向全体学生还体现在当对全体学生心理健康教育工作做得有成效时，个别学生的问题便较少发生，或更易于解决。面向全体学生原则要求我们在制订心理健康教育计划时要着眼于全体学生，确定心理健康教育内容时要考虑大多数学生共同需要与普遍存在的问题。

(二)预防与发展相结合原则

心理健康教育的功能与目标可分为三个层次：矫治、预防和发展。矫治功能指矫治学生不适应行为，消除或减轻少数学生存在的轻中度神经症症状，学会用有效的、合理的方式满足自己的需要，提高人际交往水平；学习自主应对由挫折、冲突、压力、紧张、丧失等带来的种种心理困扰，减轻痛苦、不适的体验，防止心理疾患产生，保持正常的生活秩序与工作效率。发展是指协助学

---

① 陈呈超、李英．中职学校心理咨询的年度分析与思考[J]．卫生职业教育，2007，25(1)．

生树立有价值的生活目标，认清自身潜力和可以利用的社会资源，承担生活责任，充分发挥个人潜能，过健康、充实、有意义的生活。

职业院校的心理健康教育通过全面优化学生的心理素质，帮助学生发展良好的自我，开发学生的潜能，以促进他们的更好发展为目的。它有别于医学模式下的治疗与矫治，职业院校的心理健康教育是预防、发展重于矫治，这是由学生心理健康的状况所决定的，也是我们发展性心理健康教育的宗旨所决定的。

(三)学生主体性原则

学生主体性原则要求我们在心理健康教育中尊重学生的主体地位，充分发挥学生作为辅导活动主体的作用。这是因为：

1. 心理健康教育的基本功能是促进学生成长与发展，而成长与发展从根本上说是一种自觉的主动的过程

如果学生缺乏主动精神，强行对他进行教育，则必定会由于学生的抗拒、冷漠和敌意而毫无效果。

2. 青少年期是学生自我意识、独立倾向快速发展时期

处于这一时期的学生渴望通过自己独立思考与主动探索解决面临的问题，检验个人影响环境和控制自己的能力。他们对外界的压力和成人的过度保护往往表示反感，在教育教学过程中，教师若既给学生提供一定的帮助，又充分发挥学生主体作用，就能满足学生形成独立个性的需要。

(四)整体性发展原则

心理健康教育追求学生人格的整体性发展。从社会价值取向看，它重视学生德、智、体全面发展；从满足学生自我完善的需求看，它注重学生知、情、意、行几方面协调发展。心理健康教育的对象是完整的活生生的人，强调学生完整人格的发展。

四、职业院校心理健康教育实施的内容

职业院校的心理健康教育要始终坚持和突出"以服务为宗旨，以就业为导向"的职教方针，内容上作好两个衔接：一是与学生现有心理实际需求相衔接；二是为学生求职就业作好心理准备。要特别强调以人为本，育人为本，培养和提高学生心理素质，使他们做好面对就业压力的心理准备。

职业院校心理健康教育的主要内容为：普及心理健康基本知识，树立心理

健康意识，了解简单的心理调适方法，认识心理异常现象，正确认识和把握自我，以及掌握一定的心理保健常识。其重点是根据学生的特点和他们在成长、学习、生活和求职就业等方面的实际需要进行教学、咨询、辅导和援助①。在具体实施过程中，应根据学生不同年龄阶段身心发展的特点和职业发展的需要，分阶段、有针对性地设置。

(1)一年级：适应学校的生活和学习环境，调整心态，建立信心；在学习中培养良好的学习方法和习惯，激发学习兴趣；在学习和生活中不断认识自己，开发潜能，悦纳自己；了解未来从事职业以及所学专业的培养目标，培养职业兴趣；了解青春期性心理现象，正确对待异性交往。

(2)二年级：提高思维能力、创新能力和操作能力；了解自己的情绪、性格和能力特征，提高自我意识；认识社会，关注现实和未来职业选择的关系，树立正确的职业理想；发展人际交往能力，建立良好的同学关系、师生关系和亲子关系；珍惜生命，不断完善自己的人格。

(3)三年级：做好就业心理准备，确立就业目标或继续学习的发展方向；利用学习和各种实践机会熟悉社会，体验职业，树立正确的择业观、职业观、创业观；提高合作与竞争意识，增强迎接职业挑战的信心，学会应对压力与挫折，保持健康、良好的心态。

五、职业院校心理健康教育实施的途径

凡是能改善学生心理状态、改善知情意行品质、促进心理健康发展的学校内部及外部的教育因素，都可以成为学校开展心理健康教育的途径，结合职业院校培养目标与教育特点，心理健康教育实施的途径主要体现在以下几个方面。

(一)营造良好的学校心理环境

学校要创设有利于学生心理健康发展的心理环境，这包括物质形态的，如学校的自然景观、建筑设计，也包括精神状态的，如师生关系，校园气氛等。它们通过暗示、感召、移情、认同等作用，对学生的心理起着潜移默化的影响。

学校要在一切教育活动中渗透心理健康教育，包括学科教育、各项教育活动、德育和班主任工作方面，这要求学校全体教职员工都要成为心理健康教育的实施者。学校在一切教育活动中渗透心理健康教育，为学生营造良好的学校

---

①　教育部文件《中等职业学校学生心理健康教育指导纲要》(教职成[2004]8号).

心理环境。

(二)加大对心理健康教育的科学宣传力度

要让学生主动参与发展，很重要的一点就是让他们认识到心理健康对自己的重要性，在老师的帮助下，自己有能力来提高自己的心理素质。可以通过宣传栏、心理小报等多种途径来宣传心理健康教育，使学生对心理健康教育及心理问题有科学的认识，使"主动"参与"发展"内化为学生的需求。这样，学生主动参与发展性心理健康教育的热情便会提高，学生的主动性提高了，心理健康教育的实效性便会得到加强。

(三)把日常教育教学活动作为学校心理健康教育的主渠道

把心理健康教育渗透到学校的日常教育教学活动中，学校应致力于深化日常教育教学活动的改革，以此作为学校心理健康教育的主渠道。也只有这样，才能突破把学校心理健康教育简单看作心理测验、心理咨询、开心理课的局限，而将心理健康教育真正落到实处，深入、有效地开展起来。

1. 通过课堂教学过程实现心理健康教育

课堂教学是学生一天的主要活动，课堂也是学生一天最重要的活动场所，学生在课堂上投入的时间和精力也最多。如果能在课堂教学过程中渗透心理健康教育，无疑是学校心理健康教育最有效、最有意义和价值的开展途径和方式。

2. 结合学科特点实现心理健康教育

不同的学科，有其独特的教学内容，这些内容涉及的是人类生活的方方面面，心理健康教育其实就是蕴涵在其中，从中挖掘并开发有价值的心理健康教育的内容，对心理健康教育的深入和全面发展大有裨益。

3. 在日常教育活动中实现心理健康教育

在学校，学生除却课堂教学这一主要的活动内容与空间，就是课间、课余等休息时间以及与教师、同学之间的交往，这通常就是教师所进行的日常教育工作。教师日常的教育工作应成为继日常的教学工作之后的又一大学校心理健康教育的主要阵地与渠道。由于教师的日常教育活动不存在任何的知识传授压力，而且是以育人为主，这与学校心理健康教育的任务和目标完全吻合。通常教师日常的教育活动包括，每天早晨正式上课前、课间休息时、午休与下午上课前以及结课后、放学后教师与学生的沟通与交往等，这都可以转化为很好的心理健康教育时机。

(四)进行专门的面向全体的心理健康教育活动

教育部文件《中等职业学校学生心理健康教育指导纲要》规定：将心理健康教育纳入德育课课程体系之中，心理健康教育选修课程，一般每学期不少于10学时。这是学校实施心理健康教育的重要途径，主要包括定期的心理健康教育课和不定期的心理健康方面的专题讲座。心理健康教育课以课程形式进行，可以进入课程表，这样学校可以通过课时的落实和安排，有效保证心理健康教育的开展。但心理健康教育课不能异化为心理学课，不能是仅仅教给学生心理理论，更重要的是要尊重学生的内心体验。心理健康教育的专题讲座可以抓住多数学生可能碰到的共同问题，以专题讲座的形式进行，如新生适应讲座，考试心理讲座，青春期心理讲座等。以活动的方式进行心理健康教育很受学生欢迎，但如何提高其实效的问题应认真考虑，活动课上热热闹闹，课后学生一无所得，这不是我们所希望的结果。作为指导教师，准确地把握活动目的和有效组织活动进程是十分必要的。

(五)进行必要的个别心理辅导与咨询

由于学生心理问题存在个别差异，面向全体学生的心理健康教育并不能解决每一个学生的心理问题，特别是学生在成长过程中会遇到难以预料的问题，所以非常有必要进行个别心理辅导。

个别心理辅导是面向全体的心理健康教育活动的有益补充。学校可以通过设立心理辅导室，并通过团体辅导、个别咨询、心理行为训练、书信咨询、网络咨询、开设热线电话等多种形式，对学生在成长、学习和生活中出现的心理行为问题给予指导。对于个别有严重心理障碍和心理疾病的学生，应该及时识别并转介到专业诊治部门。

心理咨询与辅导一般要求由专业人员担任，他们具有必需的心理科学和教育科学知识，有丰富的教育教学经验和教育技巧，了解、熟悉学生，在学生中有较高的威信。在心理咨询中，教师必须以平等尊重的态度对待学生，深入学生的内心世界，理解他们的心情，体察他们内心的苦恼，协助他们解除心理困扰。

(六)建立有效的家校合作机制

学校开展心理健康教育，家长的支持配合是取得实效的根本保证。学校可以通过家长学校、家长会、教师家访等各种形式，加强与学生家长的沟通，发挥家庭的作用。一方面，学校成立以分管德育副校长为组长的校心理健康教育领导小组，政教处为具体职能机构，各年级各班级成立家长委员会，形成家校一致的教育核心机构，学校与教师根据学生在校的表现及时与家长沟通，共同分析问题，确定辅导的目标和具体对策；另一方面以家长学校为基地，着眼于改善家庭心理环境，提高家庭教育质量的模式。家长学校通过定期或不定期的教育活动、举办家长汇报会，教育研讨会，通过相互讨论交流，建议评议等方法，更新家长的教育观念和方法，调整家长对子女的合理期待和要求，营造和谐宽松的家庭精神文化氛围。总之，发挥好家庭的作用，使学校和家庭形成合力，共同做好心理健康教育工作。

第三节　职业院校学生的心理辅导

通过对职业院校部分学生的访谈和观察发现，职业院校学生心理问题主要表现在学习、交往、择业三个方面。所以，在对学生进行一般心理健康知识教育（自我意识教育、情感教育、挫折教育、青春期教育）的同时，还应大力加强学生学习心理教育、人际交往心理教育和择业心理教育。

一、学习心理辅导

学习是职业院校学生的主要任务，由于各种因素的作用，学生在学习过程中会遇到许多挫折，它的直接后果不是单纯的知识学习的失败，而是学习自信心、热情和内驱力的丧失。调查发现，职业院校学生在学习上的问题主要出现在学习动机、学习习惯、学习方法、学习适应等方面。因此，学习心理辅导主要应该去解决学生在学习过程中出现的心理困惑，让学生开发自身的学习潜能。包括开展学习动机教育、学习策略辅导、学习过度焦虑的调适和训练。

（一）学习动机教育

学习动机是推动学习主体进行学习活动的内因或内在动力。学习动机对学习活动主要起动员、定向、维持和调节的作用。通过学习动机教育，解决学生"为什么要学习""为谁学习"等动机问题，变"要我学"为"我要学"，让学生感到学习是一件愉快的事情，从而以健康的心态对待学习。

在前一节的"职业院校学生的主要心理问题"分析中，已指出职业院校学生的学习动机不强，对学习提不起兴趣，把学习当成混文凭找工作，而不是学本领找工作；学习焦虑现象比较普遍，因为经常学习失败而害怕学习，有厌学倾向，对自己缺乏自信。针对这些表现，教育者应采取相应的措施，激发他们的学习动机。

1. 正确学习动机的获得离不开学习目的的确定

任何行为都要有目的性，学习主体需要有一个明确的目的，才能产生强大的学习动机，迸发出学习的动力和热情，并持之以恒地为达到这一目标而奋斗。确立目标时要让学生既确定长远目标，又确定阶段的具体目标。长远目标激起积极的内在动机，阶段的具体目标让学生在不断实现中保持学习的兴趣和热情。

2. 鼓励学生主动参与竞争

心理实验证明，竞争能有效地激发一个人的学习动机，使人的聪明才智和创造力得到充分发挥。参加一次考试或知识竞赛，每个参赛者都会精神饱满地去准备，这时候他们注意力高度集中，感知、记忆、思维及创造力都被调动起来，处于最佳状态，全力以赴地去学习掌握自己所渴望的知识信息，这都是竞争所带来的正面效应。

3. 帮助学生正确归因

学习归因，就是寻找学习成功或失败的原因。有许多证据表明：一个人的学习动机受两种不同学习归因的制约，一是相信学习的成败，决定于自己的行动；二是认为这是自己无法控制的，将失败归咎于外部因素，如运气、机会、学校、家庭等。尽管后者能使人保持一定的自尊，但也使得这类学习者不能从错误中吸取教训经验，最终还是失败者。而前一种学习者相信自己的行动是否努力将对学习的结果产生决定性的影响，这种主观上的学习态度对学习成效是非常重要的。因为，他会比那些把失败归咎为别人的学生更有可能持久、努力地为长远目标而奋斗。

4. 增强学习的责任感和义务感

让学生认识到学习是自己的责任和义务，是为自己走向社会积累能力和资本，也是提升自身价值的过程。让他们明确学生的主要任务是学习，这是其社会角色所赋予的职责，正像教师要努力提高自己的教学水平一样，是义不容辞的责任。搞好学习不仅是对家长老师负责，更是对自己的人生负责。

(二)学习策略的辅导

学习策略是指学习者在学习活动中有效学习的规则、方法、技巧以及调控方式。学习策略分为：①基本的学习策略，指学习者在认知过程中的信息加工方法，如学习者对资料的登录、组织、精致化、记忆等。其内在的心理活动包括学习者所运用的思维复诵策略、组织策略、精致化策略。②支援的学习策略，指促进学习活动的一些外在的、可观察的行为，如划课文重点、写评注、做摘要、做课堂笔记、集中注意力、运用考试技巧等。③元认知学习策略，主要是指学习者能对其使用的基本学习策略或支援的学习策略的计划、监控、检验、调整等。

众多研究表明学生的学习策略与学业成绩有显著的关系。学习成绩除了由教学促成外，还须依靠学习者自我学习策略的运用。成绩较好的学生通常拥有较佳的学习技巧，而成绩不佳的学生通常不是由于能力因素所造成的，而是由于缺乏如何组织、整理和保留所学的知识造成的。相关调查显示职业院校学生学习不理想、效率低与其学习缺乏计划、调节和监控自身学习的能力低、知识结构零散无序、理解能力和迁移能力差等因素有关，针对这一类学生，学习心理教育的内容就是对他们进行学习策略辅导。学习策略辅导应从以下方面入手：

1. 教师应教给学生正确的学习方法

学习方法是指个体在编码、储存、提取、运用等认知过程中的认知方法或技能。学习方法很多，如阅读方法、作业方法、自学方法、思维方法、记忆方法等，凡是方法科学，符合认知规律，学习效率就高。以记忆方法为例，心理学公认记忆有三条规律，第一条规律是艾宾浩斯先快后慢遗忘规律，需对当天学习的内容及时复习，第二条规律是处在中间的识记材料不易记忆，这是受前后识记材料干扰的结果，因此可将要识记的材料以整化零的方法记忆。第三条规律是理解的知识容易记忆，学习者对知识在理解的基础上进行记忆，对无意义的识记材料，如枯燥的数字可作谐音法、比喻法、奇特联想等方法记忆。

2. 帮助学生明确元认知

元认知是个体对自己的认知过程和结果的意识，也就是对认知的认知。元认知包括三方面的内容：一是元认知知识，即个体关于自己或他人的认识活动、过程、结果以及与这方面有关的知识；二是元认知体验，即伴随着认知活动而产生的认知体验或情感体验；三是元认知监控，即个体在认知活动的过程中积极进行不断地自我监控、自我调节，以达到预定的目标。元认知的三个方面是相互联系、相互渗透、相互制约的。对职业院校学生元认知的培养，可使用下列方法：

(1)认识自己的认知特点。如自己的认知基础，是基础扎实、较扎实还是一般？自己的认知风格，是龟型还是兔型，还是介于两者之间？龟型是指学习勤奋，灵活不足。兔型是指灵活有余，勤奋欠缺。

（2）根据自己的认知特点制订切合自己实际的学习计划。

（3）帮助学生正确进行学习的调节和控制。首先，激活和维持学生学习活动的注意与情绪状态，如让学生在学习之前，准备好学习用具，调节好情绪与精力。其次，让学生分析自己的学习，确定学习目标，制订学习计划。再次，执行学习计划期间监控学习过程、维持或修正学习计划。如：让学生在学习活动中讲究策略，在不懂的地方做记号，听讲时弄清教师的思路。最后，在计划执行一个阶段或结束后，评价学习效果，总结学习经验，如指导学生在发现某一部分内容学得不好后，就让他多花一些时间或多想一些办法去学好它。

（三）学习过度焦虑的调适和训练

从心理学角度来看，适度的焦虑对学习有促进作用，学习应当有适当的压力，但过度的焦虑（学习压力过度）则对学习产生不利影响。所以，教师对学习过度焦虑进行调适和训练不是消除学习的所有焦虑，而是要消除学习的过度焦虑。消除学习的过度焦虑，教师可指导学生从以下几方面入手：

1. 认知辅导

让学生对自己的学习能力、学习状况有一个正确的认识，认识到自己的过分担心是没有根据的、有害的。

2. 松弛训练

运用暗示方法，自己给自己下达松弛的指令，从头部——颈部——胸部——腹部——双手——双脚。每天做一次，每次约10分钟。

3. 自我暗示

让学生自己编一句提高自己信心的话，如"这次考试我一定能考出水平来"。重大的考试在考试前5～7天，每晚临睡前默念三遍。平时在脑海中有担心考不好的念头出现时就用这句话来压倒它。这里特别要注意的是千万不能偏负面的暗示句，如"这次考试不要怕"等，这种暗示是负面暗示，不但不会消除过度焦虑，还会增加考试焦虑的程度。

4. 劳逸结合

告诉学生考试前夕一定要注意休息。紧张（复习准备）一定要放在前面，考试前夕不要紧张，考试前要适度松弛、休息，这样在考试时才会头脑清晰，思维敏捷，注意力高度集中，聪明才智才能得到充分发挥。

下面介绍一种简易的团体辅导法，[1] 它综合了多种克服焦虑的心理调节方法，简单易行，可供职业院校教师对考试焦虑较重的学生进行团体辅导。

第一步，指导学生全身放松。指导语为："首先尽可能坐得放松舒适些，然后开始放松全身肌肉，头和额部最先放松，接着放松脸部肌肉，上下颌也不要绷紧，颈部肌肉要完全松弛，肩膀上的肌肉也跟着放松，从肩膀到肘、到手指都要放松。紧接着是使胸部肌肉放松，先作深呼吸，再慢慢呼气放松，使紧张感慢慢消失，然后继续使腰、臀、大腿直到膝盖，再到小腿、脚踝到趾端都得到放松。"此时让学生稍稍地休息一下，多数学生紧张情绪可以得到缓解。

第二步，当学生的身体完全放松后，由老师生动逼真地描绘考试的情景，学生随之假想自己进入考场进行考试。当学生感到极度焦虑时，马上让他停止假想，然后再开始做前述的松弛运动，待全身放松后，过几分钟再描绘考试的情景……这样反复多次，直到学生在假想的考试情景中不再感到焦虑为止。

第三步，老师有计划地安排学生集中进行模拟考试。在模拟考试中，让学生有意识地放松，并默诵一系列的指令。"全身放松，不要紧张，考试没有什么可怕的，注意力集中在题目上；答题时保持冷静，想一想其他可能解决的办法；深吸气，再慢慢吐气，全身松弛，果断地去做。"

经过几次这样专业的辅导，职业院校学生的考试焦虑就会明显降低。

二、人际交往心理辅导

人际交往包含两方面的含义：[2] 从动态的角度来说，人际交往是指人与人之间的信息沟通和物品交换。从静态的角度说，人际交往指人与人之间已经形成起来的关系，即通常所说的人际关系。有效的人际交往是心理健康的前提。前面第二节的职业院校学生心理健康教育的必要性分析中，指出困扰职业院校学生的主要问题之一是人际交往，职业院校学生心理问题发生率较高的因素也是人际关系，因此，帮助职业院校学生协调人际交往，提高交往能力是职业院校心理辅导工作的重点之一。

(一)帮助学生正确认识人际交往的重要性

学生只有在明确人际交往重要性的基础上，才能有意识地去与他人坦诚沟

---

① 崔景贵. 职业教育心理学导论[M]. 北京：科学出版社，2008：71.
② 李有华、段虹、郭玉宾. 大学生心理健康教育[M]. 北京：中国林业出版社，2001：127.

通，互相接纳。教师要让学生明白，人际交往保证人的心理正常发展主要渠道，通过人际交往，人们可以与交往对象分享快乐，可以向交往对象倾诉、宣泄心中的忧愁，维持心理的平衡。通过人际交往，人们可以从别人眼中较为客观地认识自己，扬长避短，完善个性，适应社会。

（二）帮助学生分析影响他们交往的因素

分析学生人际交往的因素，有助于学生调整和改变自己的人际交往不适状况，促进心理健康。影响职业院校学生交往的因素很多，如：心理因素、生理因素、环境因素、距离因素、时间因素等。在所有的因素中，心理因素是最根本的因素，是影响职业院校学生正常交往的内因。心理因素主要有：认知因素、情感因素和人格因素。

认知因素，指对自己、交往对象以及交往过程的认知。交往过程中过高或者过低地评价自己和他人，都会使交往双方感到不平等，使交往难以继续。对交往目的的认识不正确，出现偏差，也会终止交往。比如交往时，只考虑自己的需要，忽视对方的需求，不愿意为对方付出等都会让对方拒绝交往。

情感因素，指对交往的情绪反应、人与人的情感关系以及心理距离。情绪反应是人际交往中的一个重要特征，对人的好恶决定着交往双方的行为、相互间的情感关系和心理距离，影响着交往的进一步发展。尤其是职业院校学生心境易变，对人和事过于敏感，特别容易凭一时好恶改变对他人的看法，使人际交往缺少稳定性。

人格因素是指一个人所具有稳定的心理特征的总和，它包括需要、气质、性格、能力等。由于人格的差异，人们的交往言行也有所差异，这种差异会对交往产生影响。如个体所具有的诚恳、幽默、助人等特征比较能获得他人的信任，而依赖、自卑、敌意、怀疑等性格特征会造成交往的困难。尤其是人格不健全的人，其人际交往常常出现冲突，如偏执型人格、表演型人格、强迫型人格等都是造成人际交往冲突的常见原因。

（三）帮助学生系统了解人际交往的原则和技巧

人际交往的原则是指交往过程中对于交往对象的友好"给予"应该及时地相应"回报"的原则，具体如真诚原则、尊重原则、接纳原则。人际交往的技巧应有：

（1）知彼知己，积极有度。交往中，准确的人际知觉就是知己知彼，它决定了人们交往的态度、方式和质量等。同时还要把握好交往的分寸，即交往适度。

（2）善解人意，以和为贵。无论交往的目的是什么，在交往过程中，每个人都希望交往对象能理解自己，并与之建立和睦的人际关系。这就要求每个人在交往过程中，要善解人意，使自己能站在对方的角度看问题，设身处地为对方考虑，避免与对方发生矛盾和冲突。角色互换是改善人际关系训练常用的方法。

（3）整饰自己，展示魅力。所谓整饰自己是指交往的个体以适当而得体的语言或行为来表现自己，以获得他人对自己好印象的过程，这是一种社交技术。通过整饰自己，就可以充分展示自己的社交魅力，获得别人的赞美，满足自尊的需要，保持人际关系协调。展示魅力主要从能力、语言、感情和情操四个方面去努力。这里特别指出的是巧用心理效应，重视第一印象。即在与陌生人第一次交往时，应将自己好的品质和特点展示出来，将一些影响自己"形象"的负面特点隐藏起来，从而给对方留下良好的第一印象，以促使对方愿意与自己继续交往。当然，要想运用好首因效应，给人以良好的第一印象，仅仅靠一时的伪装和表演是不行的，它最终取决于平时的个人修养。

三、择业心理辅导

对于一名即将毕业的职业院校学生来说，在择业过程中调整好心态，做好充分的心理准备，积极参与竞争，勇敢地迎接挑战是十分重要的。

在前一章节的"职业院校学生的主要心理问题"分析中，已指出职业院校学生在择业上普遍存在依赖退缩、紧张焦虑、思维定势等心理问题。因此针对职业院校学生的这些问题，择业心理辅导应包含自我认识教育、创业意识的树立、创业个性品质的培养。

（一）自我认识教育

为了适应社会和生活，个体必须首先了解自己，这样才能协调自己与环境的关系，否则个体在择业过程中就会产生自卑或自大心理，从而影响个体心理的健康发展。

首先要帮助学生了解自己的个性特点，心理学研究表明，人的个性与职业生活的适应性有着密切关系，一定的个性适合从事一定的职业，要是一个人所从事的职业与自己的个性相适应，则工作起来就会感到得心应手，也就容易在工作中取得出色的成就。若个性特点与所从事的工作不相适应，这种个性就会阻碍工作任务的完成，个体就会感到失败，产生挫折感。教师可采用一般的个性测验，帮助学生了解自己的个性特点。

其次，要让学生意识到，选择职业时，要综合考虑自身的兴趣和能力，每个人都有自己的天赋和本领，这种能力直接影响职业活动的效率，帮助学生了解自己的职业能力，有助于学生在职业选择时扬长避短，走上成功之路。同时要让学生明白"兴趣是最好的老师"，如果所从事的工作符合自己的兴趣，那么，兴趣就能带来对工作的内在动力。当然，面对目前就业困难的形势，往往不能选择自己感兴趣的工作，这就要求学生努力培养对所从事工作的兴趣，以良好的心态去面对工作。

最后，各种具体的工作对生理特点有不同的要求，这也要求学生在准备就业时要对自己这方面有一个正确的认识。

（二）创业意识的树立

创业意识包括创业需要、动机、兴趣、理想、信念、世界观这六大因素[①]。通过创业意识教育，使学生树立较高的奋斗目标，充分发挥自己的潜能。

创业意识的树立，从以下几方面入手：

1. 帮助学生了解社会需要

让学生对社会的需要有了充分的认识后，学生才会产生潜在的创业需要和动机，产生创业兴趣和理想。

首先，教师应为学生介绍职业的分类，在我国关于职业分类的资料，具有权威性和实用性的有两种：一种是国家统计局、国家标准总局、国务院人口普查办公室 1982 年制定的供第三次全国人口普查使用的《职业分类标准》，另一种分类标准是国家计划委员会、国家经济委员会、国家统计局、原国家标准局批准，于 1984 年颁布，1985 年实施的《国民经济行业分类和代码》。

其次，帮助学生了解全国和本地当前的就业形势。通过电视、广播、报纸等传统媒体和互联网及时了解当前的就业形势。

2. 帮助学生树立创业的自信心

只有树立了自信心，才会坚定创业意识。教师要让学生明确自己的创业优势。首先，与普通中学、大学相比，职业院校具有较好的实习、实验条件，容易使学生获得一技之长。其次，职业院校学生具有较强的实践动手能力，这也有利于他们成为成功的创业者。

---

① 　毛家瑞、彭钢．"创业教育的理论与实验"课题研究报告［J］．教育研究，1996(5)．

3. 教育和引导学生树立正确的创业信念和世界观

正确的信念和世界观是学生创业成功的重要条件，教师要使学生了解脑力劳动的艰巨性，认识体力劳动的意义，破除轻视体力劳动和工作有贵贱之分的旧观念，同时，要让学生能正确对待个人利益和国家利益之间的矛盾，把个人愿望同社会需要相结合。

(三)创业个性品质的培养

创业个性品质主要包括独立性、敢为性、坚韧性、克制性、适应性、合作性六个因素[①]。由于这六种个性品质的核心是意志特征和情感特征，是从特定角度来反映意志和情感要素的。因此，把握情感和意志的培养，也就把握了创业个性品质的培养。

1. 教师要对学生进行健康意志的培养

首先，要让他们善待挫折，应把握挫折给人带来有利的一面，其次，寻找失败，告诉学生意志坚强与否不是从干大事上体现，而是从生活的一点一滴，一件件小事中体现，积少成多，就会逐渐坚强起来。最后，帮助学生学会对挫折进行正确归因。同时遇到挫折时不要闷在心里，应该善于求助。

2. 教给学生情绪、情感自我调节的策略

首先要承认不良情绪存在的事实，同时要让学生意识到各种不良情绪的克服和消除最终依赖于体验情绪的主体，这是任何人都不能够替代的，其次，让学生明确合理的情绪宣泄比掩饰和压抑效果要好。最后，教师应向他们传授一些自我调节的策略，这些策略包括：

(1)转换认识角度。主动调整认知，换一个角度去重新看待发生的事情，纠正认识上的偏差，可以减弱或消除不良情绪。

(2)自我暗示。这主要适用于自卑感较强的学生，或有焦虑、抑郁、恐惧、强迫观念的学生。

(3)调控期望值。即对人、对事期望值不要过高。对自身的目标不要定得高不可攀，脱离实际；对人对事不要苛求十全十美，这样就不会因不满足而产生烦恼。

(4)当情绪不佳时，教会学生通过转移注意力来平静自己的情绪。

(5)增强自信心。要充分认识自我，对自我做出恰如其分的评价。

---

① 毛家瑞、彭钢．"创业教育的理论与实验"课题研究报告[J]. 教育研究，1996(5).

(6)升华。将不为社会认可的情绪反应方式或欲望需求导向正确的方向，将情绪、情感激起的能量引导到对人、对己、对社会都有利的方面。

对于一名即将毕业的职业院校学生来说，在择业过程中调整好心态，做好充分的心理准备，积极参与竞争，勇敢地迎接挑战是十分重要的。

四、恋爱观教育与辅导

"英俊少年哪个不钟情，妙龄少女哪个不怀春?"青少年进入青春期之后对异性产生一种朦胧的好奇和憧憬，是他们身心发展到一定阶段的正常现象。面对日益突出的职业院校校园恋爱问题，越来越多从事职业教育的校长与教师颇感忧虑与头痛。

(一)职业院校学生恋爱现状分析

据卢洪海等人对职业院校学生的恋爱现象进行的初步调查显示:[①]

1. 学生的恋爱率

调查中，只有28.3%的学生认为在校期间不宜谈恋爱，根据某班级反馈的信息，40%～60%的学生都在谈恋爱。因此，职教校园里手拉手、肩并肩走在一起的男女同学比比皆是、不足为奇。

2. 学生恋爱的原因

调查显示38.9%的学生认为文化生活太少，借恋爱消磨时光；42.9%的学生只是为了跟异性在一起开心、快乐，两项合计达到了81.8%。

3. 学生恋爱的动机

15.5%的学生想以此学点经验；51.3%的学生只求爱过，不求结果；13.3%的学生看别人谈恋爱非常羡慕，刻意模仿；只有15.5%的学生想找个人生伴侣。也就是说，80%以上的学生恋爱动机有着或多或少的问题。

4. 学生对待爱情的态度

首先在问及恋爱双方能否真诚相待时，只有17.7%的回答是肯定的，而74.3%的人回答是否定或含糊其辞的。其次，对爱情的专一程度，回答肯定的只有9.7%，88%的持否定态度或无从谈起。再次，恋爱双方在互相理解与尊重问题上，8.8%的学生认为能做到，而90.7%的学生回答是有时能或完全不能。最后，恋爱双方在责任感和义务感问题上，6.25%认为有，29.6%认为完

---

① 卢洪海，谢卫娟，李玉香.中职校学生恋爱心态分析.中国科技信息，2005(13).

全没有，62.3%介于二者之间。

5. 恋爱对学习的影响

调查中 84.1%的学生认为谈恋爱对学习有影响，明知对学习有影响的，还是硬着头皮去做。只有 13.3%认为没有影响。

6. 学生的性观念

对恋爱中发生性行为的看法是衡量职业院校学生性观念的核心指标。另据袁茵等人对大连、丹东、本溪 5 所职校的 486 名学生的调查表明：男女生对恋爱中发生性行为的看法有显著差异。有 63.5%的女生、41.9%的男生认为恋爱中发生性行为"是极不道德，极不严肃的"事情；这说明超过半数的学生不赞同恋爱中发生性行为，女生受传统观念的影响，对发生性行为更是持非常谨慎的态度。有 22.5%的男生、9.9%的女生认为发生性行为"若造成不良后果不应受指责"，13.3%的人认为恋爱中发生性行为"在现实生活中是常见的事"，17.9%的人认为"只要双方愿意就没什么"，三项合计达 47.7%，这些数字令人吃惊，这表明现在很多青少年对性行为持"开放"和"宽容"态度。

(二)恋爱成因分析

职业院校学生恋爱的原因涉及生理、心理、社会等多方面因素：

1. 青春期因素

进入青春发育期后，女生 11、12 岁左右，男生 13、14 岁左右，随着性器官的发育与第二性征的出现，青少年出现了性好奇与接近异性的欲望，其特征是异性爱的倾向占优势，心理工作者把青少年与异性交往分为三个时期：疏远期(10～11 岁)；群体接近期(14～15 岁)；个别接近期(15～17 岁)。在这一时期，青少年寻找性角色的确认，想尝试着享有成人具有的权利[①]，但中国传统的性禁锢与西方"性解放"思想的影响，使青少年很难做出理智的选择。

2. 情感需要

心理学家、新精神分析理论代表人物艾里克森就把人的一生分为八个阶段，职业院校学生恰好属于艾里克森划分的青少年期，在这个时期，个体发展的主要任务是发现、塑造和巩固其自我同一性。自我同一性是个体性格与人格的核心，而且被认为是人际关系和真正亲密感的关键开端[②]。因此，此阶段的青少

---

① 郑维廉. 青少年心理咨询手册[M]. 上海：上海人民出版社，2000：510.
② 朱莉娅·贝里曼等. 发展心理学与你[M]. 陈萍等译. 北京：北京人民出版社，2000：236.

年很在意别人的关爱，职业院校学生由于长期受老师、同学、家长的歧视、冷落，更需要他人的温暖和抚慰，特别是异性，这就为其恋爱提供了内部的情感需求。

3. 从众心理

职教校园中的学生相对于整个社会来说，是一个特殊的群体，其主体是年龄、经历、文化等大体相似的学生。社会心理学研究表明人在群体生活中容易出现从众心理，职业院校相对普通高中来说，学校的氛围相对宽松，学生课业负担较轻，交往范围也相对松散，给恋爱提供了一定的外部氛围，致使很多学生盲从于周围学生的恋爱行为。

（三）心理导向策略

职业院校学生是我国目前一个庞大而特殊的学生群体，他们多数 16—22 岁，正处于青春后期或青年初期，正确恋爱观尚未完全形成，同时也是系统学习科学知识和技能的关键时期，过早恋爱弊多利少。如何正确对他们进行引导，这是目前亟待解决的问题。

1. 开展性心理、性生理、性道德和性法制教育

有的心理学家把青春期的性欲望比做火药库，若保管失当，则可能引起强烈的爆发，带来灾难性的后果。从目前实际情况看，不少职业院校学生出现的不良品德或行为问题，追根溯源都与其自身性生理、性心理或性道德存在问题有关。性教育是恋爱观教育的基础，对学生进行适当的性教育是教育内容的扩展，满足学生对性知识的渴求，既是认识的发展，也是教育的进步。通过课程、讲座、主题活动等形式向学生介绍性生理、性心理、与性有关的疾病预防知识，消除神秘感。与此同时也加强对学生进行性道德和性法制教育，宣传和解释与两性关系有关的法制知识，让职业院校学生了解在两性关系中哪些行为是合法的、哪些行为是非法的，哪些行为要受到刑事处罚以及什么样的行为将受到什么样的处罚等，可增强他们的法制观念，减少和避免性过失行为，提高他们的性道德水平，增强法制观念和自我保护意识。

2. 引导树立正确的人生观、恋爱观

针对目前职业院校学生恋爱率较高的现象，不仅要对学生进行性教育，更要加强其恋爱观、人生观教育。恋爱观是指人们对恋爱的根本态度和所持的根本观点，它包括恋爱动机、恋爱态度、恋爱方式等。调查结果已经证明，现阶段的职业院校学生尚未形成正确的恋爱观，恋爱双方缺乏稳定的基础。因此加

强对学生的人生观、恋爱观教育很重要。要引导学生树立正确的人生观、恋爱观，必须要处理好以下三种关系：第一，爱情与事业的关系。职业院校学生的主要任务是掌握知识技能，虽然他们生理上基本发育成熟，但心理上尚未完全成熟，人生观也尚未定型，因此还应以学业为主，以事业为重。第二，爱情与人生的关系。爱情是人生的重要组成部分，但绝不是人生的全部。人生中有比爱情更重要的事情，那就是对事业的追求和人生价值的实现。教育引导学生既要反对禁欲主义，也要反对爱情至上，把爱情融于实现人生目标的奋斗中去，成为激励自己前进的不竭动力。第三，恋爱与婚姻的关系。恋爱孕育着婚姻，但恋爱毕竟不是婚姻。应教育引导职业院校学生尊重爱情，尊重对方，善于控制感情进行理智交往，不能过早恋爱，更不要把爱情作为得到某种个人利益的手段，特别要积极引导和教育学生自觉抵制性自由、性解放等腐朽思想的侵蚀，保证恋爱的健康发展。

3. 开展丰富多彩的校园文化活动

要强化校园文化对职业院校学生的正面教育功能，消除社会各种负面因素的影响，为职业院校学生身心的健康发展创造良好的外部环境。学校必须在校园开展丰富多彩的各种课外活动，达到扩大视野、培养能力、陶冶情操的目的，消除学生因"无聊、空虚"而过早涉足恋爱。同时也要根据学生的生理和心理特点，积极开展健康有趣的课外活动，通过专题讲座、心理咨询、健康的电影电视和书籍杂志等形式，对他们进行积极的正面引导。

4. 引导学生正视异性交往及可能出现的问题

根据社会交往互动理论，性别角色的社会化只有在与异性的交往互动过程中才可能完成。交往是青春期少年最突出的心理需要，其中，与异性同学交往是他们丰富多彩生活的重要组成部分。正常的异性交往，可以使少年获得友情、增长知识、增添生活情趣、愉悦身心。根据弗洛伊德的心理发展阶段理论，职业院校学生已经度过了异性疏远期，而走进了异性接近期。他们渴望能够亲近异性朋友，希望建立良好的异性交往关系。但是职业院校学生的心理发展很不成熟，生活经验不足，认知、情感和意志都不够稳定，自制力缺乏，再加上情感的冲动性，不少职业院校学生分不清友谊和爱情的界限，不能理智对待自己朦胧的情愫，如果过早地追求所谓的爱情，极易陷入恋爱的泥潭，由此而引发品德心理问题和性行为过错等违纪现象。因此，应当明确告诫学生只有自己能对自己的青春负责，学会思考与理解社会主流所期望的价值观，分清友谊与爱情的界限。

在与异性交往的过程中，要引导学生把握男女交往的"度"，要注意保持一定的人际距离，不宜与某一异性同学频繁接触，如嬉笑打闹，你推我拉，勾肩搭背。还要注意交往方式，异性交往以集体活动为主，如果因学习工作需要单独交往，需注意选择好地点和时间。在异性交往中遇到疑难问题，应该多与自己信任的师长或心理咨询老师沟通，争取选择最佳的解决方案。总之，以一颗"平常心"与异性同学交往，满足社会交往的需要。

5. 重视对已经恋爱学生的教育引导

对老师而言，如果发现学生出现恋爱倾向或恋爱行为，不能简单地禁止，更不能粗暴地扼杀，或在大庭广众之下公开批评、羞辱，而应主动给予关心、教育和指导，帮助他们处理好恋爱中的各类矛盾和问题。避免因为恋爱问题而导致恶性事件的发生。

教师要引导学生做到：失恋后，一是要理解对方。既给对方中止恋爱的行为以合理的解释，也要合理评价自己，找出自己的缺点和不足。二是要转移注意力。爱情不是生活的全部，失恋了可以把精力投入到学习、运动等自己感兴趣的方面。三是倾诉。不要过分压抑不良情绪，找自己信任的人倾诉，获得心理平衡。四是到心理咨询中心求助。一般而言，心理咨询中心的老师会理解这种感受，并给予适当的指导。

6. 加强对女生的教育

女生的身心特点和社会的传统道德对她们的特殊要求，决定了学校必须加强对女生的恋爱教育引导。女生感情比较丰富，涉足爱河常常是全身心投入，但感情的脆弱性决定了她们在遇到失恋等挫折时不能理智对待，容易产生悲观厌世等情绪。为此，应利用社会实例加强对女生伦理道德、爱情的权利和义务的教育，进行自尊、自信、自立、自强的"四自"教育，引导她们正确处理理智与情感之间的关系，辨明爱情与友谊之间的界限，掌握好与恋人交往中的礼仪方式和道德规范，防止出现行为偏差，以保持爱情的纯真与高尚。

第三章
职业教育中的教师心理

教育随着信息化社会的改革和发展在不断深化，作为国家教育事业的重要组成部分，职业教育是促进就业和经济发展、提高国家竞争力的重要途径。2006 年，我国高职院校总数达到 1100 所，高职教师人数突破 30 万人。[①] 到2010 年，随着我国人口的增加和高中阶段教育普及程度的提高，中职学校在校生人数将达 2300 万人左右，按生师比 16∶1 计算，中职学校教师总量应达到140 万人左右。[②] 这几千万职业院校学生的专业能力、职业道德和职业素养将直接影响到我国的经济建设，在由计划经济向市场经济转型的 21 世纪，要培养造就适应新形势下高质量、高规格的职业技术人才，就必须建立一支高素质的教师队伍。

振兴职业教育，扩展学生的知识才能，使学生潜在的创造品质得以充分发挥是每个职业院校教师的重要任务，新的历史时期对职业院校的教师提出了更高、更新的要求。要让学生具有良好的心理素质，首先教师要有良好的心理素质，要切实提高学生的心理健康水平，首先教师要有较高的心理健康水平。职业院校的教师要进行自我完善，就要深刻理解良好心理素质在教师整体素质中的地位与意义，在了解自身的社会角色和职业特点的基础上，形成正确的角色期待。

第一节　职业院校教师应具备的心理素质

当前经济的快速发展，使我国急需高级的生产一线的劳动者，也就是"高级蓝领"，职业院校担负着培养高素质劳动者的历史使命，在职业院校建设一支高

---

① 朱晓红. 新建高职院校师资队伍建设与管理研究[D]. 天津大学硕士学位论文，2004.

② 转引自教育部职教司王继平副司长 2004 年 7 月 7 日在北戴河职教会上关于"发展中的中国职教教师队伍"讲话。

素质的师资队伍是目前职业教育进一步改革与发展的基础和保证。在教师素质中，心理素质作为教师其他诸素质赖以形成和发展的基础与动力，以其广泛的内容深刻地影响和制约着教师其他素质的发展水平。

一、何谓教师心理素质

什么是心理素质，我国学术界对此存在着颇多争议，到目前尚未达成一个共同的认识。有人认为心理素质指个体在遗传基础上，通过后天的教育和环境的影响所形成的较为稳定的基本的心理品质，包括人的认知能力、情绪和情感品质、意志品质、气质和性格等个性品质诸方面的总和。也有人认为，心理素质是指除身体素质以外，影响个体活动的进行方式与效果的所有素质。还有人认为，心理素质是保障人进行正常活动所必需的心理背景与基础。[①]人们对心理素质的认识，基本上是统一在科学心理学的大范畴之内，是一种广义的、泛指各心理因素的品质及其构成因素。狭义的心理素质是指人们在特定的社会文化环境中，通过与社会环境的相互作用而形成的符合社会要求的主体自知、自控能力以及协调和平衡能力。这是个体的一种有机的综合性的机能状态，它渗透在人的心理现象所包含的各种心理成分中，但却不是这些成分的简单累加，而是各种成分积淀和凝结的结果。

教师心理素质并不是教师所有心理品质的总和，而是指那些与学生身心发展密切关联的心理品质的总和。林崇德将教师心理素质定义为：教师在教育活动中表现出来的，决定教育教学效果，对学生身心发展有直接而显著影响的心理品质的总和。唐迅等人将教师心理素质定义为：教师在从事教育实践中生成和积淀的社会文化素养、教育专业才能和人格心理品质。教师心理素质的生成、发展和完善，既是教师角色的个性化发展，也是教师个性的社会化过程。[②]

职业院校教师心理素质系指职业教育所要求的、与职业院校学生身心发展密切关联的教师心理品质的总和，这些心理品质具有稳定性、基础性、可培养性，并对职业院校学生的活动效能产生广泛影响。职业院校教师心理素质包括知识素养、心理效能、个性品质、道德情操、职业禀赋、社会成熟水平等诸多方面，通过教师的教育观念、职业道德、知识结构、教学经验、组织能力、行为效能等体现出来。

---

① 张承芬，张景焕. 教师心理素质的隐含研究[J]. 心理科学，2001：528.
② 史克学. 教师心理素质研究述评[J]. 教学与管理，2004：14.

二、职业院校教师心理素质对学生的影响

俄国教育家乌申斯基曾说过：如果我们把我们的健康信托给医生，那么我们就要把我们子女的道德和心智信托给教育者，把子女们的灵魂，同时也把我们祖国的未来信托给他们。职业院校教师心理素质的高低，关系到职业院校学生的健康成长，也关系到祖国未来的建设。

1. 对学生学习效果的影响

心理素质较好的教师在教育教学活动中能始终保持乐观、积极、向上的心态，他们乐于学习，勇于创造，对新事物具有敏感性；能够根据职业院校学生的生理、心理和社会性发展特点富有创造性地运用语言，剖析教材，选择教学方法，设计教学环节，创设课堂气氛。职业教育的人才培养过程不同于普通教育，尤其是中等职业学校的学生大多来源于高考落榜生，其入学成绩相当低，从整体水平来看，基础差，底子薄，综合素质低。由于这些自身的原因以及社会偏见等，职业院校学生往往心理偏差大，学习动力弱，学习效果差，具有良好心理素质的教师在教学实践中能努力以自己积极向上的心态去感染并带动学生，通过对教学投入的积极情感，促进师生之间的有效沟通，引发学生愉快的学习心境，取得良好的学习效果。

2. 影响学生人生观、价值观的形成

每个人在现实生活中，都试图传播或接受某种价值观念。职业院校学生正处于从少年到青年初期的人生阶段，是身心发展最迅速、最旺盛、最关键的时期，也是人生观、价值观变化与发展中的重要时期，正如教育家杜威说的："十几岁的阶段是人生根本上左右为难的阶段，他们要生长，要成熟，还要安全。"在这一过程中，朝夕相处的教师是其人生中的一个重要影响人物，教师在人际关系、工作态度、教学风格等方面通过表情、态度、言语和行为的榜样作用，会有意无意地影响着学生的人生观、价值观的发展与变化。

3. 影响学生积极、乐观情绪的建立

情绪对人的心理素质起着核心作用，健康情绪能引导人积极向上，不良情绪则会阻碍人的健康成长。教师良好的心理素质对学生保持良好情绪具有非常重要的作用，具有良好心理素质的教师总是持有乐观、积极的心态，能克制生活中不愉快的情绪，绝不迁怒于学生，对学生一视同仁，对课堂情境中的不良事件能冷静处理。教师的这种乐观向上的情绪能够感染学生，为学生的学习和生活注入新的活力，使学生胸襟宽广、热爱生活、遇事不惊、处世豁达，并能

提高学习效率。一个心理素质欠佳的教师，常爱冲动、发脾气，使学生产生焦虑、自卑、惶恐不安，甚至怨恨心理，给学生造成极大的精神压力。

4. 影响学生健全人格的养成

人格是指一个人整体的精神风貌，健全人格是各种良好人格特征在个体身上的集中体现。具有良好心理素质的教师能以愉快而安详、沉稳而冷静的态度对待学生，以热情、豁达、诚恳的人格魅力影响学生，用和蔼、真诚的语言解决师生之间出现的矛盾，时时处处使学生感到亲切、温暖，感到有一种无形的吸引力，这对培养学生的无私、互助、诚挚、谦虚、大度、顽强等优良品质起着重要作用。对于一些有心理行为问题的学生，他们自尊心较弱，缺乏自信心，这就需要教师以一种积极、乐观、向上的心态，帮助和指导学生矫正偏差人格，培养健全人格。

三、职业院校教师心理素质的结构要素

当今时代的高速发展以及多样化和网络化的特点，赋予了职业院校教师更大的历史使命，根据现代社会和现代职业教育对职业院校教师的要求以及现代职业院校教师职业功能的价值取向范围，可以将职业院校教师心理素质的结构要素概括为文化心理素质、社会心理素质、专业心理素质和人格心理素质四个方面。

(一)文化心理素质

著名教育家、院士杨叔子说过："一个民族，没有现代科技，一打就垮；没有民族文化，不打自垮。"文化心理素质是人类创造的文化历史成果在心理结构中内化和积淀的文化素养和个体心理品质的综合。它既是人的心理潜能素质的文化化，又是文化历史成果的素质化。各职业院校对学生的定位基本是学知识、学技术、掌握一门专业、能够就业，但职业教育归根结底也是培养"人"的活动，它和普通教育一样，都要求承担这一培养任务的教师在教育教学实践中能够自觉构建富有"教化"功能的文化心理素质，关注学生的人文素质的培养。教师文化心理素质主要包含学习心理素养、文化素养、科学素养等内容。

1. 学习心理素养

所谓学习心理素养是指教师在学习化社会中，不仅善于学习新的知识和技能，而且善于用获取知识技能的方法和认知策略，在更新和运用知识中开发学习潜能，自我调控行为，从而提高实践和创新能力。职业教育是面向社会需求

办学，专业设置完全是遵循社会市场的需要而设立的，呈动态发展趋势，专业变动大、课程改革频率高。职业院校教师很难一生只教一门课程，因此，教师必须具备终身学习的能力，不断补充本专业的新知识和相近专业的知识，以满足适应市场需求和转岗教学的要求。

2. 文化素养

所谓文化素养是人类文化历史成果在心理素质结构中的内化和积淀，它标志着人们心理发展的文化水准和社会成熟度，教师作为人类文化的传播者，担负着将人类文化历史成果转化为学习者个体的身心素质结构和品质的职能，必须具有较高的文化素养。学生的全面发展在一定程度上取决于教师文化知识的广泛性和深刻性，一个优秀的职业院校教师应该具有深厚的文化知识修养，通过文化知识的传播，不仅注重技术能力的教学，还要通过寓教于美、寓教于乐的教学，启迪学生的智慧，提高学生的素质，有意识地培养学生的创新精神与创新能力，为学生在工作中成长为专家做准备，以适应现代生产和个体发展需要。

3. 科学素养

现代教育科学体系的不断丰富与发展使教师由经验型的教书匠转变为专家型的学者，这就要求教师不仅要掌握各门学科文化知识，而且要掌握教育规律及其原则，懂得并学会研究教育教学，在向学生传授知识的同时，加强自身科学素养，努力学习教育基础理论和研究方法，不断提高教育科研水平。在一个对100名职业院校教师的调查中发现，66.4%的职业院校教师毕业于非师范大学，33.6%的教师毕业于一般师范大学，大部分职教教师没有接受过正规、系统的职业教育理论学习。职业教育的人才培养过程不同于普通教育，生源有一定的特殊性，尤其是中等职业学校的学生大多来源于高考落榜生，其入学成绩相当低，从整体水平来看，基础差，底子薄，综合素质很低。这就更加要求职业院校的教师在教学实践中能科学地应用教育学和心理学的知识因材施教，针对学生的实际情况进行教学活动，运用科学研究方法，总结出符合本专业特点的职业人才培养规律，这样才能成为不仅"能教"，而且"会教"的职业教育专家型教师。

(二)社会心理素质

教师的社会心理素质主要包含角色心理素养、社交心理素养、管理心理素养等。

1. 角色心理素养

随着社会的发展，职业院校的功能日趋多样化、复杂化，决定了职业院校教师角色的多重性。这种多重性反映了社会、家长、学生等多元文化价值对从事职业教育的教师角色赋予的多方面社会期望，如果教师在心理上没有多重角色准备，就很难充分发挥教师在教育中的主导作用。因此，教师在教育教学实践过程中应不断学习掌握各种社会角色期待和角色情境判断，学会在不同情景中从事角色活动，并能适当处理各种角色冲突，从而提高扮演多重角色的社会心理素养。

2. 社交心理素养

职业院校与社会有着千丝万缕的联系，教师要经常和企事业部门联系，了解人才需求情况；为了及时补充有关教学内容，教师要去掌握企事业部门的最新信息和生产动态。此外，教师要组织学生进行教学实习、生产实习，需要和企业的领导、工人打交道，教师要取得良好的教育效果还要进行家访，和学生的家庭成员进行交往，因此职业院校教师具有一定的社交素养极为重要。从另一角度来说，教育的本质在于建立个人与集体和社会的联系，以保证个体的社会化，教师在学生的社会化过程中起着极其重要的作用。所以职业院校教师的社交素养还体现在要指导学生的人际交往，而且教师本身又是学生群体交往的对象，师生之间在相互交往的过程中形成一定的心理关系，如果相互之间能满足对方的需要就会产生彼此接近、相融的心理关系；反之，则产生疏远回避甚至敌对的心理关系。为了促进学生学习和发展，必须建立良好的师生关系，这就要求教师必须首先具备良好的社交心理素养。

3. 管理心理素养

所谓管理心理素养是指教师对教育教学活动的计划、决策、组织、指挥、监督、控制、调节等方面的综合素质与能力，是保证教育教学工作顺利进行的必要条件。对学生集体来说，教师既是教育者，又是管理者，学生集体的组织管理是一个多层次的复杂变化的动态过程。职业院校的教学实践性很强，学生在实习工场、工厂等实践的时间较多，相对于课堂而言，其特点是学生分散性、流动性大。在这过程当中，由于是重复了第一阶段的实习教学内容，学生会对实习有厌倦的心理，不想实际动手去操作；针对这种现象，教师就要采取一些行之有效的方法来提高学生的学习热情。如通过测验、个人和小组之间的技能竞赛等方式来激发学生的学习兴趣。因此，教师除要有精湛的教学技巧外，还必须有较强的组织管理生产实习教学的能力，否则可能产生一些生产和安全事故。

（三）专业心理素质

教师心理素质的专业性和职能性特点决定了教师的专业心理素质应主要包含职业道德心理素质、教学心理素质和辅导心理素质等内容。

1. 职业道德心理素质

教师职业道德是职业道德的一种形式，是教师处理和调节教育活动中人与人之间关系的特殊的道德要求。教师职业道德品质是一个完整的心理系统。它的心理成分包括职业道德认识、职业道德情感、职业道德意志和职业道德行为。教师的职业道德素质通过教师的职业价值观、职业理想、师爱、为人师表等得以体现。

一直以来教师被誉为"春蚕"、"蜡烛"、"人梯"、"铺路石"、"园丁"、"托起太阳的人"等，这种传统的教师职业价值观更多的强调教师职业的外在价值以及这一职业所承载的社会功能，注重社会对教师职业的工具性价值需求，并未关注教师内在的自身发展需求，因而教师本人难以感受到因从事这一职业带来的尊严与快乐。新型的教师职业价值观①是将社会对教师职业的外在工具价值需求和教师自身内在的发展需要有机融合在一起。职业院校教师的工作十分辛苦，强度大，报酬低，大多数教师在工作岗位上辛勤耕耘，为培养下一代倾注自己的心血，当代职业院校教师应超越传统的奉献精神，将自身内在的发展需要有机融合在对职业教育的热爱中，把学生的成长看作是自己职业价值的外化，借学生之身巧妙地扩展自己，从而不断超越自我，实现教师发展与学生发展的统一。职业教育是"以市场为导向，以服务为宗旨，以就业为目标"的就业教育，教师要将学生顺利送上就业岗位，除了要用专业知识与教学技巧使学生掌握就业技能外，还要用对学生的师爱转变学生的心理偏差，以自己的表率带动学生。

2. 教学心理素质

教师的教学心理素质包含一般教学能力、教学技能、辅导学习技能、教学监控能力等。教师的一般教学能力是教师在教学实践中形成和发展的基本能动力量，是实现人才培养的保证，如教师的智能、言语能力、非言语能力等。教学技能是指教师从事教学活动、完成教学任务必须具备的基本技能，如掌握教

---

① 张凤琴. 教师职业价值观——教师职业发展的内在动因[J]. 内蒙古师范大学学报（教育科学版），2004，17(3).

学大纲、运用教材、教学设计、信息技术等技能。辅导学习技能是指教师在教学过程中辅导学生解决一系列学习问题的能力，也就是辅导学生学会学习的技能。通过教师辅导学生能充分发挥学习的主动性、自觉性和积极性，会制订计划、会预习、会听课、会做作业、会复习、会应考等。教学监控能力是指教师在教学过程中为成功地实现教学目标，以教学活动为监控对象，不断地对其进行积极主动的计划、监视、检查、评价、反馈、调控的能力。

职业院校学生的知识基础和学习能力较差，在教学过程中，如何让教师头脑中的知识转化成学生自己的知识，教学方法与技巧比教学内容本身更关键，教师要不断总结自己的经验，吸取别人的经验，不仅要对教学方法进行研究，也要研究学习方法，对学生进行指导。例如在讲解活塞裙部的结构时，学生对"膨胀槽"和"隔热槽"等概念的理解困难，但是教师通过实物展示却可以让学生一目了然。教师富有技巧的引导能使学生较快地将书本上的理论与实践融合，促进理解，加深了记忆，使学习效率得到较大提高，而且重要的是通过教学技巧能使学生初步掌握适合自己的学习方法，为将来继续认识学习打好基础。另外，教师通过对教学活动前的计划和准备，对课堂教学的检查和反馈，对自己整个教学活动的调控以及对课后的回顾和评价等，不断改进完善教学过程，利用实物、教具、多媒体等多种教学手段，将枯燥的理论教学过程，转变为理论与实际相结合的一体化过程，从而实现理论指导实践，实践验证理论的目的。

3. 辅导心理素质

随着教育现代化的历史进程，主体教育价值理念的弘扬，当代教育走向以学习者为主体的终身教育和学习化社会，从而赋予教育者以辅导的教育职能。教师不仅仅是一个文化知识的传播者，而且还是一个心理辅导者。为学生的心理发展提供帮助和服务，实现师生间的心灵交流与互助关系。职业院校学生相比较于普通学校学生，前者心理偏差严重，自卑、偏执、不服教育，行为偏颇，易走极端，教师还应主动学习并掌握一些基本的心理卫生与心理咨询方面的知识和技能，自觉调整自身的知识结构、能力结构和职业技能，从而提高自身心理辅导素养。

（四）人格心理素质

教师职业要求教师必须具备和养成"标准化"的人格心理素质，并使其成为社会化和共性的东西。教师人格心理素质是教师必备的心理素质之一，在整个心理素质的形成和发展中，居于重要的地位。它不仅影响教育教学，而且影响学生的个性及其身心发展，因此，教师人格心理素质是其他任何素质所不能替代的。教师人格心理素质主要包括教师的需要和动机、教师的性格、自我调节能力等内容。

1. 教师的需要和动机特征

教师的需要受社会条件和教师职业、教师本人文化修养等的制约，因此，教师的需要既有历史传统的特点，又有时代的特点；既具有物质需要，又有更多的精神需要；既有教育学生的需要，又有教育自己的需要。它是个多层次的极其复杂的需要系统。教师的动机是指促使教师完成教学任务，培养学生成才的内在动力。教师动机社会化的结果就是教师成就动机的体现，教师成就动机则是教师人格心理素质的重要标志。它决定着教师教学工作的意义和性质以及教师行为的自觉性、积极性和倾向性，影响着教师行为的效果。因此，教师必须具有较强的成就动机。

2. 教师的性格

教师的性格是指在长期的教学实践中形成的逐步稳定的态度和习惯化了的行为方式。它是教师人格的集中体现。教师人格心理素质在性格方面的体现主要是教师对教育事业的高度热爱，对知识渴求的"责任感"，即对教育事业勇于创新、善于探索，对教育教学工作认真负责、兢兢业业。教师良好性格的形成，既有助于自身人格心理素质的完善，又有助于塑造学生的人格。在许多影响学生心理素质发展的因素中，教师性格的影响是重要的因素。具有良好性格的教师能够得到学生的爱戴，促进教学工作的开展，学生会在学习生活中有意模仿教师的一言一行并积极合作，提高教学效率。因此，教师性格对学生人格特征具有重大影响。

3. 教师的自我调控能力

自我调控是指人们为了达到预定目的，通过自我意识对心理和行为进行积极自觉的调节和控制的心理活动。它是自我意识的核心组成部分。教师的自我调控是教师人格心理素质中不可缺少的内容。人的心理素质可以通过调控达到良好状态，而良好心理状态的培养关键在于自我调控能力的培养。教师只有具备较强的自我调控能力，才能使人格健康发展，从而提高人格心理素质。

教师心理素质是教师职业功能的具体体现，也是教师职业成熟的主体性标志。作为现代的职业院校教师只有不断完善自我，具备良好心理素养，才能胜任职业院校教师这一崇高的职业。

第二节　职业院校教师的角色与压力

随着科技的进步和知识的更新，社会对教师角色的要求不再是单纯的"传道，授业，解惑"。面对工作和生活中纷繁复杂的角色，职业院校教师往往感到迷茫和困惑，甚至出现了角色失调，让教师感受到极大的心理压力。在社会变迁中，教师只有了解自己所处的角色情景，具备良好的心理素质和职业适应能力，才能成为一名合格的教育工作者。本节拟在反思教师过去角色的基础上，对教师的角色定位进行解读，给面对压力挑战的职业院校的教师们提供一个思考的视角。

一、对以往教师角色的反思

教师作为人类社会中最古老的行业和职业之一，在整个社会发展过程中充当着继往开来的重要角色，教师被誉为"春蚕"、"蜡烛"、"人梯"、"铺路石"、"园丁"、"托起太阳的人""人类灵魂的工程师"等。反观这些传统的教师角色的隐喻，我们发现它们更多的是强调教师职业的外在价值以及这一职业所承载的社会功能，注重社会对教师职业的工具性价值需求，并未关注教师内在的自身发展需求，如教师自我专业知识、技能和职业素养的提升，自身生命质量的价值感受等，因而教师本人难以感受到因从事这一职业带来的尊严与快乐。仅有对教师职业角色的外在工具价值的认识，不能成为教师职业发展的内在动力。

而且，透过"园丁""工程师"这些隐喻，我们还可以感受到传统的教师角色让教师不自觉地在学生面前扮演着主动者、权威者、支配者的角色，学生成了被动的学习者、服从者，不可能有很多的自主权，在"园丁"和"工程师"们整齐、划一标准的修剪和铸造下，个性迥异学生的问题意识和创新意识受到压抑，他们不能和教师在平等的基础上交流、对话，更不可能充分发挥自己的潜能、生动活泼自由地发展自己的个性。

因此在对传统教师职业角色进行反思的基础上，有必要重建新型的教师职业角色。

二、新型教师角色的重建

在走出原有的教师角色的窠臼时，我们也在设计和勾画着新时期理想的教师角色。

1. 民主型的组织者

随着现代科技的发展，教师在知识领域拥有的权威地位逐渐丧失，网络教学的介入，更使学生拥有知识的信息渠道呈现出多样化的特点。职业院校学生对新信息的敏感度高，但由于经历中过多的失败与挫折，又使其对学习的参与热情不高，学习动机弱。这就要求职业院校的教师审视自己以往经验，做一个民主型的组织者，承担起激发学生学习动机、促进班级活动与课堂教学、指导学生进行学习活动、使学习得以深入等新型的责任，给学生充分的自主权，让学生去探究、去活动，给学生营造一个广阔的发展空间。

2. 学生个性发展的促进者

对于从事职业教育的教师来说，多数职业院校学生除了学习成绩较差外，道德素质和情感态度更有待于提高和培养。特别是一些家长把自己在家难以管教和约束的子女送到学校来，其主要目的就是希望学校能在培养他们的子女在掌握一技之长的同时优化他们的个性品质，让孩子在学校里经过教育和学习能够从一个"失败者"转变成一个"成功者"走向社会。与其他类型的学校尤其高校相比，职业院校教师所担负的责任更为重大，在教学过程中要关注学生的情感、态度、价值观等，全面促进学生的个性发展。

3. 学生学习的协作者

建构主义学习理论认为"协作学习"对知识意义的建构起着关键性的作用。职业教育重视对学生实际动手能力的培养，"做中学"是职业教育的特色，因此更强调学生之间、师生之间的协作交流，以及学生和教学内容与教学媒体之间的相互作用。有效地安排组织协作也是建构主义教学的关键性因素，学生在完成指定的学习任务时，教师可以根据不同的教学目标，按学生的能力和个性差异，将学生分成若干学习小组，采取多种不同的协作方式，要求他们共同合作完成学习任务。这个过程中，教师也要参与学生的小组讨论，并给予指导、帮助和评价。

4. 教育教学发展中的反思者和研究者

职业院校为了适应社会需求的变化，所设置的专业往往更新较快，教材教法缺乏，要保证教育教学的质量，就要对教学的内容进行深入研究。职业院校学生作为基础教育中的特殊群体，心理困惑、心理冲突相对于普高生和高中生都来得更为突出；职业教育作为一种开放式教育，学生是否愿意上学全凭个人意愿，国家并无法律约束，学校更没有约束力，职业院校学生厌学甚至流失现象非常普遍，教师也非常有必要对学生问题进行研究，反思自己的教育教学方法，以寻找合适的对策。

三、教师的角色冲突

除了教师职业对教师所要承担的角色进行规范外，社会还对作为"社会人"的教师提出了角色期望。社会对教师提出较高的多重角色期望，如教师要成为社会的代言人、成为好父母和好子女等，而建立于"人民教师"基础上的角色定位，让教师承担着"学生的表率"、"公民的模范"之类的角色压力。这些社会角色和教师的职业角色融合在一起，构成了教师的角色集合。这个集合中，各种角色之间既有交叉，又相对独立，教师要在这纷繁复杂的角色之间进行转换，当外界的变革加重这种角色压力、而教师在短期内又无法迅速调整时，就会出现角色冲突。

1. 多种角色同时提出要求产生的冲突

现在的学生生活在大众传播媒介迅速发展的时代，这些大众传媒以其内容丰富、形式多样、传递迅速、生动形象等特点，传播着各种知识、规范及行为方式，学生常常以自己得到的新信息嘲笑老师所传授的旧知识，这种状况在一定程度上改变了教师与学生在知识占有上的地位关系，动摇了教师的知识权威地位，迫使教师不断汲取新知识，而许多教师因为时间的压力处于知识传授者与知识汲取者的冲突中。再有就是处于学校管理最低层次的教师与担任班级管理最高领导的教师是每一名教师必须承担的两种角色，这两种角色集于一身往往造成扮演者的心理冲突，学校的各项制度、政策、规定都要靠班级管理者——教师的传达和贯彻，然而学校的政策规定与学生意愿之间常常发生矛盾。

2. 多种角色行为规范互不相容产生的角色冲突

在教师的社会角色中，他作为社会代言人往往以社会的价值观进行判断，而在教师的职业角色中，他又是家长的代理人，要求教师站在学生家长的角度看问题。管理者与朋友的冲突也存在于教师身上，管理者往往具有一定的权威，教师作为学生的朋友是以公务情感为基础的朋友，对于很多教师来说，很难同时扮演好这两种角色。

3. 单一角色内部的冲突

面对心理和行为问题都比较突出的职业院校学生，教师要关注他们的个性健康发展，社会和职业常希望教师能成为学生的心理辅导者，但是在这一角色上，教师有着太多的冲突：一是时间紧；二是学生多；三是教师缺乏心理辅导的知识和技能；四是教师自身存在各种各样的心理问题。

四、教师角色冲突的后果

适当的角色冲突有助于教师适应角色要求，使教师依据社会的期望与职业活动的要求，以及特定的教育情境，不断反思自己的角色行为，不断审视自己的角色形象，不断衡量自己的角色扮演能力，向角色要求靠拢。但是角色冲突终究是一种心理冲突。美国学者普莱科和科佩曼研究指出：角色冲突对生活满意度有消极影响[1]。角色扮演者在角色冲突中会产生紧张情绪，从而形成心理压力，由此引起的习得性无助感和无力感对教师的专业发展起着延缓或阻碍作用；会直接影响到自身和教育对象的身心健康发展；也影响到教师的职业稳定，造成教师职业的显性或隐性流失。

五、职业院校教师职业压力分析

教师职业是一个高压力职业，曾有研究者采用调查问卷与访谈相结合的方法，对中国西南四省 39 所中职学校 217 名职业院校教师压力源进行了研究[2]，有 42.3％的教师认为教师这个职业压力较大，17.9％的教师认为压力很大。职业院校教师的职业压力主要存在于以下几个方面：

1. 学生的不良行为

职业院校学生主要有四类：一是学业基础差，有学习意识但自信心弱；二是喜欢动手钻研，对技能操作感兴趣；三是染有不良习惯，被家长"托管"在职校混天度日；四是对学习根本不感兴趣，只为混文凭。学生中有一半的人不爱学习，有一部分想学但底子太薄，还有一部分只对技能操作感兴趣，对理论学习不感兴趣。由此可知，职业院校的学习氛围非常淡薄，教师很难体验到工作的乐趣，难以体验到为人师者应该得到的尊重，工作热情受到极大打击。再有一些学生染有不良的行为习惯，给学生管理工作带来了极大的压力。特别是寄宿制学校班主任从早到晚地忙于纪律、卫生与安全等，唯恐学生发生问题，一位女教师自从担任班主任后，长期是不该睡觉时想睡觉，该睡觉时睡不着。但是百虑仍有一失，抽烟、酗酒、早恋、沉迷网吧、夜不归宿、打架斗殴仍时有发生……这些不仅让学管人员整日提心吊胆，也让任课教师丧失了信心。

① 林美玲.教育改革、教师倦怠与报酬[M].高雄：复文图书出版社，2001：125－140.
② 李代慧.中等职业教育教师压力源分析[J].职业技术教育，2008，(31)：52－53.

2. 学校生存的压力

由于普高热、学历需求盲目趋高等原因，许多中等职业学校面临着"就业难，生源减少"的困境。而毕业生一旦就毕不了业或学校招不来学生，学校就面临倒闭。不少学校将招生任务分配到每个教师的头上并且与教师的工资、奖金、职称评定挂钩，招生艰难也给教师带来很大的压力。

3. 自我发展的压力

随着科技的发展与市场的变化，学校的学科设置也在发生变化。这就要求教师改换专业或是加深专业知识技能，需要教师再深入系统地学习，否则可能就面临被淘汰的危险。但学校一般又不愿让教师离岗进修，教师只能自己平日加班加点，一边教课一边学习新知识，或是利用假期进修，工作压力、精神压力都让人难以承受。

此外，人际关系、角色冲突、教育改革等也都构成了职业院校教师的压力来源，当教师处于长期高水平的职业压力下，却无法有效解决工作压力的时候，就会产生职业倦怠感。所谓职业倦怠，是一种源于工作压力而产生的情绪衰竭、态度消极、行为消沉的不良心理适应状态。处于职业倦怠期的个体，情感处于极度疲劳状态，工作热情丧失；以消极、否定、麻木不仁的态度对待自己的同事或学生；出现较强的自卑感和失败感，消极评价自己工作的意义与价值，工作效能感降低[①]。

第三节　职业院校教师的心理健康及其维护

古希腊哲学家赫拉克利德说："如果没有健康，智慧就难以表现，文化无从施展，力量不能战斗，财富变成废物，知识也无法利用。"有一个意味深长的比喻，人生就像一串阿拉伯数字，100000……要使这一大串"0"有意义，必须有个前提条件，就是"1"必须存在。这个"1"是什么？就是一个人的健康！只有这个人是健康的，后面的"0"才是真实的存在。拥有健康并不意味着拥有一切，失去健康则意味着失去一切。1989 年世界卫生组织提出了 21 世纪健康新概念："健康不仅是没有疾病，而且包括躯体健康、心理健康、社会适应良好和道德健康。"其中心理健康是指个人能够充分发挥自己的最大潜能，以及妥善地处理和适应人与人之间、人与社会环境之间的相互关系。目前，职业教育特别是中等

---

① 曾玲娟，伍新春. 教师职业倦怠研究综述[J]. 辽宁教育研究，2003(11)：79～80.

职业学校的生存和发展正面临前所未有的历史变革。大学扩招形成的"普高热"，国家教育体制改革取消中专招生计划，入世后教育开放等，对职业院校产生激烈的冲击，职业院校普遍存在"招生难，难招生"的现象，过去是"录取线上好中择优"，现在是"录取线下来者不拒"，过去是"教书育人"，现在是"育人教书"……在这种新的历史变革时期，探讨职业院校教师心理健康的课题有重要现实的意义。

一、职业院校教师心理健康的标准

心理健康的标准不是一成不变的，随着时代的进步和社会的变迁，它也具有不同的含义。同样，从横向角度考虑，对于不同的社会群体，其心理健康的标准也应体现其群体的特殊性，即我们应该对教师群体的心理健康标准做更具体的诠释，使之既包含一般的心理健康标准的共性，同时也体现出教师职业的特殊性。根据已有的研究与认识，教师心理健康的标准至少应包括以下几点：

1. 对教师角色有合理的认知

爱岗敬业，能积极投入到工作中去，将自身的才能在教育工作中表现出来，并由此获得成就感和满足感，免除不必要的忧虑。

2. 有良好和谐的人际关系

其个人思想、目标、行为能与社会要求相互协调；能客观地了解和评价他人，不以貌取人，也不以偏赅全；与人相处时，尊重、信任、赞美、喜悦等正面态度多于仇恨、疑惧、妒忌、厌恶等反面态度；能积极与他人做真诚的沟通。教师良好的人际关系在师生互动中则表现为师生关系融洽，教师能建立自己的威信，善于领导学生，能够理解并乐于帮助学生，不满、惩戒行为较少。

3. 能正确地了解自我、体验自我和控制自我

能根据自身的实际情况确定工作目标和个人抱负；具有较高的个人教育效能感；能在教学活动中进行自我监控，并据此调整自己的教育观念，完善自己的知识结构，做出更适当的教学行为；能通过他人认识自己，学生、同事的评价和自我评价较为一致。

4. 具有教育独创性

在教学活动中不断学习，不断进步，不断创造。能根据学生的生理、心理和社会性特点富有创造性地理解教材，选择教学方法，设计教学环节，使用语言，布置作业等。

5. 在教育活动和日常生活中均能真实地感受情绪并恰如其分地控制情绪

由于教师劳动和服务的对象是人，因此情绪健康对于教师而言尤为重要。具体表现为：保持乐观积极的心态，不将生活中不愉快的情绪带入课堂，不迁怒于学生；冷静处理课堂情境中的不良事件；克制个人喜好，对待学生一视同仁。

二、职业院校教师心理健康问题成因分析

2005 年，我国研究者[①]使用 SCL－90 自评量表调查了天津、湖北共 9 所中等职业学校 459 名教师的心理健康状况和工作压力，结果发现：中等职业院校教师心理健康状况水平低于全国成人但高于普通中学教师，54.03％的被试有不同程度心理问题，但主要为轻度心理问题，中度以上心理问题的发生率低于普通中小学教师。2006 年，冯建国[②]对 162 名郑州市中等职业院校教师进行了问卷调查发现，中等职业院校教师心理健康水平低于全国其他学校教师，轻度症状问题占据主体，中等和较重症状的人数占总人数的 15.8％。贾素萍也在实证调查中发现职业院校教师的不良心理水平明显高于全国常模水平，职业院校教师中虽只有 10％的心理症状超常者，表现为如焦虑与恐怖等较严重的精神问题，而强迫、敌对、抑郁、偏执等方面的心理问题却普遍存在。职业院校教师心理健康问题的表现形式多种多样，从而导致职业院校教师心理健康问题的诱发因素也是多种多样的，除了上面我们已经分析过的教师角色冲突、工作超负荷等影响因素外，主要还有以下几方面的原因：

1. 教育改革

教育体制的全面改革，职业院校教师面临着学历提高、职称评定和教师资格重新认定，以及合同期聘任、末位淘汰、按绩取酬等问题，使每位教师都感受到了压力。教育教学改革的进程加快，对教师的职业素质也提出很高的要求。职业院校培养的学生，是直接与社会接轨，因此更加贴近市场，这就要求职业院校的教师必须站在本专业的最前沿，了解最新的专业动态，及时更新教学观念，调整教学内容，改进教学方法和教学手段，才能与时俱进适应社会发展的需要。而现实生活中，职业教育的教材老化、教师原有知识储备难以适应新的职业教育的新要求，导致教师体验到前所未有的压力。有的教师能适应形势需

---

①　吴真，徐富明，黄蓉. 中等职业学校教师心理健康及工作压力状况调查研究[J]. 中国职业技术教育，2005，201(11).

②　冯建国. 郑州市中等职业学校教师心理健康调查研究[D]. 辽宁师范大学硕士学位论文，2006.

要，将压力转化为动力，然而有一部分心理比较脆弱的教师往往因压力过大而导致心理危机。

2. 人际关系

我国中等职业教育在 20 世纪八九十年代进入一个发展高潮，中等职业学校的数量与规模都达到了一个高峰，后来随着"普高热"的升温，职业教育进入了严冬，生源萎缩，生源的质量与数量严重下滑，当前，我国职业院校学生师生间沟通少、冲突多，师生关系紧张、扭曲、淡漠，师生关系类型上表现出更多的回避性特征，以矛盾冲突型关系为主，学生对教师出言不逊是经常现象。

我国"入世"后，职业教育面临的竞争越来越激烈，中职学校规模缩小，教师资源过剩，教师的生存与发展面临严峻挑战。许多学校实行聘任制，当前教师聘任制是与末位淘汰制相互联结、紧密结合的，尽管它在一定程度上起到了优胜劣汰、筛选人才的作用，但同时这也是一种过分强调竞争的制度，潜在的解聘危机给教师带来新的压力。不可否认，当教师聘任制中掺杂了过多人为因素时，随之而来的是教师之间人际关系的恶化，在僧多粥少的形势下，日趋激烈的职业竞争使教师人人自危，相互排挤、互相压制，同事间的防范和猜忌让教师也心力交瘁。

由于职业院校教师的工作和生活场所主要是在学校和家庭中度过，其他的交往对象比较少，生活空间相对比较孤立、封闭。虽然不定期的实习会与企业有所联系，但也局限在少数人之中，而且更多的只是工作上的联系，因此，总体来说，职业院校的老师与社会的联系还是较少的，进而导致教师直接感受社会变革的时间比较滞后，职业学校的教师往往没有充足的社会支持网络、心理准备和相应的能力去适应，合群需要和获得支持的需要经常得不到满足。国外有些研究曾发现教师职业倦怠与教师缺乏社会支持的知觉有很高的相关。

3. 社会因素

我国正处于社会转型期，法律的不完善，体制的不健全，导致目前社会上存在着行业分配不公的现象，现实生活中职业院校教师社会地位和待遇收入普遍较低，社会对教师的看法与教师的神圣职责是不成比例的，尽管《教师法》颁布、实施已有多年，教师被侮辱、被殴打事件仍不断发生。2007 年 5 月 25 日，北京海淀艺术学校某班学生侮辱老师的视频录像在各门户网站和论坛大肆流传，引发众多网友对学生素质的质疑。职业院校教师是接受社会委托以培养技术实用型学生为己任的专职人员，他们必须对学生高度负责，然而由于职业院校学生源的特殊性，再加上社会风气的负面影响和家长不恰当的教育方式，往往导致职业院校学生的教育效果与职业院校教师的付出不成比例。教师劳动的复杂度、繁重度、紧张度比一般职业劳动者大，但教师的待遇一直没有得到应有的提高，巨大付出与低微回报的强烈反差更加剧了职业院校教师的低成就感。有人创作了一首打油诗："《教师泪》：满腔热血把师学会，当了教师吃苦受罪。急难险重必须到位，教师育人终日疲惫。学生告状回回都对，工资不高还要交税。从早到晚比牛还累，一日三餐时间不对。一时一刻不敢离位，下班不休还要开会。迎接检查让人崩溃，天天学习不懂社会。晋升职称回回被退，抛家舍业愧对长辈。回到家中还要惧内，囊中羞涩见人惭愧。百姓还说我们受贿，青春年华如此狼狈。仰望青天欲哭无泪，唉！当教师真累！"教师的身心俱累从中可窥一斑。

4. 个体因素

面对同样的处境和环境，有些教师可能会出现心理问题，有些则能维持健康的心理状态。造成这些差别的个体因素主要有：（1）人格因素。研究发现，不能客观认识自我和现实，目标不切实际，理想和现实差距太大的教师或有过于强烈的自我实现和自尊需要的教师更容易出现心理问题。此外，那些喜欢怨天尤人的教师较乐观积极的教师更难以应付外界的压力情境或事件，因而心理健康水平也较差。（2）个人生活的变化。在人的一生中，经常会有生活的变化，无论这些改变是积极的（如结婚、升迁）或是消极的（如亲人死亡、离婚），都需要个体做出种种心理调整以适应新的生活模式。在这种调整时期，心理问题容易发生。尤其是从一个人生阶段进入到另一个人生阶段的过渡时期，如艾里克森等提出的"中年危机时期"，个体需要对自己、家庭及职业生活做出再评价，这些很可能会显著地影响个体的自尊、婚姻关系以及对工作的忠诚和投入。

三、职业院校教师心理健康的维护

要提高职业院校教师的心理健康水平，除了在宏观的社会体制层面上对职业院校教师的工作提供支持和保障外，还必须在社区、学校和个人层面综合各种措施减轻职业院校教师的心理压力，提高其应对各种问题的能力。

1. 社会体制层面

政府通过制定各种政策，来提高职业院校教师的社会地位、促进教师群体职业化的进程，形成尊师重教的社会风气，树立教师的职业威望，提高教师的社会地位。政府部门还可以有组织、有计划地通过各种传媒，宣传职业院校教师在社会主义现代化建设中为培养实用技能型人才所起的巨大作用，呼吁全社会来关心、支持、配合职业院校教师，推动尊师重教社会风气的形成，提高职业院校教师的工作积极性，减少并杜绝教师的消极心理。

2. 社区层面

由于职业院校教师是一个相对封闭、孤独的职业，缺少社会支持，容易导致教师心理问题，因此有必要帮助职业院校教师建立起一个强大的社会支持系统。社会支持系统是个体应对压力的重要外部资源，系统中的个体能进行各种信息的交流，这些交流使个体相信自己是被关心的，被爱的，被尊重的，有价值的，归属于一个互惠的、能互相交流的社会网络。在学校内部乃至整个社区、学区内形成职业院校教师社会支持系统，能有效地维护和促进教师的心理健康。我们可以借鉴国外的一些经验，比如建立一个由几个学校或整个学区组织共同形成的服务于该学区职业院校教师的机构，其主要目的是为职业院校教师提供一个可以与同行讨论种种教学问题、获得新的教学技巧和心理支持的场所，教师与教师之间可在这样的机构里进行丰富的信息交流和思想交流。国内外许多研究发现，同事间的信息支持（如提供某些必要的知识）、实践支持（如帮助完成工作任务）以及情感支持能增强教师对工作情境的控制感，从而降低压力水平和人格解体水平，提高个人成就感和工作表现。

3. 学校层面

职业院校教师心理问题的成因很复杂，但问题的直接原因往往是学校情境和教学活动，因此，社会层面的改革和支持只是为促进教师心理健康提供了必要的前提，要切实而有效地帮助教师提高心理健康水平，还必须从学校和个人层面入手。

学校在关注学生心理健康的同时，也要认识到教师心理保健的重要性。优化职业院校教师工作环境，创造良好的人际氛围，提高行政管理人员对教师的压力源及其他问题的敏感性，提高群体支持。职业院校领导的帮助与支持是职业院校教师社会支持系统中很重要的成分，学校管理者尤其是校长的支持与关心能有效地减轻职业院校教师的心理压力，减少心理问题的发生。经常组织各类活动，丰富教师的业余生活，增进教师之间的良好交往，为同事间的相互支持打下基础。

学校应建立合理的评价和奖惩制度，绩效考核应该做到和公开、公平和公正，任何改革措施的出台都必须考虑到"教师心理"这一层面，以教师的心理承受能力为底线，并充分体现教师的劳动价值，给予教师更多的工作灵活度和自主权，使之成为激励教师的工作动力之一，形成良好心理环境来调动教师教书育人的积极性。

制订和实施符合本校实际的教师心理辅导计划，为每一位教师建立心理档案，定期或不定期地为在职教师进行心理健康测试。将心理健康教育的内容纳入每年在职教师的培养培训工作计划中，邀请心理健康方面的专业人士来给教师进行心理辅导，引导教师主动去寻求调整和治疗，并使教师学会一些心理调适技术，缓解心理压力。

4. 个人层面

任何外因都必须通过内因才能起作用，职业院校教师自己应具有自觉维护自身心理健康的意识。尽管当前职业教育存在种种问题和矛盾，但在职业教育的改革和发展中也蕴涵着新的机遇，教师要积极面对和主动适应新环境，树立终身学习的理念，把个人的发展需求和学校的整体发展目标结合起来，以一种积极进取的心态接纳自己和周围的一切，努力达到个体和环境的和谐。

职业院校教师还可以学习一些压力应对技术。综合国内外研究，较为常用的提高教师压力应对技术的方法有放松训练、时间管理技巧、认知重建策略和反思等。放松训练是降低教师心理压力的最常用的方法，它既指一种心理治疗技术，也包括通过各种身体的锻炼、户外活动、培养业余爱好等来舒缓紧张的神经，使身心得到调节。时间管理技巧是指合理科学地安排好工作与休闲，避免角色呆板，融洽家庭关系，避免过度负荷，具体包括对时间进行组织和预算，将目标按优先次序进行区分、限定目标，建立一个现实可行的时间表、每天留出一定的时间给自己等。认知重建策略包括对自己对压力源的认识和态度做出心理调整，如学会避免某些自挫性的认知，经常进行自我表扬，学会制定现实可行的、具有灵活性的课堂目标并为取得的部分成功表扬自己。

第四章
职业教育学习心理

学习是动物和人维持生存和发展、与环境保持平衡所必需的条件，也是适应环境的手段。动物和人的生活都离不开学习。毛泽东曾说："读书是学习，使用也是学习，而且是更重要的学习。"这里的学习，和心理学所探讨的学习，是否是同一个概念？心理学所研究的学习的实质是什么？学习的过程是怎样的？有哪些学习的规律？本章将对学习和学习理论作一探讨。

第一节　职业知识的学习

"学习"这一概念对每个人都是再熟悉不过了，刚出生几个月的孩子，他们就开始"看图识字"；到了两三岁，在幼儿园里，孩子们学习唱歌、跳舞、做游戏；进入小学，所学的东西就更加系统了，小学生们要学习汉语拼音，背诵九九口诀表，稍大些时候，还要学习写作、解应用题；到了初中、高中甚至大学，我们都在不断地学习。学习，对我们大多数人来说是一个多么简单而又耳熟能详的词。但是，究竟什么是学习？心理学家试图给学习下一个科学的定义，却历经了长期的探讨和争论，至今也没有达成一个共同的认识。

一、学习的一般含义

20 世纪 60 年代以前，行为主义学派的理论占优势。行为主义心理学家给学习下的定义是：由经验引起的行为相对持久的变化。学习可以用一个公式表示：S—R，即刺激—反应的联结。比如，对马戏团里狗熊的训练过程就是刺激与反应的联结过程。狗熊通过学习形成了条件反射，投篮后可以获得糖果。

认知心理学家不赞同行为主义心理学家关于"行为的变化"作为学习的定义。他们认为，行为的变化只能用来推测学习是否发生的外部指标。比如，学生学习了勾股定理，如果他不说出来，也不去做练习题，就难以通过外部变化来衡量学习在他身上是否已经发生。此外，学生也可以通过作弊获得好成绩，但这种变化也不是学生学习的结果。认知心理学家认为导致行为变化的原因来自学习者内部能力和倾向的变化。因此，认知心理学家给学习的定义是，凭借经验产生的行为或能力倾向的相对持久的变化。

综合各家观点，我们将学习定义为，有机体通过与其所处环境的相互作用，从而引起的在知识、态度、行为或行为潜能上的相对稳定而持久的变化。这是从学习的结果角度看，而从过程来看，可以把学习定义为机体通过与其所处环境相互作用导致知识、态度、行为或行为潜能相对稳定变化的过程。在理解学习定义时应注意以下三个要点：

1. 主体身上必须产生某种变化

学生坐在教室里听课或上晚自习，不一定产生"变化"，他有可能在发呆或做白日梦，尽管在教室里坐了大半天，可头脑里的知识结构与原来相比没有发生变化，该学生也就没有学习。所谓变化，就是头脑的知识结构增加了新东西，产生了新旧知识的融合。比如，学生由不懂勾股定理到懂得用勾股定理解题。这种变化有时可以直接观察到，有时未必立即可见，它引起内部心理结构（知识、技能、态度等）的变化，可能会在日后的活动中表现出来。

2. 这种变化能够相对持久地保持

这是为了排除由于疲劳或疾病产生的暂时性变化。比如学生能够背诵的篇章，由于生病，原来能熟练背诵变得不够熟练了，这种变化不能说学生没有掌握这些篇章。一个学生为了应付考试，"头悬梁，锥刺骨"，通宵看书，第二天由于过度疲劳，考试考砸了，这种变化也不能说该生已经变成一个学习不良者。

3. 变化是后天习得的，排除由于成熟或先天倾向所致

比如学生从初一逐渐升到初三，身体在长高，通过持之以恒的训练，跳高成绩也在不断提高。这种提高不能排除学生身体长高的影响，这种变化就不能纯粹归因于后天学习的结果。

最后，上述的学习是一个广义的概念，它既包括人类的学习，也包括动物的学习，学习与生命并存，学习广泛地存在于每个个体的生活之中。当然，人类的学习与动物的学习有着本质的区别，人类的学习是有计划、有目的过程，表现出人类心理意识的主观能动性。

二、职业院校学生学习的特点

人类的学习与职业院校学生的学习之间是一般与特殊的关系。职业院校学

生的学习是职业院校学生在职业院校教师有目的、有计划的指导下，按照职业教育目标要求发生的知识、态度、行为或行为潜能的比较持久的变化的过程。

(一)学习以掌握间接经验为主

人类认识世界是从实践开始，从直接经验中积累知识。人类经验所积累的知识，对每个个体而言，是穷其一生也学不尽的，学生的学习更多地是学习人类的间接经验。虽然学生的学习也要求个人有一定的经验基础，但学生的实践活动与成人有所不同，主要表现在他们的目的性上。从总体来看，在学校学科学习中，间接经验的学习形式是主要的。在教学组织和教学方法上，特别要求教师能把学科知识和学生的实际生活和原有的经验相联系。

(二)教学内容更重视实践操作技能

职业院校与普通学校在教学内容上的一个重要区别，是在专业设置上更务实。比如，汽车维修、模具钳工、计算机、财经、建筑、医疗护理、家政、环境保护、营销、美容等专业。这与普通学校里的基础课程学习有着很大的不同。职业院校学生毕业后的走向多为生产一线的工作人员，因此，在学习过程中更需要掌握实践操作技能。目前的职业院校在教学设备的有效配置上仍然存在不足，而学生的学习又必须在有限的时间内完成并达到社会的要求。这就要求职业院校的教师既要掌握所教知识的内在联系，又要了解学生学习过程的特点，充分利用有限的教学资源，保证在较短时间内，采用有效的方法，通过有计划、有目的和有组织的学习活动去实现学习目标，帮助学生学会学习，完成掌握前人经验并建构自己的认知结构的学习活动。

(三)学习带有一定的强制性

职业院校的学生有一个不同于普通院校学生的显著特点，就是很多人学习的意愿不是很强烈，常常对学习的目的不清楚，意识不到当前的学习与将来的生活实践间的关系，因此不愿为学习付出努力。这一现象可以用人本主义学习理论来解释，即当学生没有意识到学习对自身具有什么个人意义时，学习就不大可能发生，学习取向趋于务实是职业院校学生的特点。因此，职业院校的教师要找出学科知识与学生现实生活与工作间的关系，同时也要注意用各种方法来激发学生的学习动机，提高其学习的主动性和积极性。此外，还要培养学生学会自我约束，促进他们意志品质的发展。

总之，职业院校学生的学习既有人类认识过程的一般特点，同时又有其自身的特殊性。如果不了解职业院校学生学习的特点，就可能使学生的学习成人化；或是放弃指导，强调生活即教育；或是只注重灌输，把学生看作是一个被动的接受知识的容器，以上这些做法都有碍于学生的学习。

三、学习的分类

不同学者从不同角度将学习进行了分类，不同类型的学习往往在学习过程和规律上有所不同。现代认知心理学把个体的学习分为两类：陈述性知识的学习和程序性知识的学习。

陈述性知识又称记忆性知识，是个人有意识地提取线索，能用言语进行直接陈述的知识。这类知识主要用于回答是什么、为什么和怎么样的问题，如"电流是指电荷的定向移动"、"政权概念上的'中国'由华夏族建立"等。这类知识的学习中，学生只需要理解并记忆知识就可以了。

程序性知识是难以清楚陈述，只能借助某种作业形式间接推测其存在的知识。它主要用来解决做什么和怎么做的问题。例如，考试的时候，学生回忆某历史事件并用自己的话复述出来，则可以认为他在头脑里贮存了该历史事件的陈述性知识。程序性知识则不能这么直接地测量，虽然学生能够对所学习的公式、定理、法则用自己的话流利地表达，但这不足以说明他已经懂得如何运用这些法则，必须在变化的情境中加以检测。如某学生学习了"九九口诀表"，倒背如流，但在变化的练习题中错误百出，这个间接的测试说明该学生可能还不具备运用口诀表处理外部事务的能力。

根据运用概念和规则办事的指向性不同，程序性知识又分为两个亚类：一类为运用概念和规则对外办事的程序性知识，它与人们平时所使用的技能概念相吻合；另一类为运用概念和规则对内调控的程序性知识，即策略性知识。现代认知心理学的知识观可以用以下的关系表示：

$$\text{知识（广义的知识）}\begin{cases}\text{陈述性知识（狭义的知识）}\\\text{程序性知识}\begin{cases}\text{对外办事的程序性知识}\\\text{调控自身认知过程的程序性知识}\end{cases}\end{cases}$$

可见，在现代认知心理学中，知识的概念是广义的，判断学生的学习需要从两方面来看，一要看他是否知道了什么，为什么；二要看他会做什么、如何做，由此来判断他是否掌握了知识。不同的认知学习过程需要采用不同的教学方式，它们对学生的发展起着不同的影响。本章所讨论的学习，主要是认知领域中广义知识的学习。根据上述广义知识的分类，学生对知识的学习也就有不同的层次：简单的学习如理解和记忆知识，即通常所说的"掌握知识"（陈述性知识学习）；复杂一些的学习如理解和运用概念、规则去解决问题，即通常所说的"发展技能"（对外办事的程序性知识学习）；更高一个层次的学习如监控自己的学习过程，反省学习的结果，即掌握学习策略（调控自身认知过程的程序性知识学习）这一层次是学生学会如何学习的核心。

四、陈述性知识的学习

现代认知心理学认为，广义的知识学习一般分三个阶段，以下是现代认知心理学家们公认的广义知识学习阶段分类模型。（见图 4-1）

学习阶段	1—新知识习得阶段	2—新知识巩固与转化阶段	3—知识提取与应用阶段
学习类型	陈述性知识	1. 陈述性知识 2. 程序性知识	1. 回答"是什么"问题 2.1 对外办事 2.2 对内调控

图 4-1　广义知识学习阶段与分类模型[①]

(一)陈述性知识学习的阶段

陈述性知识和程序性知识的学习在各个阶段分别承担着不同的学习任务和内容。程序性知识的学习将在本章第二节"职业技能的获得"中阐述。陈述性知识的三个阶段分别是：第一阶段，新的信息进入短时记忆，与长时记忆中被激活的相关知识建立联系，出现新的意义建构。如新学习的知识是地球热带气候的分布规律及特征。学生已经知道了地球五带的大致情况，新旧知识的联系可能使学生能够推测地球某些地理位置的气候特征等。第二阶段，新建构的知识贮存于长时记忆中，如果没有复习或新的学习，这些知识会随着时间的推移而出现遗忘。如想不起来热带是指什么，分布在哪里了。第三阶段，知识的提取和运用。表现在学生做作业或考试中正确地填写，与人交谈中正确地表述等。

---

① 邵瑞珍等. 教育心理学[M]. 上海：上海教育出版社，1997：63.

(二)促进陈述性知识学习的策略

认知心理学家们对陈述性知识学习的策略做了大量的研究，为我们如何学习陈述性知识提出了许多有效的方法。

1. 复述策略

复述指为了保持信息而对信息进行多次反复识记的过程。复述策略用在简单学习和复杂学习中在操作上有所不同。在简单学习中，比如学生背诵外语单词、九九口诀表、背诵一首古诗等。学生为了达到记住的目的，需要对学习材料一遍遍地背诵而无须对材料作任何改变。

在复杂知识的学习中，复述策略包括边看书边用自己的语言解释文章句段大意；在阅读时做摘录、画线或圈出重点等。这类策略在较高年级的学生中较容易学习。

2. 精加工策略

精加工指对要记忆的材料补充细节、举例、推理或联想，以达到长期保持的目的。记忆术是典型地利用精加工的技术。比如学生要记住电话号码：12593，可以加工成"一摁我就省"。枯燥的数字变成一个情节，这个电话号码就容易记住了。

在复杂学习中，精加工策略包括释义、写概要、创造类比、用自己的话写注释等技术。记笔记是研究较多的一种技术。鉴于短时记忆容量的有限，人在某一时刻仅凭借脑子记忆的信息是不可靠的，"好记性不如烂笔头"，适当的文字记录有助于今后对信息的再度检索。对笔记的回顾还有助于学习者发现知识的内在联系，并建立新旧知识之间的联系。此外，做笔记本身还可以维持人的注意力。

心理学家认为，做笔记有两步：第一步是记录听讲的信息。第二步是使下的信息对你有意义，即理解它们。有人建议采用如下三步：(1)留下笔记本的每页右边的 1/4 或 1/3；(2)记录听课的内容；(3)在整理笔记时，在笔记的留出部分加边注、评语等。这最后一步很重要，它不仅可以促进学生的理解，还有助于今后对信息的回忆检索。

从学生的做笔记和课后使用笔记的情况可以发现学生学习策略的水平。有的学生自己做笔记并课后进行整理和复习，这类学生学习成绩通常较好而且稳定。有的学生在学习时不做任何笔记，过后借他人的笔记或仅凭自己头脑的即时记忆，这类学生的学习效果通常不及前一类学生。研究者认为，复习笔记内容是一种再加工过程，能够促进学习。

为了培养学生做笔记的良好习惯，教师在教学中要注意如下方面：（1）讲课速度不宜过快；（2）重复比较复杂的材料；（3）把重点写在黑板上；（4）为学生记笔记提供结构上的帮助，比如阐明知识的层次。

3. 组织策略

组织策略指发现部分之间的层次关系使之带上某种结构以达到有效保持的目的。在简单学习中，比如记住一组词汇：番茄、桌子、篮球、帽子、米老鼠、玉米、台灯、雨伞等。学习者发现词汇中可以进行归类，有属于种植类的，家庭用品类的，体育运动类的，动物类的等，运用"归类策略"可以减少记忆项目的数量。学习者还可以通过"表象策略"，即将言语信息转换成图画形式或视觉形式，使记忆的东西更形象生动。组织策略的实质是发现要记忆的项目的共同特征或性质，从而达到减轻记忆负担的目的。

在复杂知识的学习中，可以采用列课文结构提纲和画网络图对前后学习内容进行纵向梳理和横向比较的方法，以达到记忆的目的。有心理学家建议采用如下步骤训练学生列结构提纲：（1）提供完整的结构提纲，留出一些下位的细目，由学生来填补。（2）提纲只提供大标题，小标题由学生完成。（3）提供小标题，要求学生完成大标题。

网络图如一棵倒置的知识树，把最概括的概念置于最顶端，把局部的概念置于枝干，最后具体的细目置于末梢。这种画知识网络图的方法在英文中叫做mapping，如下图，这是一幅与生物有关的概念关系图（见图4-2）。

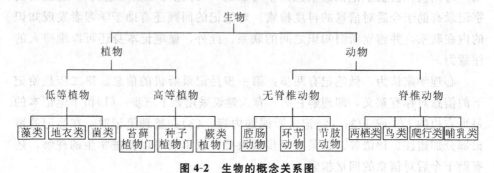

图4-2　生物的概念关系图

（三）培养职业院校学生陈述性知识学习的兴趣

在职业教育学科学习中，虽然比较多的课程属于操作性、实践性很强的课程，但有时也需要学生学习一些基础理论课程，掌握一些基础理论知识。这就要求学生需要记住一些陈述性知识。对职业院校学生而言，最大的疑问可能是：学习陈述性知识有什么用？

无疑，在学科教学中，要求学生大量记忆的学科往往受到学生的"轻视"，而教这些学科的老师们由于长期不能受到学生的认可，往往也是怨声载道。这些学科被认为都是死记硬背的知识，是明摆着的东西，你能把它说出来就可以了。记住这些知识几乎与"死读书"是同义词。人们（包括学生、老师、家长们）评价学生是否聪明的尺度似乎更多的是看他是否擅长推理复杂的数学或物理难题。用老百姓的话说：那是一种能够从已知推理到未知的本事。"死读书"被认为是不聪明的表现。为了显示自己是"聪明"的学生，学生们普遍放弃背诵，尽管其中也包含了有记忆特长的学生。

陈述性知识比起程序性知识来，毕竟是容易习得的，但它也是人类潜能发挥不可缺少的知识。

首先，有些陈述性知识对个体的一生都是有用的。比如日常生活中许多物体的名称和事实，一周的名称，一年四季的名称，一些社交的礼仪常识等。个体成年以后，作为一个果园的农民，他需要知道果树栽培中的一些基本常识，化肥名称等。作为一个专业技术人员，其学科领域中的许多名称和事实是必须掌握的。

其次，陈述性知识还构成学习其他能力类型的成分。所有的信息学习一开始都是以陈述性知识的方式呈现的，所有复杂的运算、推理，都要通过陈述性知识的方式表达出来。头脑中如果没有足够的陈述性知识储备，要完成复杂的程序性知识的学习是困难的。那些不重视陈述性知识学习的学生在学习数理化知识时其智慧是受到局限的，至少他的潜能不能很好地发挥出来，轻视陈述性知识本身就是高估了自己的能力。也许有人会认为，许多信息可以通过互联网、图书、资料等途径获得，但装在"头脑"里的信息是其他学习的先决条件。

再次，言语信息（陈述性知识）是思维的工具。一个在陈述性知识方面学习好的人，他在文字、言语等方面的表达也是优秀的，一个不容忽视的事实就是，我们所敬仰的许多伟大思想家都有广博的知识储备。

因此，职业院校的教师有责任和义务去激发学生学习陈述性知识的兴趣，可以通过以下几方面的措施：（1）向学生阐明陈述性知识学习的意义，使学生认识到陈述性知识对其他学科学习的重要作用，尤其阐明陈述性知识是技能学习的先决条件。（2）教给学生一些学习陈述性知识的方法，尤其注意结合学科教学，把学科知识的内在联系用简明而且有趣的方式呈现出来，提高学生的学习兴趣。(3)结合学科知识，教会学生如何使用复述策略、精加工策略、组织策略来记住学习材料。(4)鼓励学生去发现适合自己的有效的学习方法，鼓励学生相互分享并经常使用。(5)营造一个开放的学习氛围，鼓励记忆，并使学生们意识到记忆的表现也表达了一个人的聪明程度。

第二节　职业技能的获得

技能是顺利完成某种任务的一种活动方式或心智活动方式，通过学习和训练而获得。技能可分为动作技能和心智技能，所谓动作技能是按一定要求完成操作程序的能力。心智技能也称智力技能，是一种借助于内部语言在人脑中进行的认知活动方式，如阅读技能、记忆技能、运算技能等都是常见的心智技能。职业教育教学中更强调教学的实践性，这两者成为紧密联系的联合体。

一、职业技能的性质与分类

具体归结到职业教育教学中的技能，就是指运用所学专业知识进行严格训练，熟练而准确地完成特定任务的能力。判断技能是否形成的依据是了解学生陈述性知识的掌握，比如学会了什么，以及学习后会做什么、怎么做，即程序性知识的掌握。

根据现代认知心理学的观点，技能是广义知识中的一种类型，即程序性知识。根据运用概念和规则办事的指向性不同，程序性知识又分为两个亚类：一类为运用概念和规则对外办事的程序性知识，比如，"九九口诀"在小学一年级就开始学习，在个体成长的岁月中，会有无数的练习，每日的采购就是练习之一。最后，一些人能够非常熟练地进行运算。

另一类为运用概念和规则对内调控的程序性知识，即策略性知识。例如，英文学习中常有记忆混淆的现象，像下面这三组词的时态变化就是容易混淆的。lie lay lain 躺/lay laid laid 放下；产蛋/lie lied lied 撒谎，有人编了这样的口诀：规则的"撒谎"，不规则的"躺"，"躺"过就"下蛋"，"下蛋"不规则。"规则"指规则变化，"不规则"即不规则变化，如 lie 作"撒谎"解时，是规则变化，即其过去式和过去分词直接加−d；"躺过"的"过"指的是过去式，即 lie 的过去式 lay 是"下蛋"的原形；"下蛋"是不规则变化。告诉学生说，记住这个口诀，就可以避免混淆的现象了。然而，学生是否用这个口诀来指导自己的学习和应付考试的情况，要看学生是否认为这样记住对自己是有用的。后来的研究也表明，只有当外来的指导被学生接受并改变他们的信息加工过程时，才能改进学习。

二、程序性知识的学习

程序性知识的学习分三个阶段：第一阶段，与陈述性知识的学习相同。如异分母分数加法法则，"先通分，分子相加的和做分子，分母不变。运算的结果，能约分的，都要把它约成最简分数"。学生需要调用以往学习的分数的概念，通分的概念，以及约分、最简分数的概念等。学生在这一阶段表现为能陈述这一规则，但能陈述仍不足以说明能运用。第二阶段，通过应用规则的变式练习，使陈述性知识向程序性知识转化。所谓变式，是通过变更对象的非本质特征而形成的表现形式。变更人们观察事物的角度或方法，以突出对象的本质特征。如学生通过完成不同的算式，"$1/2+2/3=?$""$6/7+7/8+8/9=?$"学习去寻找分母的最小公倍数，完成整个算式的运算等。第三阶段，规则完全支配人的行为，技能达到相对自动化。如给予学生任何一个分数算式，学生都能迅速找到分母的最小公倍数并进行运算。如果学生在头脑里形成这样的概括：凡是异分母分数的运算，都要遵循这一法则。在以后的生活中，他一直用这一条法则指导他所面临的与异分母分数有关的问题，则他不仅掌握了对外办事的程序性知识，还掌握了对内调控的策略性知识。

三、职业院校学生技能的培养

职业院校学生技能的培养要遵循程序性知识学习的规律，才能使学习更有效。

(一)陈述性知识学习阶段

在这一阶段，教师要通过多种方式使学生理解所要学习的知识，激发学生的学习动机。教师可以通过示范、言语描述和操作分析等方式，使学生了解所要学习的知识的基本架构。如果是操作性很强的课程，教师要先让学生了解操作的全过程以及全过程可分解成多少个简单动作，了解操作要求、操作的工具、使用方法等，操作过程如何进行自检、如何防止出错、如何注意安全等。例如，讲解钳工锯割操作时，应让学生了解锯割操作的条件和加工范围、锯条的选用和安装、如何起锯、运锯、运锯动作要领以及如何保证锯缝平直、防止锯条折断等。在这一阶段教学过程中，教师应启发学生运用已学过的知识来理解操作过程中的因果关系。通过教师的讲解、演示，使学生对有关知识、工艺过程形成正确的概念，为下一阶段规范化地执行每一个动作打下基础。

(二)陈述性知识向程序性知识转化阶段

职业院校学生的学习中，许多课程所要求掌握的程序性知识包含有大量的动作技能，这是职业教育与普通教育显著不同的地方。在这一阶段，学生要将所学习的理论转化为可操作的技能，并用理论知识指导实践操作。这时，教师需要给学生练习的时间，并提供足够的变式练习，即概念和规则的例证的变化，使学生能够摆脱只对局部技能和一些概念、定理、公式的记忆，从而转向更高要求的发展，即要求用定理、公式、规则等去解释技能，并能够将各个局部单元的学习整合起来完成某一专业领域的工作任务。

这一阶段教师所要做的就是促进学生在变化的情境中掌握所学习的技能。学生需要整合所学习的概念、规则等理论知识，并在结合实践操作的基础上，通过教师巡回观察，及时反馈等跟进措施，使学生将局部、分散的知识结构汇总成某一专业领域内连贯的、程序化的技能。

(三)形成技能阶段

我国关于职业教育的培养目标是："以培养社会大量需要的具有一定专业技能的熟练劳动者和各种实用人才为主[①]"。因此，这一阶段职业教育学生的主要任务，是在掌握理论知识的基础上，将所学习的技能程序化、自动化。这一阶段教师的角色不再只是理论的传授者、讲解者，更多地是学生技能学习的观察者、协调者以及评估者。教师需要分阶段对学生的知识、技能、技巧进行检测，以了解教学效果，及时发现问题，以便下一步对教学进行调整。教师的训练和检测方式可以增加多样性和趣味性以激发学生对训练和检测的兴趣，提高学生对技能掌握的主动性和自觉性。为了使学生对所学习的技能熟练掌握，教师需要检测学生对局部技能的掌握，又要考核学生对完整技能的把握。这样，通过微观和宏观地调控，不仅可以使学生对技能的细节有辨别力，还可以使学生更轻松、有趣、主动、自如地运用所学的技能。

---

① 国务院关于《中国教育改革和发展纲要》的实施意见(国发[1994]39号)，中华人民共和国教育部网页，http://www.moe.edu.cn/edoas/website18/19/info3319.htm，1994年7月3日发布。

第三节　职业学习中的迁移

学习是一个连续的过程，任何学习都是学习者在已有知识的基础上，在与环境相互作用的过程中形成新的知识经验。在这个过程中，原有的知识会影响新知识的形成，新知识的形成又会反作用于原有的知识，使之发生改变。这种前后知识之间的相互影响，则属于学习的迁移问题。

一、学习迁移概述

(一)迁移的含义

人们通常把学习的迁移定义为一种学习对另一种学习的影响。例如，以英语为母语的人，在学习汉语和法语时感觉到这两种外语在难度上有差别，学习汉语的难度感觉要大过学习法语的难度。通常认为，英语为母语，会对法语的学习有促进作用，而对汉语的学习有干扰作用。无论是促进的或干扰的作用，都是迁移。迁移现象广泛存在于我们的日常生活中。例如，学习素描会对以后学习油画产生积极的影响；练习过书法的人在钢笔字的书写上有优势；学会骑自行车的人再学习摩托车会更容易，但若再学习骑三轮车则会更困难。在学习中，有良好学习习惯的学生，学习的效率和效果也更好。迁移现象广泛存在，不仅存在于知识、动作技能的学习中，也存在于态度、情感的学习中。促进有效地迁移对教育教学意义重大。

(二)迁移的分类

心理学家们从不同角度对学习的迁移进行分类：

1. 根据迁移的影响效果，把迁移分为正迁移和负迁移

当一种学习对另一种学习产生积极的促进影响时，称为正迁移。反之，当一种学习对另一种学习产生干扰影响时，则为负迁移。学会骑自行车有助于摩托车的学习为正迁移，会干扰三轮车的学习则为负迁移。汉语拼音的学习会对汉字的发音产生积极的影响为正迁移，但对英语音标的学习有干扰，则为负迁移。从教育的目标看，我们期望学习能够产生正迁移的效果。学习的正迁移越大，说明学生通过学习所产生的适应新的学习情境或解决新问题的能力越强，教学的效果也就越好。

2. 根据迁移的影响顺序，迁移可分为顺向迁移和逆向迁移

先前的学习影响后继的学习，称为顺向迁移；后继的学习对先前学习的影响，称为逆向迁移。例如，背诵一篇课文，假设有三个段落，人们会发现中间的段落最容易忘记。这是因为中间的段落既受到来自前面段落信息的干扰，又受到来自后面段落信息的干扰。从迁移的顺序看，前面信息的干扰属于顺向迁移，后面信息的干扰则属于逆向迁移。从迁移的效果看，这两方面的迁移又都属于负迁移。

3. 根据迁移发生的方向，迁移可分为横向迁移和纵向迁移

横向迁移是指知识技能在相同水平上的迁移。例如，学生学习了新的词汇、概念后，在浏览网页、阅读报纸、文献时，有助于新信息的更广泛地获得。数学课上学生学习了勾股定理后能有效地利用这一定理解决直角三角形的问题，也属于横向迁移。纵向迁移是由简单的技能或知识的学习向复杂的、高水平的技能或知识学习的迁移。例如，让学生根据加法运算定律推导出乘法的交换律和结合律；学生运用三角形面积公式推导出梯形的面积公式等，则属于纵向迁移。

4. 根据迁移的内容，把迁移分为特殊迁移和普遍迁移

特殊迁移也称为具体迁移，指一种学习中习得的具体的、特殊的知识经验对另一种具体的、特殊的知识经验学习的影响。例如，学习戏曲的人转而学习流行音乐会比没有学习过音乐的人有优势。普遍迁移是指学习中习得的一般原理、方法、策略和态度等的迁移。例如，受过正统知识学习训练的人与没有受过训练的人，在研究问题时思维的方式，所采用的方法、过程都会不一样，这与他们所受到的教育有关系。布鲁纳认为，学习为将来服务有两种方式，一种方式是通过学习对同原先学习去做的工作十分相似的那些工作的特殊适用性。心理学家把这种现象称为训练的特殊迁移；另一种方式则是原理和态度的迁移。他认为，这后一种类型的迁移应该是教育过程的核心——用基本的和普遍的观念来不断扩大和加深知识[①]。

二、迁移的理论

为了解释学习的迁移现象，许多心理学家对迁移的原因、过程以及影响因素做了大量地研究，提出了不同的见解，并形成了不同的学习迁移理论。

① 布鲁纳. 教育过程[M]. 上海师范大学外国教育研究室译. 上海：上海人民出版社，1973：12.

(一)早期的迁移理论

早期的迁移理论主要有：形式训练说、相同要素说、概括化理论和关系理论。

形式训练说是最早的迁移学说，并且是至今仍然对人们的生活和学习产生着影响的迁移理论。比如，成人让3岁的幼童背诵完整本《唐诗三百首》，认为这对幼童的智力有促进作用。这样的观点可以用形式训练说的理论来解释。这一学说的心理学基础是官能心理学。官能心理学认为，人的心是由若干不同的基本能力，如记忆、注意、推理、意志等官能组成的。心的各种成分（官能）是各自分开的实体，分别从事不同的活动，如利用记忆官能进行记忆和回忆；利用思维官能从事思维活动。各种官能可以像肌肉一样通过练习增强力量（能力）。这种能力在各种活动中都能发挥效用。同时，一种官能的能力改造，也无形中加强了其他所有的官能。所以，学校教育就是对这些基本能力的训练。形式训练说由于缺乏经得起科学检验的证据而遭遇来自各方面的批评。

相同要素说由桑代克（E. L. Thorndike）提出。他通过实验的结果指出，学习之所以产生迁移，是因为练习课题与迁移课题之间有共同的要素。如骑自行车和骑摩托车，在协调性、平衡性等方面有相同因素，于是迁移就产生了。

贾德（C. H. Judd）通过水下打靶实验提出概括化理论。他认为：先期学习中所获得的东西之所以能迁移到后期学习中，是因为在先期学习时获得了一般原理，这种一般原理可以部分或全部运用于前后的学习之中。根据这一理论，两个学习活动之间存在的共同成分，只是产生迁移的必要前提，而产生迁移的关键是学习者在两种活动中概括出它们之间的共同原理。概括化理论主张，结合实际讲解原理将更有助于学生的学习。

关系理论由格式塔心理学家提出。他们主张，迁移的重点不在于掌握原理，而在于觉察到手段与目的之间的关系。他们认为"顿悟"是学习迁移的决定因素，即迁移不是由两个学习情境具有共同成分、原理而自动产生，而是学习者突然发现两个学习经验之间存在关系。学习者所迁移的是顿悟，即两个情境突然被联系起来的意识。

(二)现代认知结构迁移理论

较早考虑认知结构与学习迁移问题的是瑞士心理学家皮亚杰。皮亚杰主要考虑的是逻辑结构在学习中的迁移，他认为学生一旦掌握了逻辑结构就可以有效地解决问题。例如，儿童学会了物质体积守恒的规律后，就可以在不同情况下解决体积守恒的问题。

此外，布鲁纳和奥苏伯尔也对认知结构与迁移进行了系统的思考。布鲁纳认为，在认知学习中存在着两类迁移现象：一类是特殊迁移，指具体的知识或动作技能的迁移；另一类是一般迁移，即原理和态度的迁移。布鲁纳重视后一种迁移，他认为一般迁移是知识学习的重要迁移形式。

布鲁纳认为，知识的学习过程是在头脑中形成知识结构或建立编码系统的过程。那些被称为学习迁移的现象，可以看作是一个人把学得的编码系统应用到新的事件上的一种情况。正迁移指的是一种适当的编码系统被应用到一系列的新事件中，而负迁移是一个人错误地把编码系统应用于不匹配的事件，无迁移则是没有可以应用的编码系统。因此，布鲁纳主张，学习的重要问题是形成良好的知识结构，即建立有用的编码系统。这就要求在教学中为学生很好地理解知识而组织教学内容，将学习内容的最佳的知识结构以最佳的呈现顺序教给学生，使学生掌握学科的基本结构，领会基本原理和概念，这将最有利于学习的迁移。

奥苏伯尔更加重视认知结构的迁移问题。他做了大量的有意义学习的研究，同时指出，不受学习者原有认知结构影响的有意义学习是不存在的。也就是说，一切有意义的学习必然包括迁移。在有意义学习中，学生原有认知结构的特征始终是影响新的学习与保持的关键因素。这些特征是：1. 可利用性，指在新的学习任务中，学习者原有的认知结构具有可以利用来同化新知识的适当观念。这是学习新知识的必要固定点。2. 可辨别性，指学习者原有知识与要学习的新知识之间的可辨别程度。它是影响学习者对新旧知识混淆的因素。新旧知识的可辨别性高将使新知识能够作为独立的实体保持下来。3. 稳定性，指原有的可利用知识本身的巩固程度。这既影响到为新知识提供固定点的强度，也影响学生对新旧知识的辨别。

三、促进职业教育迁移的教学

职业教育的主要目的，是通过职业教育或培训而使社会成员获得某种职业能力和职业发展的潜能，并树立正确的职业道德观。对教师而言，要实现这一目的，有效的途径之一就是"为迁移而教"。而学习的迁移过程是一个复杂的认知过程，受制于许多因素，不能自动发生。在教学中，只有充分应用学习的迁移规律，通过有效地教学，才能使学生将所学习的原理、概念，运用到他所面临的生活和学习情境中，更有效地解决问题。

（一）精选教材内容，促进普遍迁移

为了促进迁移，应精选和合理编排具有最大迁移价值的教学内容，并以恰当的教学方式使学生透彻理解和整合所学习的内容，促使学生形成丰富、合理的认知结构，为后续灵活、富有成效和创造性地解决问题提供有力地支持。精选教学内容应考虑学生所学习的"概念"、"原理"、"技能"、"态度"等，能有助于学生以后的学习或应用。因此，教材的结构化、一体化是选择的重要参考标准。结构化是指教材内容的各构成要素具有科学的、合理的逻辑联系，能体现事物的各种内在关系，如上下、并列、交叉等关系。一体化是指教材的各构成要素能整合为具有内在联系的有机整体，既要防止教材中各要素之间的相互割裂、支离破碎，又要防止相互干扰或机械重复。通过合理编排，教学内容可上下、左右、纵横交叉联系，如同一科目不同单元内容间的联系、不同科目内容间的联系，以及课内外知识经验间的联系等。这种有组织的合理的教材结构有助于促进学生透彻理解和整合所学习的内容，有助于学生建构合理的认知结构。

（二）注重理解，促进知识的保持

在精选教材内容的基础上，教师还要采用恰当的教学方式使学生透彻理解和整合知识。因为透彻理解知识是学习实现迁移，解决更复杂的问题的前提条件。教师可以通过支架式教学、抛锚式教学、先行组织者等各种方式来帮助学生以合理、有效的方式获得知识。支架式教学、抛锚式教学将在第四节中介绍。先行组织者是奥苏贝尔提出的，指的是教学中利用适当的引导性材料对所学新内容加以定向与引导。这类引导性材料与当前所学新内容之间在包容性、概括性和抽象性等方面应符合认知同化理论要求，即便于建立新、旧知识之间的联系，从而能对新学习内容起固定、吸收作用。这种引导性材料就称为"组织者"。先行组织者不仅有助于建立有意义学习的心向，而且还能帮助学习者认识到当前所学内容与自己头脑中原有认知结构的哪一部分有实质性联系，从而有效地促进有意义学习的发生和习得意义的保持。

（三）创造与应用情境相似的情境

学习情境与日后应用情境越相似，学习的迁移效果就越好。为此，教师要在教学中尽量为学生设置与实际情况相近的情境。例如学习计算，不仅要让学

生学会计算的法则，还要使他们学会运用这些法则去解决实际情境中的计算问题。又譬如篮球训练，学生不仅学会运球、传球等基本技能，还要通过比赛，有效地使基本技能向实际的综合能力发生迁移。教师可以运用多种教学策略来提高学生灵活处理问题的能力，比如，调整教学活动，运用模拟、角色扮演、基于问题的学习等手段，让学生的学习经验与知识运用情境相似，以便学生日后学有所用。

(四)创设氛围，激发学生的迁移动机

动机是引起学习活动的动力机制，是学习活动发动、维持、完成的重要条件，并由此影响学习的效果。激发学生的迁移动机，不仅是让学生在学习活动中表现出认真、紧张、积极主动、顽强进取的状态，而且还要让学生具有明确的迁移意识，如主动提取头脑中与当前学习有关的适当观念，并与当前学习相联合；主动整合不同学科的内容；主动运用课堂所学知识于社会实践中，等等。在教学中，教师可以选择难度适当的任务，在学生遇到困难时给予支持和积极反馈，并将所教内容与学生的生活和经验相联系，给学生分配或允许学生自己选择积极的、真实的和富有挑战性的任务，增加学生对学习的价值感和兴趣，提高学生的自我效能感。也可以让学生预测将来可能运用所学知识的情境，例如，学生学习某一知识、技能后，提问："你们将来在什么地方可能会用到它？"引发学生思考。也可以设置相关的课程，提醒学生运用所学的知识来解决现实问题，例如"记住，本周末进行社会实践，要用到我们今天所学的知识"。这些都是培养学生调节自己的学习过程、主动迁移的有效措施。

(五)教授学习策略，提高学习能力

在教学实践中经常可以发现，学生虽然拥有解决问题所需的知识，但由于缺乏必要的认知策略，致使迁移受阻，表现在不能有效地利用所学的知识去解决问题。"授之以鱼，不如授之以渔"，这意味着教学中仅仅教给学生知识信息是不够的，还必须教授必要的学习策略，使学生"学会学习"与"学会思维"。研究表明，认知策略和元认知策略具有广泛的迁移性，同时它们又能够提高学习者的迁移意识。结合学科内容的教学来教授有关的学习策略，不仅可以促进学习者掌握所学的内容，而且能改善学习者的学习能力，同时还能提高迁移意识。因此，教材也应适当反映策略性知识教学的要求，教师在教授学科知识技能的同时，也要将认知策略和元认知策略作为教授的内容，并使学生主动地使用这

些策略。

(六)依据学习迁移，合理评估学生的学习成效

学校教育教学质量管理的有效性更主要是通过学生的学业成就来体现的。如何评估学生的学习成效，对整个学习过程都具有导向作用。教师要本着促进学生发展、培养学生学习迁移能力和提高问题解决能力的原则来确定评估的内容和评估的方式。就评估内容而言，不仅是对认知能力如记忆的评价，更侧重考查学生对知识的理解与应用，特别是对探究能力以及参与实践活动的能力进行全面而客观的评价；不只是考查学生对知识的联系与综合，更要强调对有意义的学习过程与认知策略的考查；不是单一的终结性评价，而是对学生的发展性评价；不仅要评价团队中的每个成员的表现，还要评价整个团队的表现。就评估方式而言，强调过程性评估、操作性评估和真实性评估。过程性评估主要着眼于学生的发展与进步的程度，着眼于有意义的问题解决与探究的过程。操作性评估强调采用辩论、表演、活动产品、论文撰写等灵活多样、开放动态的评价方式，以通过具体的活动过程与结果来全面考查学生的迁移和问题解决能力。真实性评估强调结合实际情境来考查学生的迁移和问题解决能力，考查学生能否将课堂中或学校中习得的知识经验迁移应用到科学创新和职业实践中。无论何种形式的评估，不管是定量与定性、过程与结果等多种方式的结合，其最终目的，都是要通过全面、客观地评价学生的学习迁移来促进学生能力的养成。

总之，"为迁移而教"的各种教学策略，都是旨在促进学生能够灵活地、创造性地解决问题，使学生在今后的科学创新和职业实践中，能将所学的知识融会贯通，具有高水平的问题解决能力，成为自主的、有着高自我效能感的高效学习者与实践者。

第四节　几种学习理论与职业教育

学习理论是指依据心理、生理机制和规律所揭示的人类怎样学习的理论，旨在阐明学习如何发生、有哪些规律、是什么样的过程、如何才能进行有效的学习。它对职业教育教学实施具有重要的指导意义。

对当代教育有重要影响的学习理论有行为主义学习理论、认知主义学习理论、建构主义学习理论以及人本主义学习理论。

一、行为主义学习理论

(一)刺激—反应的联结与教育

行为主义理论又称刺激—反应(S—R)理论，是当今学习理论的主要流派之一。它产生于 20 世纪初的美国。代表人物是华生(J. B. Watson)和斯金纳(B. F. Skinner)。行为主义者认为，学习是刺激与反应之间的联结，他们的基本假设是：行为是学习者对环境刺激所做出的反应。他们把环境看成是刺激，把伴而随之的有机体行为看作是反应，认为所有行为都是习得的。行为主义学习理论应用在学校教育实践上，就是要求教师掌握塑造和矫正学生行为的方法，对学生的思想和行为尽量多使用表彰和鼓励的办法，少采取惩罚等消极强化手段，为学生创设一种良好的学校环境，尽可能在最大程度上强化学生的适当行为，消除不适当的行为。

行为主义心理学家斯金纳提出了程序教学的基本原则：小步子、积极反应、及时强化、自定步调以及低错误率等原则，并依据这些原则设计了教学机器。在这样的原则指导下，"强化"被看作是程序教学的核心，认为只有将教学内容分解为一系列小的教学单元，在强化的帮助下对教学单元的内容进行学习，才能使强化的频率最大限度地提高，将出错带来的消极反应降到最低限度。通过强化，才能形成最佳的学习环境，才能增强学生的学习动力。

(二)行为主义学习理论对教育的影响

(1)从重视"教"到重视"学"

长期以来，传统教育对教学的评价更多地把重点放在教师的"教"的方面，教师的教学表现常常成为评价教学的重要考查内容。行为主义学习理论使教学的评价扩展到了对学生行为的研究，从注重"教学刺激物"的设计，发展到对"学"的强调。

(2)从含糊的目标到具体的行为目标

传统教育的教学目标常常是含糊的、不精确的，如"培养学生的逻辑思考能力"、"体会劳动人民乐于助人的高尚品质"、"理解三角形的概念"等。这些"逻辑思考能力"、"体会"、"理解"都是指内部心理状态。这样的目标描述难以在上课过程中观察并诊断学生是否已经培养了能力、体会了精神、理解了知识。行为目标的描述则解决了这个问题。用可观察的行为动词描述教学目标，如"能用自己的话概述运用类比法的条件"、"能在课文中找出运用类比法阐明论点的句子"等。这样的描述指明了活动的主体是学生，并明确了主体要达到的目标状态，且这个目标状态是可观察的。

（3）从常模参照性评价到标准参照评价

常模参照评价是指评价时以学生所在团体的平均成绩为参照标准（即所谓常模），根据其在团体中的相对位置（或名次）来报告评价结果。这是传统的教育评价常用的方式。在传统教学中，要了解学生的能力所达到的程度，常常以参照其他学生的能力差异为依据，把学生和其他人做比较，关注的问题是"在一组人中他处于什么位置"，致力于对学生进行排队。标准参照评价是基于某种特定的标准，来评价学生对与教学密切关联的具体知识和技能的掌握程度。这样的评价所关注的问题是"学生能做什么"？学生具有哪些知识和技能？学生能够完成哪些任务？因此，标准参照评价也被称为"基于任务"的评价。标准参照评价适于个别化学习的评价，可提供个人学习进步的情况，可使教师了解所设计教材的优缺点，并进行及时调整。

（三）行为主义学习理论的局限性

行为主义学习理论尤其是其中的强化论、程序教学论在历史上有很大影响，对帮助教师克服教学中缺乏的强化（反馈），忽视学生个体差异等弊病起着积极的作用。但它的理论假设是建立在动物实验的基础上，所提出的行为心理学原理没有考虑动物和人类学习的本质区别。把对人的培养等同于动物的行为训练，忽视了人的学习的社会性，忽视了人的学习的主观能动性。因此，这种教学难免显得刻板、缺乏灵活性。一些研究表明，机器教学只在算术、阅读、拼写等方面效果优于传统教学，但无法取代教师教学中对学生人格方面的影响。此外，机器教学由于所有的教学内容及程序都是事先预设好的，这种教学不利于学生在独立思考和独立解决问题能力方面的提高。同时，小步子原则也容易使学生厌倦，不利于学生从整体上认识事物。在当今的信息时代，人类的知识以每2～3年翻番的速度在增长，更暴露了行为主义学习理论的局限性。但它的积极反应、及时反馈等原则今天仍被计算机辅助教学（Computer Aided Instruction，CAI）所采用。

二、认知主义学习理论

(一)认知学习与教育

认知学习理论产生于 20 世纪 50 年代中期。它是反对行为主义的，但也受到行为主义的一定影响。认知心理学家们从行为主义那里接受了严格的实验方法、操作主义等。行为主义学习理论把人等同于动物，强调环境决定论和教育万能论，否认人的主观能动性。认知学习论强调刺激—反应之间的联系是以意识为中介的，强调认知过程的重要性。

认知是指认识的过程以及对认识过程的分析，它包括感知、领悟和推理等几个比较独特的过程。基于认知心理学的观点，学习在于内部认知的变化，是一个比 S—R 联结要复杂得多的过程。著名认知心理学家布鲁纳(J. S. Bruner)、奥苏伯尔(D. Ausubel)等人认为，学习就是面对当前的问题情境，在内心经过积极的组织，从而形成和发展认知结构的过程。他们注重解释学习行为的中间过程，认为这些过程才是控制学习的可变因素。如今，认知的构造已经成为现代教育心理学家试图理解的学生心理的核心问题。

(二)认知主义学习理论对教育的影响

认知主义学习理论主要采用信息加工的观点研究人的认知过程，探讨人如何认识世界、如何学习和储存知识、如何运用知识以解决问题。这对教育、教学的影响意义重大。

(1)重视学生在学习活动中的主体价值，鼓励学生运用自己的头脑去学习，充分肯定了学习者的自觉能动性。

(2)强调认知、意义理解、独立思考等意识活动在学习中的重要地位和作用，使知识成为学生自己的知识。

(3)重视学生在学习活动中的准备状态。即一个人学习的效果，不仅取决于外部刺激和个体的主观努力，还取决于一个人已有的知识水平、认知结构、非认知因素。准备是任何有意义学习赖以产生的前提。

(4)重视强化的功能。认知学习理论由于把人的学习看成是一种积极主动的过程，因而很重视内在的动机与学习活动本身带来的内在强化的作用，强调自我激励式的学习。

(5)主张人的学习的创造性。布鲁纳提倡的发现学习论就强调学生学习的灵活性、主动性和发现性。它要求学生自己观察、探索和实验，独立思考，自己发现知识，掌握原理、原则，提倡一种探究性的学习方法。强调通过发现学习来使学生开发智慧潜力和创造力。

(三)认知主义学习理论的局限性

认知主义学习理论的不足之处，是没有揭示学习过程的心理结构。学习心理是由学习过程中的心理结构，即智力因素与非智力因素两大部分组成的。智力因素是学习过程的心理基础，对学习起直接作用；非智力因素是学习过程的心理条件，对学习起间接作用。只有使智力因素与非智力因素紧密结合，才能使学习达到预期的目的。而认知学习理论对非智力因素的研究是不够重视的。

认知主义学习理论对人类学习过程的研究在于针对不同的学习类型提出学习过程的认知模型，并通过计算机程序的设计让计算机模拟或实现相应的学习过程，从而探索学习过程的内在规律。以信息加工观点研究认知过程是现代认知学习理论的主流，因此，认知学习理论有时候又称为"信息加工学习理论"。它把学习过程类比为计算机的信息加工过程，认为人与计算机一样，都是一个物理符号系统或信息加工系统，因而可以用计算机来模拟人的心理活动甚至是高级的心理活动。这一观点使得人类的高级心理过程不再那么神秘。但它在试图解释被行为主义者作为"暗箱"的内部认知活动过程中，却忽视了人的心理行为的社会历史属性、创造性及人的价值，即人之所以区别于动物的本质属性。认知心理学虽然从概念上承认人不同于动物的本质属性，但它对人的本质属性有一个预先的假定："有思想的人类也是一种信息加工器。"[①]事实证明，无论计算机的信息加工系统被设计得多么精密复杂，都无法与制造它的人脑相比拟。

三、建构主义学习理论

(一)建构主义与教育

随着心理学家对人类学习过程认知规律研究的不断深入，20 世纪 80—90 年代，建构主义学习理论逐渐兴起，它是认知学习理论的进一步发展，其理论基础主要来自杜威(J. Dewey)、皮亚杰(J. Piaget)和维果斯基(L. Vygotsky)。

建构主义强调经验性的相互作用以及社会性的相互作用，认为意义不是独

---

① 杨金辉．心理学通史[M]，第 5 卷．济南：山东教育出版社，2000：112.

立于我们而存在的，事物的感觉刺激（信息）本身并没有意义，意义是由人建构起来的，它取决于我们原来的知识经验背景，是主客体相互作用的结果。建构主义非常强调学习过程中动态的、非结构的、具体情境的特征，强调学习者对意义的主动建构以及对知识经验的重组改造，而不是客观的知识结构本身。因此，人们对客观事物的不同理解和解释，是由于不同的人带着不同的经验背景去建构而导致的。

在建构主义学习理论基础上建立起来的教学模式，学生不是空着脑袋走进教室的，他是有着自身经验的个体，是知识意义的主动构建者，是认知的主体、教学的中心。因此，教学上要摒弃"以教师为中心"的传统观念，重新调整教材、教师、学生、媒体相互间的关系。教材提供的知识不再是教师传授的内容，而成了学生意义建构的对象。教师由知识的传播者、灌输者，转变成为教学过程的组织者、指导者、意义建构的帮助者。学生也由外界刺激的被动接受者，转变成为知识意义的主动建构者。

（二）建构主义学习理论对教育的影响

1. 教师教学思想的新定位

建构主义学习理论所揭示的客观事物与人的知识之间的关系使得教师需要重新定位原有的知识观、学生观。知识不再是绝对正确地概括世界的法则，它将随着人们认识程度的不同而不断改写，而对知识真正的理解，是由学习者基于自己的经验而建构起来的。学习不是由教师把知识简单地传递给学生，学生被动接收信息刺激的过程。学习意义的获得，是每个学习者以自己原有的知识经验为基础，对新信息重新认识和编码，建构起自己的理解。教学不能无视学习者已有的知识经验，简单强硬地"填灌"给学习者，而是应当把学习者原有的知识经验作为新知识的生长点，引导学习者从原有的经验中，生长出新的知识。教师不再是知识的传授者与灌输者，而是学生意义建构的促进者、课程的开发者、信息资源的设计者、以及学生的学术顾问。学生从被动的信息接受者转化为教学活动的积极参与者和知识的积极建构者。

2. 教学方法上的改变

在建构主义的教学模式下，目前已发展出来的比较成熟的教学方法主要有三种：（1）支架式教学。这种教学被定义为：支架式教学应当为学习者建构对知识的理解提供一种概念框架。这种框架中的概念是为发展学习者对问题的进一步理解所需要的。因此，事先要把复杂的学习任务加以分解，以便于把学习者的理解逐步引向深入。(2)抛锚式教学。这种教学要求建立在有感染力的真实事件或真实问题的基础上。若是学习者要想完成对所学知识的意义建构，最好的办法是让学习者到现实世界的真实环境中去感受、去体验(即通过获取直接经验来学习)，而不是仅仅聆听别人(例如教师)关于这种经验的介绍和讲解。由于抛锚式教学要以真实事例或问题为基础(作为"锚")，所以有时也被称为"实例式教学"或"基于问题的教学"或"情境性教学"。(3)随机进入教学。在教学中要注意对同一教学内容，在不同时间、不同情境下、为不同的教学目的、用不同的方式加以呈现。换句话说，学习者可以随意通过不同途径、不同方式进入同样教学内容的学习，从而获得对同一事物或同一问题的多方面的认识与理解，这就是所谓"随机进入教学"。学习者通过多次"进入"同一教学内容将能达到对该知识内容比较全面而深入的掌握。这种多次进入，绝不只是为了巩固一般的知识、技能而实施的简单重复。这里的每次进入都有不同的学习目的，都有不同的问题侧重点。因此，多次进入的结果，将使学习者获得对事物全貌更进一步地理解以及认识上的飞跃。

(三)建构主义学习理论的局限性

建构主义学习理论强调知识的动态性，强调学习是一个主动建构的过程，强调学习的社会性和情境性。教学上主张以学生为中心，教师应成为学生新知识建构的促进者，课堂上要提供给学生建构知识的时间和空间，让学生去探索、发现，利用已有的经验生成新的知识。建构主义学习理论的思想对我国教育改革的影响意义深远。

当然，建构主义学习理论尚在发展和完善之中，不同倾向的建构主义者还存在着重大的分歧。比如，激进建构主义者不否认客观存在，然而，它声称人们无法获得客观知识，因为人接近不了"神目"特许所见的宇宙。一些人鲜明地指出，知识不是对客观事物本来面目的反映，它是适应的结果，只反映了我们的经验。知识是不能传递的，只能由个体学习者建构起来。教学的作用仅仅在于提供学生有效活动的机会，学生在活动和讨论中建构自己的知识，教师是活动的促进者，但不能告诉学生什么东西。这显然表现出了一定的相对主义和工具主义的色彩。

在我国教育改革的课堂上，人们对建构主义进行"自主建构"式的理解，也可能导致教学形式的极端化和盲目性。运用"让学生自己提出探究问题"的做法，从表面上看，是让学生自主建构了，但实际上不少人是盲目行事、甚至是把学科学习的困难全部扔给学生。尤其在学生们"自主探究"中遇到困难时，如果教师还是任其"自主"发展，这势必会让学生们形成这样的观念：原来科学探究就是这样的任意和随便。因此，需要运用辩证唯物主义的思想指导我们正确处理知识的相对性与绝对性的问题，正确认识教师和学生在学习过程中的作用和关系，既要认识教学的重要性，又要保证学生自主学习的空间，使教育教学达到最佳效果。

四、人本主义学习理论

（一）人本主义心理学与教育

人本主义心理学兴起于 20 世纪 50 年代末和 60 年代初，被称为心理学的第三种势力。人本主义心理学主要发起者是马斯洛（A. H. Maslow），影响较大的代表人物是罗杰斯（C . R . Rogers ）。此外，弗罗姆（E . Fromm）、库姆斯（A. Cobs)和奥尔波特（G. W. Allport)等人对人本主义心理学也有显著的贡献。

人本主义心理学起初并不形成于对学习和学习过程的研究，而是从临床心理学家、社会工作者和心理咨询工作者等一些对人类行为的基本原理和基本假设持有相似观点的心理学家的应用研究中产生的。人本主义心理学研究的主题是人的本性及其与社会生活的关系。他们强调人的价值和尊严，反对行为主义的机械化倾向，主张心理学要研究对个人和社会进步富有意义的问题。在他们看来，如果学习内容对学生没有什么个人意义的话，学习就不大可能发生。因此，他们感兴趣的是学习的潜能、学习动机、自我概念，人际关系，以及学习情感方面的内容。

人本主义心理学家认为，人类具有学习的自然倾向或学习的内在潜能，人类的学习是一种自发的、有目的、有选择的学习过程。人本主义的学习观把学生看作是一个有目的、能够选择和塑造自己行为并从中得到满足的人。因此，教学的任务就是创设一种有利于学生学习潜能发挥的情境，使学生的潜能得以充分的发挥。

（二）人本主义学习理论对教育的影响

人本主义学习理论认为，让学生自由学习是学习原则的核心。要实现学生的自由学习，关键是教师要信任学生，相信学生有学习的潜能。基于人本主义学习理论，在教育教学中可以采取以下措施：

1. 构建真实的问题情境

人本主义心理学家认为，让学生面临对他们个人有意义的或有关的现实问题，从而有效地促进学生投入到学习活动中。对教师而言，明智的做法就是发现那些对学生来说是现实的、同时又与所教课程相关的问题。

2. 提供丰富的学习资源

不同于传统教师所采用的方式，人本主义思想指导下的教师的功能不是教学，也不是把大量时间放在组织教案和讲解上，而是把精力放在为学生提供学习所需要的各种资源上。

3. 使用学生契约

罗杰斯认为，一种有助于学生在自由学习气氛内保证学有所得、并对学习承担责任的方式，是使用学生契约。在传统教学中，学习成绩的标准是由教师单方面决定的，学生对此无发言权。而在使用学生契约时，学生有机会参与确定评价的准则。想要得到较好成绩的学生，需要为自己制订能取得好成绩的个人工作计划，一旦工作完成后，就可以得到契约上的成绩等级。

4. 同伴教学

同伴教学是罗杰斯倡导的促进学习的一种有效方式，它能达到双方受益。一项数学同伴教学研究的结果显示，在同伴教学中，指导者在自我确信和承担责任的意愿方面有所增强，他们中的一些人学习更努力了，学习数学知识的动机变得更为强烈。被指导者的数学技能有所提高，同时表现出更强的自信、学习动机，以及更好的对数学的态度。

5. 分组学习

尽管罗杰斯竭力推崇自由学习，但他也认识到，并非所有的学生都想要这种自由学习，有的学生希望得到教师的指导。一个简单而又有效的办法，就是把学生分成两组：自我指导组和传统学习组。学生可以自由地选择、自由地进出。

6. 探究训练

让学生体验科学探究的过程，在简单层次上成为科学家：寻找真正的问题答案，自己品尝科学家研究的艰辛和欢乐。这是一种参与性和体验性的学习活动。教师的工作是促进学生制定探究步骤、营造探究的环境，为学生的探究活动提供方便，尽可能使学生达到自主发现的目的。罗杰斯承认，学生可能学不到许多科学的"事实"，但他们会形成一种"科学是永无止境"的探究精神，并认识到在任何真正科学里都没有封闭性的结论。

7. 程序教学

尽管罗杰斯对程序教学所依赖的操作性条件作用的原理持否定态度，但他却认为，程序教学是促进学习的一种非常有用的工具。在他看来，编制合理、使用恰当的程序，是可以使学生体验到满足感、掌握相应的知识、并能增强学生的自信心。但是，罗杰斯反复强调，程序教学如果使用不当，有很大的潜在危险。例如，倘若它成了思维的替代物，或强调事实性知识比创造性更重要，那就会构成真正的危险。

8. 自我评价

罗杰斯认为，只有当学习者自己决定评价的准则和学习的目标，以及需要达到目的的程度，等等，并能够为此负起责任来时，他才是真正的学习，才会对自己的学习真正地负责。

（三）人本主义学习理论的局限性

人本主义学习理论主张设身处地为学生着想，使学生感受到学习的乐趣，从而全身心地投入学习。它重视教育者对学生内在心理世界的了解，以顺应学生的兴趣、需要、经验以及个别差异，从而达到开发学生潜能，激发其认知与情感的相互作用。它关注了人的积极主动性、价值、潜能、尊严与创造，并将其理论付诸实践，运用于教育，形成了"以学生为中心"的人本主义教育思想。这对教育改革与进步具有积极的意义。人本主义学习理论为当前我国的快乐学习、情感教育、学校教育与教学管理心理、班级社会心理等问题的研究与实践，提供了新的思路和途径。

当然，人本主义学习理论也并不是至善至美的。由于片面强调学生的天赋潜能作用，忽视了环境与教育的作用，有可能会导致放任自流式的"自由学习"。人本主义学习论对满足学生个人自发的兴趣和爱好上过于重视，但忽视了良好的社会与学校教育对他们健康发展的作用。它主张"以学生为中心"的教育，这对教师以权威身份向学生灌输知识、强迫学生学习的传统教育是一个有力的冲击，但过分强调学生的中心地位，有可能会忽视教学内容的系统逻辑性和教师在学科教学中的主导作用，从而影响了教育与教学的效能。

人本主义学习理论以人为本、以学生为中心的思想，猛烈地冲击着传统的教育观念，成为当代心理学发展中的一个新动向。但是，人本主义学习理论的整个体系是建立在存在主义、性善论的基础上，因而具有唯心主义的色彩。此外，它的研究方法是从心理咨询等工作中引进的，一些学者认为在一定程度上人本主义学习论还只是一种推理和猜想，缺乏实践和实验的验证。

第五章
职业院校学生学习动机

　　动机在学习中的作用以及如何激发学生的学习动机，是广大教育工作者所关注的问题，也是教育心理学界激烈争论的一个问题。美国著名教育专家奥苏贝尔明确指出：动机与学习之间的关系是典型的相辅相成的关系，绝非一种单向性的关系。这就是说，动机以增强行为的方式促进学习，而所学到的知识反过来又可以增强学习动机。

　　有关调查显示部分职业院校学生的学习动机层次不高，对学习提不起兴趣，把学习当成应付家长、教师的"差事"，学习的实用化倾向明显，过分追求学习上的急功近利，对技能型的课程还可以勉强学，对文化基础课与思想品德课不愿学，认为学了也没有用，把学习当成混文凭找工作，而不是学本领找工作，由于经常遭遇学习失败，所以怕学习，看低自己的能力，缺乏自信。根据职业院校学生学习动机的这些表现，如何调动与激发学生的学习动机，是职业院校面临的最迫切的教育问题。

第一节　学习动机概述

　　学习动机在学生的学习活动中意义重大。学生是学习的主体，学生必须有志于学，乐于学，才能取得优良的学习成绩，尤其对文化基础较差的职业院校学生来说，学习动机的有无与强弱对学习的影响至关重要。所以，历来的教育学家、心理学家都十分重视学习动机的研究。下面对学习动机理论做一综合简述。

一、学习动机的概念及性质

(一)什么是学习动机

　　学习动机是学习活动的推动力，又称学习的动力。从事学习活动，除要有学习的需要外，还要有满足这种需要的学习目标。由于学习目标指引着学习的方向，可把它称为学习的诱因。学习目标同学生的需要一起，成为学习动机的重要构成要素。学习动机是指推动学习者从事学习活动的内部原因。学习动机对学习者的学习行为和学习活动有着极为重要的影响，它决定着个体活动的自觉性、积极性、倾向性和选择性。

(二)学习动机的相关概念

学习动机并不是某种单一的结构。学生的学习活动是由各种不同的动力因素组成的整个系统所引起的。其心理因素包括：学习的需要、学习的诱因、对学习的必要性的认识及信念、学习兴趣、爱好或习惯等。

1. 需要

需要是有机体感到某种缺失而力求获得满足的心理倾向，它是有机体自身和外部生活条件的要求在头脑中的反映。个体在生存、发展过程中，某些需求得不到满足而处于一种匮乏状态时，就会产生相应的需要与动机，促使他去从事满足需要的行为活动。学习需要是学生追求学业成就的心理倾向，是社会、学校和家庭对学生的客观要求在学生头脑中的主观反映，是学习动机产生的基础，是激发学生进行各种学习活动的内部动力。一个深感缺乏科学文化知识的人，会产生求知的需要和求知求学的动机，并导致发奋学习的行为活动。

2. 内驱力

内驱力是由于人内部的某种缺乏或不平衡状态而产生的力求恢复均衡状态的一种内在推动力。表现为机体需要缺失时产生一种能量，驱使主体组织行为去获得需要的满足。通常情况下，需要与内驱力呈正相关，需要越迫切，内驱力越大，反之亦然。

3. 诱因

个体有各种需要，并不一定产生行为，除内驱力外，促使个体行动的另一个因素是诱因。诱因是指能满足个体需要的刺激物。内驱力和诱因都是形成动机的因素。存在于机体内部的动机因素是内驱力，存在于机体外部的动机因素是诱因。诱因按其性质可分为两类：个体因趋向或取得它而得到满足时，这种诱因(如食物)称为正诱因；个体因逃离或躲避它而得到满足时，这种诱因(如电击)称为负诱因。例如青年学生虽有求知求学的需要，但如果没有中考、高考的诱因，学习主动性可能就会受影响。

(三)学习动机的种类

根据分类的标准不同,学习动机可以分为不同的种类。

1. 根据学习动机的内容指向不同可分为直接学习动机和间接学习动机

直接学习动机直接指向学习活动本身,是由对学习的直接兴趣以及对学习活动的直接结果的追求所引起的;间接学习动机则是与社会意义相联系的动机,是社会要求在学习上的反映。

2. 根据学习动机在学习活动中所起作用的不同,可将之区分为主导性学习动机和辅助性学习动机

主导性学习动机是指在一个学生的几种学习动机中起主导作用的学习动机;辅助性学习动机则是在几种学习动机中不占主导地位的学习动机。辅助性学习动机有的能促进主导性学习动机,因而会与主导性学习动机同时并存;有的则不能促进主导性学习动机,会被抑制。

3. 根据学习动机的来源不同,又可划分为内部动机和外部动机

学习的内部动机来源于学生自身的兴趣、爱好等,它较为持久,且使学习者处于一种积极主动的学习活动状态。学习的外部动机则是由外界的诱因决定,往往较为短暂,被这种学习动机所推动的学习活动也往往处于一种被动状态。

(四)学习动机的作用

学习动机在职业院校学生的学习活动中具有十分重要的作用,学习动机是他们学习的动力,直接影响着他们所取得的学习成绩。一般而言,学习动机具有以下作用:

1. 引发作用

引发个体产生学习行为。例如:职业院校学生有继续深造的动机,在这一动机的驱动下,会产生诸如关心升学的信息,选择报考的专业、学校,如何做好准备等一系列的相应行为。

2. 导向作用

动机不仅能激起学习行为,还能使行为指向某一目标,对行为起导向作用。高尚、正确的动机会引导个体产生高尚、正确的行为。上例中,某学生会在升学深造动机的引导下,产生诸如放弃一些娱乐活动,而集中时间精力复习功课的行为,抗拒一些与升学目标不相符的诱惑,他的行为明确指向升学这一目标。

3. 维持作用

目标的实现往往不是举手之劳，而是要持续一定时间才能达到目的。动机对行为具有维持的作用。在上例中，某学生会在升学深造动机的作用下，进行较长一段时间的努力，保持着学习的热情与劲头。

4. 调控作用

动机是行为的控制器，对个体行为的强度、时间和方向等，都起着调控作用。上例中，某学生如果有强烈的升学动机，他就会抓紧时间，发奋努力，保持着学习的劲头，排除干扰和困难，直指目标。在其行为未达到考上高一级学校的目标时，动机仍将驱使他调整其行为活动以达既定目标。

二、学习动机的基本理论

不同心理学流派关注的重点不同，对学习动机的解释与理解也就不一样，下面重点介绍 5 种学习动机的基本理论。

(一)强化理论

行为主义心理学家用 S—R 的公式来解释人的行为。他们把动机看作是由外部刺激引起的一种对行为的冲动力量，并特别重视用强化来说明动机的引起与作用。所谓强化，从其最基本的形式来讲，指的是对一种行为的肯定或否定的结果(报酬或惩罚)，它至少在一定程度上会决定这种行为在今后是否会重复的可能性。根据强化的性质和目的可以将强化分为正强化和负强化。美国行为主义心理学家斯金纳提出刺激—强化理论，它的具体行为原则如下：(1)经过强化的行为倾向于重复发生；(2)要依据不同的学生采用不同的奖励策略；(3)采用小步子原则，分阶段设定目标，并对目标予以明确的表述；(4)及时反馈；(5)正强化通常比负强化更有作用。按照行为主义的观点，任何学习行为都是为了获得某种报偿。因此，在学习活动中，采取各种外部手段如奖赏、赞扬、评分、等级、竞赛等，可以激发学生的学习动机，引起其相应的学习行为。

强化理论只讨论外部因素或环境刺激对行为的影响，忽略人的内在因素和主观能动性对环境的反作用，具有机械论的色彩。但是，许多行为科学家认为，强化理论有助于理解和引导人们的行为。对于教师而言，强化理论提出的原则一直是教育教学方法的重要参考依据。

(二)归因理论

人们常常会为个体行为的成功或失败去寻找其背后的原因，心理学家韦纳提出可以根据三个维度对成败的原因分类(见表 5－1)。三个维度是：(1)内外维度。据此可把导致成败的原因分为内部原因和外部原因。内部原因即个人自身的原因，如个人的能力、努力等；外部原因即个人自身之外的原因，如任务难度、运气等。(2)稳定性维度。据此可以把内部和外部原因再分为稳定的原因和不稳定的原因。(3)可控制维度。根据稳定和不稳定的原因还可再细分为个人自身能控制的原因和个人自身不能控制的原因。韦纳认为，人对成功和失败的归因，会对自己以后的行为产生重大影响。如果学生把考试失败归因于自己缺乏能力，那么，以后考试还会预期失败，因为能力是一个稳定因素。如果学生把考试失败归因于运气不佳，那么，以后考试不大可能预期失败，因为运气是一不稳定因素。

表 5-1　归因的三维度模式

三维度	内部的		外部的	
	稳定的	不稳定的	稳定的	不稳定的
	不可控的	可控的	不可控的	不可控的
四因素	能力高低	努力程度	任务难易	运气好坏

归因理论是从结果来阐述学习动机的，其教育理论价值与实际作用可以概括为三个方面：一是有助于了解学习活动发生的因果关系；二是有助于根据学习行为及其结果推断出学生个体稳定的心理特征和个性差异，三是有助于从特定的学习行为及其结果预测个体在某种情况下可能产生的学习行为。因此，运用归因理论，职业院校教育工作者可以了解学生的学习动机，改善学习行为，提高学习效果。

(三)自我效能感理论

自我效能感是社会心理学家班杜拉提出的一个动机概念，指个体对自己是否有能力完成某一行为所进行的推测与判断。班杜拉强调了自我效能的动机作用，人们的自我效能信念决定了他们的动机水平，表现在人们付出努力的多少和对困难坚持时间的久暂上。人们的能力信念越强，他们付出的努力就越大，坚持的时间就越长。

班杜拉等人的研究表明，自我效能有以下功能：1. 决定人们对活动的选择以及对所选活动的坚持性。自我效能水平高者倾向于选择富有挑战性的任务，遇到困难能坚持下去；自我效能水平低者则相反。2. 影响活动时的情绪。自我效能水平高者情绪饱满；水平低者则充满恐惧和焦虑。3. 影响在困难面前的态度。自我效能感高者敢于面对困难，相信通过坚持不懈的努力可以克服它；而自我效能感低者在困难面前则缺乏自信。4. 影响新行为的习得和已有行为的表现。[1]

班杜拉等人的研究还指出，影响自我效能感形成的因素主要有：1. 自身行为的成败经验。这是影响最大的因素，但成败经验对效能期望的影响还要受个体归因方式的左右。如果归因于外部的不可控的因素就不会增强效能感，把失败归因于内部可控的因素不一定会降低效能感。2. 替代经验。班杜拉认为观察、模仿、替代经验同样影响人的自我效能感。例如，一个学生如果观察到师哥师姐或同学因为学习行为受到了某种奖励，他可能会模仿这种学习行为以期得到同样的奖励。3. 言语劝说。教师、家长、同伴的言语劝说有可能使学生改变学习期待。4. 情绪唤醒。高水平的唤醒使成绩降低而影响自我效能感，当人们不为厌恶刺激所困扰时更能期望成功。

班杜拉的自我效能感理论突破了行为主义的某些局限，阐明了认知功能在人的行为的产生过程中的重要作用。

（四）成就动机理论

最早集中研究成就动机的心理学家有默里、麦克里兰、阿特金森等人。阿特金森对成就动机理论作了多方面的发展，他认为个人的成就动机可以分为两部分，其一是力求成功的意向；其二是避免失败的意向。根据人在这两种倾向上的相对强度方面不同，可以分为力求成功者（高成就动机者）和力求避免失败者（低成就动机者）两种类型。当面临难度不同的任务时，高成就动机者对成功的强烈愿望大于对失败的恐惧，能体验到成就的自豪感，因此当面临选择时，他们常选择能有所成就的任务。一般来说，中等难度的任务对他们有最大的现实挑战。如果他们认为成功完全不可能，或稳操胜券时，动机反倒会降低。反之，低成就动机者，他们避免失败的需要强于力求成功的愿望，在成功可能性为50%的时候，则会采取回避态度，他们往往选择更易获得成功的任务，以使自己免遭失败，或者选择极其困难的任务，这样即使失败，也可以为自己找到适当的借口。

---

① 李洪玉，何一粟. 学习动力[M]. 武汉：湖北教育出版社，1999：97～98.

　　成就动机理论提示我们在给高成就动机的学生呈现教学任务时，中等难度的任务最有利于激发他们的学习动机，任务过难或过易都会打消他们的积极性。而对于低成就动机的学生，可以通过一些手段提高他们的成就动机。麦克里兰认为人的成就动机可以通过特定的培训加以提高。第一，在设定任务之后，需对个体的行为进行及时的反馈，以帮助个体修正自身的行为；第二，向个体提供成功的榜样，使之找到可以效仿的对象；第三，帮助个体修正自我设计，并引导其认同和接受自我；第四，指导个体的工作意愿，并要求其在制定目标时应当考虑目标设计的可行性和实现途径。

（五）自我实现的理论

　　自我实现理论是美国人本主义心理学家马斯洛提出的。马斯洛认为人的基本需要有七种，它们由低到高依次为：生理需要、安全需要、归属与爱的需要、尊重需要、认知需要、审美需要和自我实现需要。（如图 5-1）

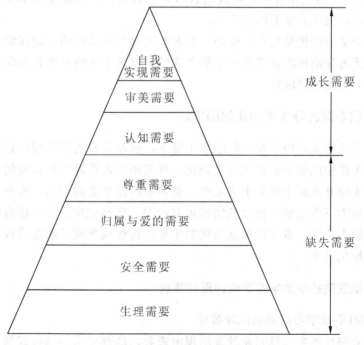

图 5-1　马斯洛的需要层次结构

　　马斯洛认为满足这七种需要是推动人的各种行为的动力的基本源泉。马斯洛提出如下假设：第一，人的各种需要的满足是有先后顺序的，越是低级的需要越是要首先满足。只有较低级的需要基本满足以后才能产生较高一级的需要。第二，图中下面的 4 级需要属缺失需要，在这些需要尚未满足前，它们一直推动人从事满足需要的行为，一旦满足，行为就暂时停止。上面 3 级需要属成长需要，它们是在适当程度的满足以后才产生的，而且不会暂时终止，将一直推动人去从事满足这些需要的行为。第三，人类最高级的需要是自我实现。自我实现具有两方面的含义，即完整而丰满的人生的实现与个人潜能或特性的实现。从学习心理的角度看，人们进行学习就是为了追求自我的实现，即通过学习使自己的价值、潜能和个性能得到充分而完备的发挥和发展。因此，可以说自我实现是一种重要的学习动机。职业院校的教育工作者必须意识到：在某种程度上，如果职业院校学生缺乏学习动机，则可能是由于他们的某种低级需要没有得到充分满足，学校里最重要的缺失需要常常是爱和自尊。现实中我们可以看到："那些使学生感到很自在，被学生理解、喜欢和尊重的老师，才有可能使学生渴望学习。"[1]所以作为职业院校的教师要关心爱护并理解尊重学生，这是激发学生学习积极性的重要因素之一。

人类的学习动机是复杂多样的。心理学家对学习动机的理论探索也是多方面的。上述各种动机理论都有一定的合理性，但又不能解释所有的学习动机现象，都有其一定的局限性。

三、职业院校学生学习动机的现状

在国家大力发展职业教育的政策指导下，职业院校的招生规模也在不断地扩大，其生源构成更加多元化和复杂化，有无望升入普通本科院校的高中毕业学生，有无望升入高中的初中毕业生，有初中还没毕业的学生，也有在严峻的就业形势压力下希望学一技之长实现再就业的一些高校毕业生，还有社会在业人员和下岗人员等。多元化和复杂化的生源结构也就促成了职业院校学生学习动机的多样化表现。

(一)职业院校学生学习动机的现状特点

1. 选择职校学习的理由比较被动

从职业院校学生选择职业教育的理由来看，调查显示[2]：66.20%的学生选

---

① 施良方. 学习论[M]. 北京：人民教育出版社，2000：458.

② 张彩侠，曹彬，杨新胜. 关于中职生学习现状的调查[J]. 职教论坛，2009，8(中).

择"没考上高中无奈或父母的要求"，35.3％的学生选择"学校专业吸引"。另一调查显示：[1] 由于自身学习基础差的占 61.6％，亲戚朋友推荐的占 26.5％，被学校的宣传所吸引的占 9.3％，对职业教育信任的占 2.6％。由此可见，大多数职业院校的学生都是被动选择进入职教院校的。

2. 学习的目的不够明确

从学生的学习目的来看，调查显示：23％人对专业有兴趣，42.4％人是因为社会需要，33.8％为了一张毕业证书，其中有 76.2％的学生学习目的不是出于对专业的爱好，而是受到客观因素的影响。另有调查显示[2]：读中职学校的目的，53％的学生为通过对口高考上大学，32.5％的学生为了学好专业知识和技能，找个好工作，14.5％的学生无明确目的。从中可以看出，职业院校学生的学习目的不够明确。

3. 学习的状况不够理想

据夏阳等人对湖北省内 6 所中等职业学校开展的调查显示[3]：(1)学习目的性和计划性不强。只有 35％左右的学生，制订过学期或月度学习目标以及学习计划。(2)课前准备不充分。只有 25.6％的学生，课前经常预习，半数以上的学生在上课铃后，需 3 分钟以上的时间才能进入学习状态。(3)课堂上与教师配合不积极。只有 24.9％的学生经常主动回答教师的提问。(4)课后作业独立性差，学习习惯不好。81.3％的学生经常或有时抄其他同学作业，半数以上的学生作业习惯不好。(5)不善于归纳总结所学知识。仅有不足 1/3 学生，坚持对所学知识进行归纳或总结。

(二)学习动机形成的原因

职业院校学生的学习动机是在学生、教师、家庭、社会、学校等多种因素的综合作用下形成的。影响职业院校学生学习动机的各种因素可分为主观因素和客观因素两大类。

1. 主观因素

(1)认知水平较低。

学习是一个由简单到复杂、由易到难、由浅入深、由知之不多到知之甚多循序渐进的过程。而原有的认知水平必然影响后面的学习动机。原有认知水平

---

[1] 付香斌. 中职生学习行为现状调查分析[J]. 河南职业技术师范学院学报(职业教育版)，2007(1).

[2] 夏阳，彭军，黄琴. 中职生学习现状调查[J]. 中国水运(理论版)，2006，4(8).

[3] 同[2].

高的学生，联系以前的知识，在教师的讲解、提示下能理解、听明白，这样自我效能感就强，从而激发进一步的学习动机。反之，原有认知水平低的学生，对老师讲的内容不知所云，心情就越来越沮丧，体验不到学习的成就感，逐渐丧失学习兴趣。一般进入职业院校的学生语文、数学等基础知识在中小学就没学扎实，加上平时读书少、阅历浅。进校后，基础课和专业课对他们来说难度都相当大，如果教师不采取恰当的教学方法对教材内容的重点、难点进行通俗易懂的讲解，学生就无法理解，日久便会产生厌学心理。

（2）心理素质较差。

职业院校的学生大多属于升学独木桥上的"落水者"，带着心理的阴影进入职业院校大门。这种阴影表现为：第一，缺乏自信心，自暴自弃。近几年由于学校之间竞争，职教的生源部分以较低的分数入学，学生学习能力不强，且大多受到过老师的批评和指责，从心理上感觉低人一等。第二，缺乏冷静，易感情用事。部分学生先天条件较好，但是受家庭和后天某些因素的影响，成绩滑坡而不得已选择职业院校。他们会因为意识到人生的责任和自身的发展变化而忧虑苦恼、焦虑不安、任性冲动，厌学，这些由成长而引起的心理冲撞和动荡，严重影响着学生的心理变化，他们经常和老师或同学发生冲突，这也影响了其学习的积极性。第三，胆小孤僻，不善交际，意志薄弱。随着独生子女越来越多，一些父母缺乏科学的家庭教育，过分溺爱造成了部分学生目中无人，以自我为中心，又由于家长和老师有意和无意的指责、训斥，学生感到自己受到伤害，把自己与周围人隔离开来，对老师的批评和同学的指责不能客观地对待，在学习合作中缺乏积极参与意识。

（3）归因不正确。

职业院校学生对学习失败的归因有两种表现：一种是把教师讲解不清、教师偏见、学习（考试）任务偏重（或偏难）、缺乏他人帮助、同学影响、网络游戏诱惑等当作主要因素，一味地怨天尤人，强调客观因素，而不从主观方面找原因；另一种是承认学习不佳是自己不努力，归因为自己上课注意力不集中，学习不认真，作业马虎，考试状态不佳等浅层因素，不去思考学习动机、人生理想等更深层次的主观因素。根据归因理论，行为的原因或者在于环境或者在于个人。如果在于环境，则行动者对其行为不负什么责任；如果在于个人，则行动者就要对其行为结果负责。第一种情况的职教生把学习失败归因为客观因素，自己就会推卸责任，不去做任何努力。第二种情况的职教生把学习失败归因为浅层的主观因素，同样达不到促进学习的目的。他们就会表现出时而努力，时而放任，考前会努力一下，考后成绩比预期差时会再努力一下，其他的大部分时间又会放任，这种浅层次的主观因素归因会使个人努力缺乏持久性与稳定性。所以我们常看到考试失败后的职教生在老师与家长面前信誓旦旦要努力学习，可是过不了多久又会回到原来的状态，这是由于他们缺乏明确的人生目标，人生理想追求，从而也就没有持久的学习动力。

（4）缺乏良好学习习惯。

良好学习习惯是促进学生保持积极学习状态的一个重要因素。前面的调查中可以看出，部分职业院校学生没有养成良好学习习惯，影响了他们的学习能力。因为没有养成良好学习习惯，所以他们不会科学地安排学习时间，也就无法有规律、有节奏地正常学习，久而久之，不会的知识越积越多，也就越来越没学习兴趣，越来越缺乏学习自信，再加上来自老师、家长、社会的负面影响，职业院校学生很容易产生厌学、逃学、弃学的思想，进而走上上网玩游戏寻求刺激、过早恋爱、看黄色暴力书刊的歧路。

2. 客观因素

（1）教师的影响。

教师教育的过程既是传授知识的过程，也是心灵感悟交流的过程。心理学研究表明，教师对学生赏识和高期望，学生就会向好的方向发展，反之则会消极厌学，教师对学习成绩差的学生行为如果持消极期待、持偏见态度，对他们的不足之处很敏感，从不轻易表扬，很少与他们交流等，都有可能使这些学生降低学习动机。[①]

一些职业院校学生由于在中小学受到过不公正的评价与对待，因此对教师变得猜疑、不信任，学习态度很情绪化，这就更需要职业院校教师在生活、学习上给予更多的关爱与引导和更多的宽容与理解。

（2）家庭的影响。

父母对子女的影响历来都是深刻的。Eccles（1998）指出有四种父母因素决定了学生的动机：学业成绩的要求和压力；对孩子能力的高度信任；富有感情的家庭气氛及榜样的激励。

邵玲等人对几所中职学校学生家庭情况的相关调查发现，大多数学生来自山区、农村乡镇的家庭，这些家庭父母的社会地位、受教育层次、社交范围、经济条件明显低于城市家庭，他们很少能给子女创设积极的家庭环境和学习氛

---

① 邵玲. 试论影响中职生学习动机环境因素[J]. 成功（教育），2007（6）.

围，对孩子通常采用权威、武断甚至是偏激专制的教育方式，或是过度溺爱、放任自由的教养方法，在这种风格下，他们的孩子形成了太顺从或太叛逆性格。有近五成的学生与父母之间存在信任危机，根本不可能一起讨论学习等问题。正是由于家庭教育的不当或者家庭的不良影响，使一些职业院校学生缺乏良好的个性特征，严重影响着学生的学业状况。

（3）社会的影响。

社会因素也是影响职教生学习动机的一个不容忽视的因素。如评价制度、用人制度、考试制度等。目前，中小学对学生的评价标准仍注重的是分数的高低，这样使成绩偏低的学生长期得不到老师的表扬和同学的群体认同而产生自卑感、甚至自暴自弃。尽管我国高考制度不断改革，考题类型增加了综合素质题及比例，但它却给人们带来了更大的负面效应，中小学教材的知识面更宽、更深了，加上现在人才市场竞争更激烈，家长视孩子的学习唯上，忽略孩子的其他兴趣、爱好、优点。长期下来一些学习成绩一直不好的孩子成了家长、老师、社会舆论的众矢之的，这更加剧了他们对学习的厌倦、憎恨，到了职业院校就一点都不想学了。

当前，我国在用人方面不良风气盛行，钱权交易泛滥，社会上流行着花多少钱办多大事，工作的好坏和送礼多少成正比的说法。有些学生本来在校表现很差勉强毕业后靠托关系、走后门、请客送礼，到一个环境好、待遇好的单位上班，尔后还大摇大摆地来学校跟师弟师妹们大侃权、钱的重要，几分钟的"演说"比老师几个月的正面教育更有效，立即使那些学习好、家里没门路没钱的学生的积极、乐观性遭到沉重的打击。除各种制度外，社会生活中的媒体宣传、网络盛行等也对职业院校学生影响颇深。部分学生陷入虚拟的网络游戏中不能自拔。各种不良的社会因素影响着职业院校学生的学习与生活，造成一些不良后果。

第二节　职业院校学生内部动机的激发与维持

调动学生的学习动机有两种基本的对策：（1）从学生的内部需要入手，调动学生的内在学习动机；（2）从外部诱因入手，通过外部强化促进学生的学习。教育心理学告诉我们，要同时发挥内外两种动机的作用，但要根据学生的具体情况而有所侧重。本节重点讨论内部动机的调动。

一、设置具体、可操作的学习目标

学习目标是指学生在学习中所追求的预期结果，它通过对自身行为的控制调节，从而使活动维持稳定的方向并指向目标的实现。设置适当的学习目标，能够激发学生的学习动机，调动其学习积极性。根据洛克等人的目标设定理论的揭示，学习目标对学习有四种作用。[①]（1）发起功能，决定要不要学习。（2）选择与指导功能，决定要学习什么，怎样学。（3）激励功能，决定要付出多大努力来学习，越切合学生需要、水平越高，学生付出的学习努力就越大。（4）强化功能，即学生常常根据学习目标来评价自己的学习，合乎目标的学习行为就得到自我肯定与强化，以后就更倾向于再次进行这种学习；反之，就会倾向于避免这种学习行为。总之，学习目标本身就是学习的强有力的动机。

如何帮助学生确定有效的学习目标呢？

（一）分层渐进制定目标

大教育家夸美纽斯曾这样说过："一切功课都应该仔细分成阶段，务使先学的能为后学的开辟道路，指示途径。"合理的学习目标，就学生来说，应是在总目标指导下的目标系统，这个系统是多层次的。具体目标与总目标之间是不断递进的关系，为实现总目标服务；总目标是制定具体目标的依据，对小目标起指导作用。

（二）细化目标等级

目标越明确具体，对学生学习的指导促进就越直接、越有效。对于那些复杂、综合性的目标可以通过细化目标等级，形成一个个子目标，来达到目标的具体化。这样，学生学习的每一阶段或步骤都有目标指导和推动。如果把这些具体的学习目标再用准确而可操作的语言表达和记录下来，则更能促进学生的学习。

（三）确定目标的难易度

难度大的、复杂的学习目标，有助于培养学生高水平的能力，如果学生学习能力强，并有足够的挫折承受力，这种目标还能激起学生迎接挑战的动力。

---

① 刘德恩．职业教育心理学[M]．上海：华东师范大学出版社，2001：83.

但是对于那些成绩和挫折承受力差的学生，则要控制目标的难度和复杂性，以保证学生有追求目标的信心与成功的可能性。也就是说，对于不同的学生，目标的难度与复杂性应当有所不同，但一个共同的原则是：目标对每个学生都应有所挑战，但又都适合学生各自的能力。

(四)目标要具有相容性

不同学习目标之间的相容性，指的是学生的学习生活与其他生活的目标之间、不同学科的学习目标之间、同一类学习活动的短期目标(如背诵每课的单词)与长期目标(如通过学期结束时的英语等级考试)之间关系的协调程度。学习目标相容性越强，就越能促进学生的学习。

(五)目标要简便易行可测

简便易行这一原则要求我们在确立学习目标时，应化繁为简，言简意赅，一目了然，各项指标应是可测的。能量化、规格化的一定要量化规格化，这样便于实施，也便于检查学习效果。比如规定某科学习成绩要达到的分数段；掌握外语单词的数量，专业技能达到的等次。不应用提高某科成绩或专业水平有所提高这样的模糊的字眼。

(六)反馈与强化结果

学习结果的反馈与强化是学习目标发挥作用的必要条件。如果虽有学习目标，但学习之后不知道是否达到了目标，学习目标就发挥不了作用。反馈是学生对学习结果的了解，可以通过自己的观察与判断来获知，也可以借助于同学或老师的告诉来获知。教师应当在直接向学生提供反馈的同时，还要有意识地鼓励和教会学生进行自我反馈。

强化是针对特定学习结果施加某种影响，以便巩固合乎要求的学习行为，削弱不合要求的学习行为。强化可以是学生的自我肯定与奖赏，或者自责与自我惩罚，也可以是老师、同学或家长的表扬与批评。

二、进行归因指导与归因训练

按归因理论的观点，如果学生把成败归于自己的努力(内部的、不稳定的、可控的原因)，学习动机就高；而当学生将成败归于运气，任务难度、有影响力的他人或固有的能力时，学习动机就较低，因为这些因素是不可控的内部或外部因素。大量研究表明，最有效的激发学习动机的方法是，教师教会学生把失败原因归咎于努力不够和策略无效，并且使他明白怎样付出更大的努力，使用哪些更有效的策略可以避免失败。

事实上学生对自己的成败进行归因时，并不是准确反映事实状况，由于种种原因，他们会进行一些错误的归因。比如由于自己的不努力导致学业的失败，他们会归因为自己的能力差，从而为自己的懒惰开脱。也有把成功归因于自己的运气好，因而在以后的学习过程中，并不努力，希望自己的好运还会来。因此，教师必须对学生进行正确归因的指导，特别是对那些成绩不良且自甘失败的学生，具体做到：第一，由于在竞争的情况下，学生更倾向于把能力看作成败的原因，因此教师要尽可能采用非竞争的方法，减少学生的威胁感，使他们追求成功而不只是避免失败。第二，教师进行内部归因示范，引导学生将学习失败归因于自己努力不够，而不是能力不足，并帮助学生树立可以通过努力不断加以提高的信念。第三，教师进一步帮助学生将失败归因于学习方法的不足，同时，教师要教给学生各种学习技能，提高他们的自信心和自我效能感。

归因指导与训练程序一般持续约一个月，先在某一学科上取得进步，然后促进训练效果迁移到其他学科。教师的一言一行都会影响学生的归因模式的发展和变化。[①] 归因指导与训练的最终目的是为了提高学生的自信心，教师还可以采用如下策略提高学生的自信心和自我效能感：

(1)让学生根据自己的实际水平开始某项新的学习任务；

(2)为学生设置明确、具体和可以达到的目标；

(3)强调学生自己进行前后比较，避免学生之间的横向比较；

(4)为学生提供解决问题的示范。

三、激发学生的成功体验

根据学习动机的理论，在引发学习动机的过程中，学习需要是源泉，成功体验是手段。对于学生而言，对某项学习任务有了成功的体验，通常就会急切地想进行更多的同类学习，而拥有失败经历的学生，则想法回避类似的学习，所以成功体验是获得自信与内在学习动机的必要条件。因此，教师要尽可能帮助学生获得成功。获得成功的首要条件是要确定成功的标准，提倡相对标准，自己与自己比，只要有进步就是成功，避免绝对标准，与别人比，特别是与水

---

① 皮连生.教育心理学[M].上海：上海教育出版社，2004：353.

平差异较大的人比。教师如何才能帮助学生获得成功，体验积极的情感呢？

（1）教师要把学习任务的安排和学生已有的知识基础和能力相结合。把大多数学习任务和新内容建立在学生已有知识基础之上，从已知到未知，以成功的学习为基础，进行新的学习，从而把新知识置于学生已有知识的基础上。

（2）控制学习任务的难度。教师确定的任务应难度适中，以便学生经过适当的努力就能完成。可以通过分配不同的学习任务、分解难度、教给学习方法、允许自定学习步调等措施，来确保每个学生都有学习成功的体验，同时要设法让学生通过自己的努力取得成功，而不是靠外来帮助、降低任务难度或碰运气侥幸成功。

（3）激励学生为学习作出努力。一旦学生作出了学习努力，就应受到肯定，即使努力没有取得成功，也应表示赞许，并以适当的方式指出并帮助纠正学生不适当的学习方法。越是经常失败的学生就越需要鼓励。

（4）要控制失败的频率，应尽量缩小失败的影响范围。失败本质上是对学业的和社会性的否定，因此应尽可能地从学生的学习经历中排除出去。学生若意识到他们有成功的机会，通常就能激发起学习动机。为此无论是学习之前还是学习过程中，都要对那些有困难的学生提供适当的指导，并有意识地培养其独立学习能力和抗挫折的能力。

四、发挥期待效应

教师期待是指教师对学生目前或将来的表现及他们的学习成绩的期望或推断。研究表明：教师对学业成绩优秀的学生期望值高，因此给予更多肯定，而对学业成绩差的学生，期望值低，在教学活动中难免表现出对他们心智发展不利的行为。发展心理学认为，在个体成长的每一个阶段，"重要他人"的影响起着举足轻重的作用，这些重要他人不仅是个人发展的信息资源和社会支持系统，也是塑造个人信念（尤其是胜任某项活动的自信心）的重要力量。对学生来讲，教师作为"重要他人"的影响力是非常大的。一旦教师将他对学生的某种期待通过自己的言行传递给学生，随着时间的推移，学生的行为和成绩就会受到相应的影响和改变，越来越接近和符合教师期待的水平。皮格马利翁效应或罗森塔尔效应很好地说明教师期待对学生学业进步的重要意义。教师对某些学生抱有积极的期待和给予特别的关注，就会为其成长提供可能的发展条件和机会，因此这些学生才有"可喜的成绩"和"预期的结果"；而周围那些没有得到教师积极期待的学生，其发展结果也就大相径庭了。套用一句俗语，教师的皮格马利翁效应可谓："期望所至，金石为开"。

五、提高学生自我意识能力

自我意识是自己对所有属于自己身心状况的意识，包括意识到自己的生理状况（如身高、体重、形态及健康程度）、心理特征（如需要、兴趣、能力、性格等）、以及自己与他人的关系（自己与周围人相处的关系、自己在班集体中的地位和作用等）。学习活动中的自我意识能力指的是学生对自己各种成绩和技能的认识。学生的自我意识能力与学生的实际成就水平紧密相关，即个体表现实际的好坏，与其相应的期望好坏是一致的。[①] 如果一个学生相信自己是聪明的，他就会在考试中取得好成绩；而如果认为自己是笨的，就会真的考得很差。自我意识水平较高的人都期待作出高水平的业绩，而自我意识水平较低者则业绩期望水平也较低。

业绩水平与自我意识水平之间的关系是以内在动机的调动为中介，成就水平越高的学生越有可能认为自己有能力，学习行为就越主动、有力而又持久，从而学习就会更好；反之，成绩差的学生，就会认为自己的能力低下，学习时心里没有底气，遇到一点困难就容易泄气，这样的恶性循环会加剧学习不好的现实。自我意识能力越强的学生，越有可能喜欢挑战，越好奇，越倾向于独立学习，也就越有可能受内在动机的驱使。

要激发学生学习的内在动机，改善其学习行为，提高学生的自我意识水平是其中的一条非常重要的途径。但自我意识的提高，不是一两天就能取得显著成效的，必须持之以恒，特别是让学生意识到提高自己的认识与评价能力，这样对增强学习信心，提高学习成绩很有帮助。关于如何提高学生的自我意识水平，我们从以下三个方面入手：

第一种，指导学生在学习过程中洞察自己的能力与潜力，并学会对自己学业进行自我评价。如果能切身体会到自己的诸多能力，或者意识到自己是一个有能力的人，就能提高自我意识水平。

第二种，给学生分配难度适当的学习任务，这样就容易成功，而这种成功有助于提高自我意识，进而改进成绩，三者之间由此而形成一种良性互动关系。

第三种，发展友善的群体关系也有助于学生形成良好的自我意识。

---

① 刘德恩．职业教育心理学[M]．上海：华东师范大学出版社，2001：78．

六、培养学生对成就的需要和成就感

据马斯洛需要层次论，实现自我价值和力求成功是每一个人都具有的高级需要，但必须以爱和自尊等较低级需要满足为前提。培养学生求成需要和成就感主要是针对那些学习成绩不好，被人看不起、甚至自暴自弃的学生。教师（包括家人和同伴）应改变对他们的片面看法，给予他们更多的关爱和尊重，相信他们也能取得成功。要辩证地看待学生的优缺点。因为文化知识学习不好的学生可能有很强的动手能力，或者在体育上有超人的表现。教师可以先找出这些闪光点并加以发扬，从而激发与培养他们的成就感。

第三节　职业院校学生外部动机的调动

调动内在学习动机主要是直接利用学习活动本身对学生的动机作用，而外在动机的调动则主要是利用学习活动以外的诱因（即外部强化）促进学生学习，相对于内部动机而言，外部动机缺乏持久性与稳定性，但在学习的早期阶段或者学生缺乏学习的内在动机时，可以暂时通过调动外在学习动机促进学习，然后再逐步把外在动机转化为学生学习的内部动机。

一、有效实施外部强化

（一）选择合适的强化物

在学校教育中，教师提供的满足或剥夺学生需要的外部影响因素，即为强化物。行为主义学习理论认为所有能增加行为出现的可能性，并紧跟在行为后出现的刺激物，即为强化物。强化物具有明显的个体差异，比如甲同学喜欢被赞美，一句表扬的话就会让他继续保持这个良好学习行为，"表扬"成为强化物；而乙同学学习不努力，老师的表扬未必成为他改变现状的动力，而惩罚可能对他更有促动力，"惩罚"成为了强化物。鉴于此，教师要对学生的强化经历进行仔细的观察与了解，以便确知各个学生不同的需要，并分别寻找恰当的强化物，做到对症下药。

强化物有实物性强化物、象征性强化物、社会性强化物、活动性强化物和反馈性强化物。实物性强化物是具体的事物，如奖金、奖品、罚款、体罚等。象征性强化物是代表一定价值的象征符号，如小红星、奖励卡、各种证书、学

分、成绩等级符号和绰号等。这些东西本身并无多少实际价值，只有学生视其有某种意义时，才具有强化的作用。社会性强化物是导致学生行为发生积极变化的社会行动，如教师的赞美、握手、轻拍、拥抱、微笑、点头、关爱的眼神或挖苦、呵斥、皱眉、冷眼、不理睬等都对个体行为的改变有价值。活动性强化物，允许学生去从事他所喜欢的活动，比如打游戏、看电视电影、举办晚会、举行体育比赛、外出郊游等。反馈性强化物，把学生表现的信息提供给本人，例如：学业成绩、实习成果、活动坚持的时间、运动的里程等，当个体了解这些信息，即使没有奖励，在一定程度上也起到强化行为的作用。不同类型的强化物没有绝对的优势，只有切中学生的需要、兴趣，才有价值、有实效。

这里特别需要指出的是，对职业院校学生来说，把他们好的小设计、实习产品与成果展示出来，是非常有意义的强化，对学生而言，表明学校、教师认可欣赏他们，大多数学生会对此作出积极的反应，从而更加努力，这不仅有利于增强学生的自信心，培养职业情感和学习动机，而且也是有效的教育导向，让学生明白什么是有价值的，值得他们去努力追求。不过，要注意不要把不良的典型拿来展示，会损伤学生的自尊，甚至使学生产生逆反行为。

(二)采用小组强化

进行小组强化是借助于小组的力量来间接地强化每一个学生。小组强化是针对学生小组的需要来进行的，这是一种简单有效的强化手段。由于不同的学生具有不同的需要，当教师面对大量学生时，准确把握每个学生实际的需要是比较困难的，但学生群体的需要则往往相对稳定，容易把握。如果根据学生群体的需要来强化，就会简便得多。同时在小组强化中，学生除了受教师的强化，也受到同学或同伴的强化。学生往往因为小组的支持而动机增强，成绩提高；也会因为别人的抑制而减弱动机，降低成绩。但作为学生，总是倾向于进行合乎小组期望、能提高自身在小组中的地位与赞许的活动，且会力图避免小组禁止、受小组同伴谴责的活动。

小组强化有两种方式，一是当众强化小组中的某一学生的行为。如果教师对某一个学生的良好表现当众进行称赞和支持，就不仅鼓励了这个学生的这种行为，同时也是在鼓励其他学生去做这种行为；同样，教师批评某个学生的行为，实际上也就在告诫其他学生不能这样做。比如实习过程中，实习生的态度不认真，出了差错，受到实习指导教师的严厉批评，那么这也是在警告其他学生不要重复这种错误。事实上，强化小组的某种行为，也就同时强化了小组每个成员的行为，以及其他小组的行为，这种间接强化的现象叫替代强化。

另一种强化是针对小组的整体行为，而不特别指明某一个学生。这样就把强化学生个人的责任转嫁给学生群体，这时教师就应赋予小组对内部成员进行赏罚的权利。职业院校的老师在进行奖惩强化时，要注意，要以小组合作过程与产品质量结合起来考虑，而不能以单一产品质量作为强化依据，因为产品质量可能只是单个人所为，奖惩就达不到集体教育的结果。

小组强化特别有助于小组成员间的相互合作和支持，因为在多数情况下，对小组实施强化，会使小组产生取得好成绩的愿望和压力，这些愿望和压力又促使组内同伴之间相互鼓励与支持，充分地调动起组内每个成员"努力做好"的动机水平，而小组内成员的共同努力，则有助于达到高水平的目标。在小组内部，小组成员通过讨论来提出、发现并解决问题，然后再汇总各组的信息，沟通他们所学的东西，让大家共同分享他们的学习成果。小组合作提高学习效率，增进感情沟通，增强了集体意识。提高学习的主动性与积极性。

(三)把握强化的度

学习需要强化，但强化并非越多就越好，要把握好强化的频率与强度，凡事过犹不及。过度强化会有两种后果：一是削弱强化的效果，当对一个学生表扬过多，学生就会习以为常，达不到激励的作用。二是引发其他问题，比如使学生产生焦虑紧张而无法顺利学习。因为在高强化下，学习动机过强，有机体处于紧张的情绪状态，焦虑水平升高，注意力和知觉的范围过分狭窄，进而降低思维和记忆的效率。考试中的"怯场"现象就是由于动机过强造成的。要保持强化的作用，避免过度强化要做到以下两点：

第一，变化强化的时间与内容。

强化的频率过泛，内容单一，会造成强化效果越来越小，因此强化时，可以改变时间，即不是每次学生做出符合要求的学习行为时，都给予强化，而是间断的、不定时的强化，即间歇强化。另外对同一个符合要求的行为，不要每次都选择同一种强化物，根据学生需要的变化来选择强化物，语言、符号、实物、活动、交往等多种强化物交替与综合使用，让学生保持新鲜感，以此达到强化的目的。

第二，根据任务的难易度决定强化的度。

心理学家耶基斯和多德森研究表明，各种活动都存在一个最佳的动机水平。动机不足或过分强烈，都会使学习效率下降，中等强度的动机最有利于学习，学习效率最高。同时研究还发现，动机水平与学习任务的难易度有关，任务较容易，最佳动机水平较高，任务难度中等，最佳动机水平适中，任务越困难最佳动机水平越低。这就是著名的耶基斯和多德森定律（简称倒"U"曲线），如图5-2所示。

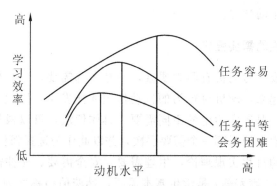

图 5-2　动机水平与学习效率的关系①

　　这就要求教师根据学习任务的难易度，适当控制职业院校学生的学习动机水平，当观察到学生的学习动机水平过强，对学习成功与失败太过于敏感时，教师降低强化的度，无论是激励还是批评都应谨慎使用，减轻学生的心理压力，必要时还要采取专门的措施消除学生的焦虑。当学生的学习动机水平过弱，对学习蛮不在乎时，教师就要加大强化的度，激起学生学习的积极性。

（四）变化强化程序

　　强化程序有连续强化与间歇强化，所谓连续强化就是当所需要的目标行为一发生，就给予强化。比如一个性格内向的学生在数学课堂上主动举手发言，每发言一次，教师就表扬一次，结果数学课上，这个学生举手发言的次数增多了。所谓间歇强化就是符合目标的行为发生后，不是每次都给予强化，是不定期地、间歇地给予强化，强化的时间不规则。比如值日生打扫教室，不是每次行为都得到老师的表扬，老师注意到了教室的整洁就会表扬，没有注意到，表扬行为就不会发生。

　　在学习活动中，当学习新内容，或者学习的内容比较难，需要学生高度注意力集中和加倍努力时，就应该采取连续强化，在可能的情况下，教师只要觉

---

　　① 崔景贵. 职业教育心理学导论［M］. 北京：科学出版社，2008：127.

察到学生有进步，就立刻给予强化，这种有规则的给予连续强化能调动学生学习的信心，为下面的继续学习奠定基础。在学习活动的后期，或学习的内容比较熟悉时，则没有必要连续强化，采用不定期的间歇强化就可以了，这样有利于培养学生独立学习的能力，也有助于学生形成内在的学习动机，在受不到强化的情况下也能主动学习。

(五)针对学生的需要强化

前面提到构成学习动机有两大要素，一是内部需要，二是外部诱因。这两大要素只有联系起来，动机对行为的推动作用才能发生，因此，归结起来一句话强化外部行为，要考虑学生的不同需要。具体做法，可以根据马斯洛需要层次论，分析探明学生处于哪一个需要层次，并以此作为选择强化物的依据。

根据马斯洛的自我实现理论，生理需要、安全需要、交往需要和尊重需要的一部分(如隐私、遮羞等)是学生基本需要，赫茨伯格称之为保健性因素，由于保健性因素对应的需要是基本的、有限度的，学生的这些需要一旦满足，保健性因素就不再有吸引力。马斯洛需要层次中的另一部分尊重需要(如自我提高的需要)和自我实现的需要，被称为激励性因素，所对应的需要是永远都不会满足的，故对学生有着持久的吸引力，保持的激励作用持久(见表 5-1)。

如果保健性因素达不到一定水平，如教学设施差、环境吵闹、缺乏学习场所、所在集体的人际关系紧张等，学生就会不满，也无法把精力集中在学习上。但如果所有的保健性因素都充分实现，学生的满意度也只能达到中等水平。只有同时实现激励性因素和保健性因素，才能带来高水平的满意和动机。比如学生虽然考试成绩不错，但觉得学习内容没趣，或者觉得即使学得好，对自己的发展也没有多大用处，学习的积极性就不会提高，学习动机也较弱。

表 5-1　对学习有不同动机作用的两种因素[①]

保健性因素	及格分数、奖品、旅游、电影票、学习环境的改善，更新学习工具，与同伴交往的机会。
激励性因素	有趣的和挑战性的学习活动，表现学习能力的机会，学习的自我评价权利，选择学习任务的自由，对教学提出建议的权力，辅助别人的责任、学生发展的机会等。

---

① 刘德恩. 职业教育心理学[M]. 上海：华东师范大学出版社，2001：92.

总之，在依靠外部强化提高学生学习动机时，要充分考虑学生需要，根据两种因素在不同层次学生身上的满足程度，来选择不同的强化物，比如一个由于班级中人际关系紧张，导致无法专心学习的学生，教师用选择挑战性的学习活动来激励其学习热情，可能效果不佳，因为他需要的强化是改善人际关系方面的。一个学习努力和自觉性都不错的学生，但缺乏进一步提高的愿望，如果用改善学习环境来强化，同样效果不佳，因为这样的学生需要的不是保健性因素，如果用挑战性学习活动、辅助别人的责任等方面来强化，就会取得积极效果。

二、合理使用奖惩

奖励和惩罚是两种常用的激发学习动机的方法。奖励的获得能满足学生的社会需要，从而增强了相对应学习行为重现的相对概率。惩罚指的是教师对学生的批评、训斥等，从长期效果上讲，惩罚往往会降低那些遭受惩罚行为重现的相对概率，使学生削弱产生该行为的动机，从而增强与该行为对立的行为动机。因此，奖励与惩罚，各自都能以不同的方式对学习及动机本身发生作用。

心理学家赫洛克曾做过一个实验，他把 100 名四五年级的学生分成四个组，在四种不同诱因的情况下完成加法练习任务。第一组为表扬组，每次练习后予以表扬和鼓励。第二组为受训组，每次练习后严加训斥。第三组为被忽视组，练习后不予评价，而只让其静听其他两组受表扬和挨批评。第四组为控制组，让他们与前三组隔离，单独练习，不予任何评价。最后测量他们的成绩，结果如图 5-3 所示。

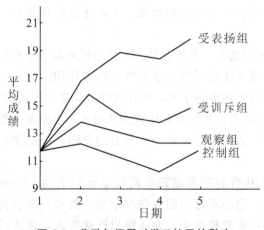

图 5-3 奖励与惩罚对学习结果的影响

结果学习平均成绩是前三组均优于控制组，受表扬组和受训斥组，明显优于忽视组，而受表扬组的成绩不断上升。这个实验表明：对学习结果进行评价，能强化学习动机，对学习起促进作用。适当表扬的效果明显优于批评，而批评的效果则比不予任何评价的好。

尽管惩罚与奖励一样，对增强行为动机有一定作用，但并不意味着奖励与惩罚可以滥用。对学生进步的认可，除了要具有普遍性外，还要有针对性，任何奖励与惩罚都要让学生感到有理有据，是对自己能力与努力的肯定，过火和不及都有损于动机作用。在职业院校教学中，奖励和惩罚的作用因不同情况而有所区别。研究表明，奖励对成绩差的学生有较大的促进作用，而惩罚则对自我评价偏高的学生有较好的促进作用；女生易受奖励的影响，男生易受惩罚的影响；对胆小自卑的学生奖励比惩罚有效。另外要指出的是，使用惩罚必须小心谨慎。倘若使用不当，会引起学生的高度焦虑，进而可能导致对学习的厌恶、自暴自弃或不切实际的志向水平。

对职业院校学生进行奖励与批评时必须注意以下几点：

(1)要使学生对评价有正确的认识。教师需根据职业院校学生的具体情况进行奖励或批评，把奖励或批评看成某种隐含着成功或失败的信息，促使职业院校学生由外部动机向内部动机转换，对信息任务本身产生兴趣。教师要引导职业院校学生认识到分数并不是学习成绩的全部指标，而只在某种程度上反映了学习质量。

(2)表扬与批评要公正、客观和及时。教师给职业院校学生的评价首先要做到客观、公正，避免主观化、片面化、随意化。这样，才能正确地指引学生学习发展的方向，增强学习的动力和效果。评价还要做到及时，不能因为过于延缓而影响效果。

(3)表扬与批评要适度。虽然表扬和奖励对职业院校学生的学习具有推进作用，如果过多使用或者使用不当，也会产生消极作用。有许多研究表明，如果滥用外部奖励，不仅不能促进学习，而且可能破坏学生的内在动机。

(4)表扬时指出缺点，批评时肯定优点和进步。有经验的教师往往把表扬与批评结合起来运用，表扬时指出进一步努力的方向，而批评时又会肯定其积极的一面。

(5)运用表扬与批评时要考虑职业院校学生的个性、性别和年龄特征等因素。对于性格内向、信心不足的职业院校学生，要多一些表扬和鼓励，对于性格外向过于自信的职业院校学生，要多提出严格要求，在表扬的同时要指出其不足之处。

三、及时提供反馈信息

了解自己活动的进展情况本身就是一种巨大的推动力量，会激发学生进一步学习的愿望。教师及时提供反馈信息能帮助学生及时发现、纠正错误，调整学习的进度，使用合适的学习策略来完成学业任务。如果学生在学习很长时间之后，仍不能知道其进展情况和取得的成就水平，学生便不会继续保持巨大的学习热情。罗斯(D. Ross)等做过一个很有说服力的实验。[①] 他们把一个班级的学生分成三组，每组给予不同的反馈。对第一组，学习后每天告诉其学习结果；对第二组，每周告诉其学习结果；对第三组，则不告诉学习结果。如此进行 8 周后，第一组和第三组对换条件。三个组 16 周的学习成绩如图 5-4 所示。

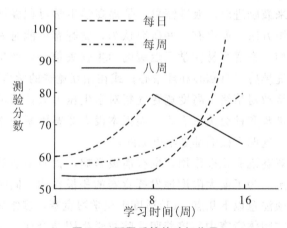

图 5-4　不同反馈的动机作用

实验结果表明：在第 8 周后，除第二组显示出稳步的前进以外，第一组与第三组情况则变化很大，即第一组成绩逐步下降，而第三组成绩则迅速上升。由此可见，反馈在学习上的效果是很明显的，尤其是每天及时反馈，较之每周反馈效果更佳。如果没有反馈，不知道自己的学习结果，则缺乏学习的激励，很少进步。所以，教师应尽可能让学生及时准确具体地了解自己学业的进展情况及取得的成就，对学生完成的作业(练习、试卷等)的批改切忌拖延，也不能过于笼统，只给"对错"，尤其是对错误的批改分析，越具体，越有针对性，效

①　皮连生．教育心理学[M]．上海：上海教育出版社，2004：354．

果越好。

学习、作业、演验、考试、技能考核之后，让职业院校学生及时知晓学习结果，有助于激发学生进一步努力学习的动力。学习结果包括让职业院校学生看到自己所学知识在实际中应用的成效，解决课题时的正确与错误，以及学习成绩的好坏，技能考核的等级等。让职业院校学生知道自己的学习结果，看到自己的缺点和错误，按照需要修改学习计划，改进学习措施，提高学习热情，激励上进心，以达到学习目标。因此，在教学过程中，教师应注意及时批改作业和发还学生的作业、试卷和技能作品，眉批、评语要写得具体，有针对性、启发性和教育性。

四、开展适度的竞赛活动

学习竞赛用来鼓励进取，战胜懈怠，是提高学生学习积极性和获取良好成绩的一种学习组织方法。但也有一些研究认为，竞赛有可能对人的个性发展产生消极作用。比如，竞赛容易使学习迟缓的学生丧失信心，产生自卑感；或使一部分学生滋长优越感、自私心和虚荣心；或在相互竞赛的学生中间引起不和、不满、嫉妒，甚至敌对情绪。高度竞赛气氛对学生压力大，很可能对个人的自我概念以及学业进步和社会关系有害，而根本没有竞赛因素的学习环境又可能得不到任何效果，这两个极端都是不可取的。

总之，学习竞赛既有积极作用，也有消极影响，我们不能简单对此进行全盘肯定或全盘否定。为了最大限度地发挥竞赛的积极作用，同时避免竞赛的消极作用，教师必须注意以下几点：(1)适度组织学习竞赛，多组织集体竞赛，少组织个体竞赛。在团体竞赛中，培养职业院校学生团结合作、互相关心、互助共进的集体主义精神。(2)增加竞赛获胜的机会。要尽可能使更多的职业院校学生获取竞赛的成功，以提高其自尊心和自信心。(3)结合竞赛活动，进行思想教育，使竞赛成为激励职业院校学生集体荣誉感与责任感的手段。(4)引导职业院校学生选择合适的竞赛对手，鼓励多做自我竞赛。

五、讲究课堂教学的艺术

学习过程是激发和培养学生学习动机的重要环节，这主要依赖于教师的教学内容、教学方式方法与教学组织形式等因素。教师在教学过程中需要创设适当的条件，采用启发式教学、合作性学习、研究性学习等多种教学方式，提高职业院校学生的学习动机。

在教学过程中，注意创设问题情境，调动学生学习的积极性。创设问题情境就是在讲授内容和学生求知心理之间制造"不协调"，将学生引入一种与问题有关的情境中，以引起学习者一定的态度体验，从而帮助学习者更好地理解教学内容，并使学习者的心理机能得到发展。创设问题情境时要注意问题小而具体，新颖有趣，有适当的难度；有启发性，善于将要解决的课题寓于学生实际掌握的知识基础之中，造成心理上的悬念。这样的问题情境有助于激起职业院校学生的求知欲，从而达到理想的教学效果。

合作性学习是有指导性地使用小组教学，让学习者在一起学习，从而使所有学习者的学习效果达到最大化。在合作性学习中，学习者会发现他们需要互相合作来完成小组任务，成员之间需要相互依靠、配合，通过分工合作，互相激励，达到彼此促进。合作学习中，每个成员都是重要的，都负有一定的责任。合作性学习有利于职业院校学生主动参与学习，大家可以共享彼此的生活与学习经验，合作学习可使他们的主体地位更为突出，可以提高职业院校学生的人际交往、互动能力，从而使学习者具有更大的学习热情。

此外，要注意丰富材料的呈现方法，通过采用图画、幻灯、录像、报告会、实验演示、野外考察等多种方式来培养学生对学习材料的浓厚兴趣。总之，教师要通过多种方式，调动职业院校学生课堂学习的积极性，从而激发其学习动机。

第六章
职业态度的形成与发展

高校的扩招，国际金融危机的影响，带来了就业的寒潮，面对如此严峻的就业形势，职业院校学生怎样才能在就业寒潮中占据一席之地？学历文凭、实践能力哪个更重要？近两年来各类招聘会显现出一个明显趋势：许多用人单位更注重应聘者的职业态度。个人的职业态度，对其职业选择的行为有所影响，观念正确、心态健全的人，对职业的选择较积极、慎重，作出正确选择的机会较大，相反地，观念不正确、心态不健全的人，对职业的选择具有推诿搪塞、轻忽草率及宿命论的倾向。

第一节　职业态度概述

职业态度到底是什么？它既看不见也摸不着，它是如何形成的呢？不良的职业态度如何能转化为正确的职业态度呢？本节主要就职业态度的形成和发展进行讨论。

一、职业态度的概念

态度是通过学习形成的影响个体行为选择的内部状态。大多数心理学家认为，态度是由认知因素、情感因素和行为倾向因素所构成的。态度的因素是指个体对态度对象所具有的带有评价意义的观念和信念，如"知识就是力量"的观念。

职业教育中所说的职业态度，其含义更为具体，除一般意义上的态度外，它还包括职业精神、敬业精神、创新精神、职业信念、职业道德等。职业态度就是个人对某种特定的职业的评价和比较持久的肯定或否定的心理反应倾向[1]。

---

[1]　商临萍．临床护理教学研究新进展[J]．护理研究，2004，18(3A)．

态度作为通过学习形成的影响个体行为选择的内部准备状态，会对个体的心理和行为产生深刻的影响。首先，个体心理所持有的价值观，往往可能通过态度表现出来；其次，态度具有条件功能，即态度积极与否，会影响个体的行为操作，进而影响学习效率；最后，态度具有过滤功能，即人们总是接受与个体态度一致的信息，拒绝与个体态度不一致的信息。

因此，职业院校毕业生走向社会能否就业、乐业、创业以及事业有成，从某种意义上说，很大程度上取决于是否具有正确的职业态度。

二、职业院校学生职业态度的界定

在我国，职业教育的培养目标就是为国家输送大量应用型和操作型中、高等职业人才。职业院校学生的就业方向基本定向在生产一线的操作工、技术员或是需要掌握某种专业技能的操作型的工作岗位。由于职业院校学生还未正式参加工作，他们的职业态度主要是指他们在选择具体工作时的所采取的态度。因此，所谓职业院校学生的职业态度是指当前职业院校学生对他们即将从事的职业的看法、情感反应及行为反应倾向；职业院校学生在选择工作时所表现出来的比较稳定的、具有概括性的态度取向；它影响到职业院校学生选择何种单位、对定向的职业岗位是否满意。以下是职业院校学生职业态度模式图（见图6-1）

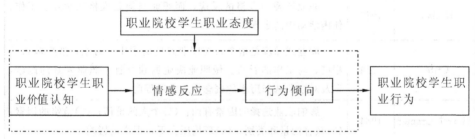

图6-1　职业院校学生职业态度模式

在组成职业院校学生职业态度的三部分内容中，职业院校学生的职业价值认知是形成其职业态度的前提和基础。职业院校学生对其职业的价值认知决定其情感反应和行为倾向，进而影响其职业行为的方向、方式和结果。

三、职业态度研究的历史发展

20世纪以来随着工业化的逐步发展，对职业态度的研究也越来越深入，下表[①]记录了有关职业态度理论的研究发展。

表6-1　职业态度研究的历史发展

人名	年代	相关论点
Roe	1957	早期发展经验对职业选择的影响有： 1. 来自爱、保护和要求的孩子，倾向选择与人有关的职业； 2. 来自排斥、忽视和不关心家庭的孩子，倾向选择与人不产生关系的职业
Super	1969	1. 职业选择乃是个人自我成长计划中的一个发展过程； 2. 每个人都适合某些职业，每种职业也都需要某种人格特质； 3. 个人职业的类型，受到家庭社会地位、精神能力及机遇的影响； 4. 工作的满足有赖于个人为其能力、兴趣、人格特质和价值寻得适当的出路
Holland	1973	职业选择为人格的反应，而职业兴趣是人格在学业、工作、休闲活动中的表现
Crites	1974	职业成熟度是指个人在职业发展历程中，对职业选择涉入的程度、对工作的看法、做职业决定的独立性、职业喜好的因素，以及对职业选择历程的概念等之发展程度
Herr & Cramer	1984	影响职业选择的因素有四：(1)个人的价值；(2)情绪的因素；(3)教育的量和类别；(4)环境压力下，现实的影响
林幸台	1993	以问题解决的方式协助个人决定做职业的选择，以具体的决策步骤，协助个人做最佳的抉择

四、职业态度的形成

态度不是先天就有的，而是社会性学习的结果。职业态度是在家庭、社会

---

① 钟一先、翁上锦、王雅珍．职业态度的含义及其养成[J/OL]．http：//www. tech. net. cn/y-jyjs/gjgn/tw/830. shtml.

和学校等不同情境的作用下，通过他人的社会示范、指示或忠告，将社会的要求内化为学生自己的态度，并在一定条件下产生迁移和改变。职业态度的形成同样要经过顺从、认同和内化这三个阶段。

1. 顺从

顺从是表面接受他人的意见或观点，在外显行为方面与他人一致，而认识与情感上与他人不一致。这时，个人的态度会受到外部奖励与惩罚的巨大影响，这种态度是由外在压力形成的，如果外在情境发生变化，态度也会随之变化。

职业院校对学生的日常行为要求很严格，某些院校甚至引入企业的员工标准来要求学生。学生如果不遵守或者有所违纪，那么就会受到相应的"惩罚"。通过严格的纪律，帮助职业院校学生逐渐养成良好的学习和生活习惯，以培养他们的职业态度，平稳实现从学校到工作岗位的过渡。

2. 认同

认同是在思想、情感和态度上主动接受他人的影响，比顺从深入一层。认同不受外压力的影响，而是主动接受他人或集体的影响。

职业学校除了靠严格的校规校纪促使学生顺从而培养职业态度外，还利用校园文化和德育课堂对学生进行感化和熏陶，使得学生认识到什么才是好的态度，什么才是从事职业活动所需要的态度，学生在一系列校园活动中感同身受，逐步对外在的规范要求进行了认同，形成了"守时"、"守纪"的良好的职业态度。

3. 内化

内化是指在思想观念上与他人的思想观点一致，将自己所认同的思想和自己原有的观点、信念融为一体，构成一个完整的价值体系。由于在内化过程中解决了各种价值的矛盾和冲突，当个人按自己内化的价值行动时，会感到愉快和满意。而当出现了与自己的价值相反的行动时，会感到内疚、不愉快。这时，稳定的职业态度品德便形成了。

针对职业院校学生职业态度的形成过程，我们可以从金兹伯格（Ginzberg）的职业发展理论进行理解，该理论认为职业发展包括三个阶段：幻想阶段（大约结束于11岁），儿童的选择是不切实际，对于将来从事社会职业的考虑并不受个人能力以及能否实现所限制，只受需要支配；尝试阶段（11～18岁），青少年逐渐形成了自我意识，更加客观地认识自己的能力、兴趣、价值观，更现实地评价工作；现实阶段（18～20岁），个体开始从各种职业中根据职业的特点做出具体的职业选择，价值观成为影响职业选择的一个重要因素。由此可见，对年龄处于16～22周岁的职业院校学生来说，职业价值观已从尝试阶段向现实阶段过渡。因此，对职业院校学生的职业价值观进行教育和引导具有理论的依据。

五、职业态度的功能

(一)职业态度是构成职业行为倾向的稳定的心理因素

从心理学上来说，职业态度是一种内在的心理结构。包括职业认知、职业情感、职业意向三方面因素。职业认知是指个体对职业的认识和评价；职业情感是指个体对职业的感情倾注和情感体验；职业意向指个体对所从事或者即将从事的职业的反应倾向，即行为准备。大多数情况下上述三种成分是相互协调一致的，认知是基础，情感是动力，意向取决于认识与情感，只要认识清了，情感增强了，做行动的思想准备也就随之而来。因此，态度的最终指向是人的行为。现代社会心理学的研究表明，职业态度是个体对涉及自身职业的各种外界刺激作出反应的"中介调节器"，决定着对外界影响的判断和选择。以正确的价值观为基础的职业态度会对人的社会性认知、判断和行为产生积极影响。

(二)职业态度具有动力性

态度不是先天具有的，而是在人们不同的生活环境与经验中长期发展和形成的。态度一旦形成巩固则具有相对的稳定性，而且某些重要的态度还可构成人们个性的一部分(如性格)，从而影响人的职业责任感、职业表现、职业适应力和忍耐力。没有良好的职业态度就不可能对自己的职业表现出高度的责任感、全身心的投入和充分的创造性。

(三)职业态度的激励作用

心理学上著名的霍桑实验①证实了工作效率主要取决于职工的工作态度和积极性，取决于职工的家庭和社会生活及组织中人与人的关系，也就是说重视

---

① 霍桑实验是1924—1932年在美国芝加哥城郊的西方电器公司的霍桑工厂中进行的，目的在于研究工作条件、社会因素和生产效益的关系。实验的第一阶段是研究工作条件和生产效益的关系。结果发现不管增加或控制照明度，实验组和控制组的产量都增加了。后来又试了工资报酬、工间休息时间、每日工作长度和每周工作天数等因素，也看不出这些工作条件对生产效益有何直接影响。第二阶段的试验是由美国哈佛大学教授梅奥领导，着重研究社会因素与生产效率的关系，结果发现生产效率的提高主要是由于参加实验的被试(即工人)在精神方面发生了巨大的变化。参加试验的工人被置于专门的实验室并由研究人员领导，其社会状况发生了变化，受到各方面的关注，觉得自己是公司中重要的一部分，从而使工人从社会角度方面被激励，促进了产量上升。

人的因素所产生的效率远远超过了工作条件或物质因素所产生的效果。改善自我态度同样能调动人的自觉性、积极性和创造性。因此，一个人树立正确的职业态度的重要作用会远远大于物质的诱惑，例如有人甘愿放弃优厚的报酬而去做一名服务西部地区志愿者。

第二节　职业院校学生职业态度分析

职业学校毕业生走向社会能否就业、乐业、创业，事业有成，很大程度上取决于是否具有正确的职业态度。教师应交给他们每人一把从业的金钥匙——职业态度。

一、职业院校学生职业态度的特点

综合归纳许多心理学家的观点，职业院校学生态度具有以下六方面的特性：

(一)社会性

职业院校学生职业态度并非生而有之，它是职业院校学生在成长过程中，通过社会环境的不断影响，通过与他人的相互作用而逐渐形成的。态度形成后，又反过来对外界事物、对他人发生反应，并且在这种反应过程中，职业院校学生又不断地修正他的态度，这样不断地循环，才形成并逐步巩固成一套比较完整的态度体系。

(二)间接性

态度是一种内在的心理体验，它虽然具有行为倾向但并不等于行为本身，所以职业院校学生态度本身不能直接观察到，只能从其言论、表情及行为中进行间接的分析和推理，才能了解。

(三)稳定性

职业院校学生的态度一旦形成，将持续一段时间而不轻易改变，成为个性的一部分。在行为反应模式上表现出规律性，有利于职业院校学生的社会适应。所以思想教育和思想引导工作，最好在职业院校学生的态度还不稳定的阶段进行，因为那时态度成分的组织尚未固定化，引进新的观念，容易促进态度的改变，而态度形成后再讲行教育说服，困难就要大得多。

(四)价值性

价值观是人的态度的核心。职业院校学生对某一事物所持的态度，主要取决于该事物对其意义的大小，而对同一事物，不同人的态度有所不同，这取决于人的需要、兴趣、信念、世界观等个性倾向性。

(五)指导性

职业院校学生的职业态度是对其职业的内在的稳定的心理预期和准备，对职业院校学生的职业行为具有指导性和动力性影响，决定其行为的方向、方式和结果，同时职业院校学生的职业态度如何直接制约着其职业水平的发挥。

(六)协调性

职业院校学生态度所包含的认知、情感、意向这三种心理成分常常是协调一致的。有什么样的认知，就会产生什么样的情感以及与之相适应的行为倾向。认知因素是态度的基础，因此思想工作一般都是以讲道理开始来改变原有的态度，继而促使情感的转变导致新态度的形成。

二、职业院校学生职业态度的现状

心理学家认为职业价值是职业态度的核心。职业价值是指人们衡量社会上各种职业优势、意义、重要性的内心尺度。职业价值的核心是职业需要。职业价值观是人们根据自身需要对不同职业进行的价值判断。人们自身不同的需要决定了人们不同的职业价值观，职业价值观又决定着人们的职业态度，有什么样的职业价值观就会有什么样的职业态度。

当代职业院校学生的价值观主流是好的，是积极向上的，只是其中的少部分学生受到家庭及社会多方面的影响，在确立自己的人生观和价值观时，偏离了方向和轨道。当前不少职业院校学生在择业的过程中，不能正确地审视自己，往往过高估计自己的能力，不考虑社会需要和个人的实际情况，追求超越社会需求和个人能力的职业。求职过程中很少考虑工作岗位是否适合自己，更没有对自己的职业发展进行系统的规划，只求解决眼前问题。因而很多学生对未来抱有较高的期望值，过高估计自身条件，希望找到一份条件优越、福利待遇好、能充分发挥个人才能的工作，但是实际择业过程中面对现实时，这种期望值却很难得到满足。择业过程中的这种表现也就造成了择业意愿与社会需要的脱节，从而使择业更加困难。例如某职业学校 4 名计算机专业实习生，学校联系到厦门某电子电器公司顶岗实习。这 4 名学生实习到四个月时，觉得自己所学的专业和现在从事的工作不对口，流水线工作单调，工资待遇低，想找一份工资收入高或自己喜欢的工作，于是在不给企业打招呼情况下，擅自离职到别处自找工作，但屡屡碰壁。

三、职业院校学生职业态度的影响因素

职业态度是在人的社会化过程中逐步形成的，因此，它既受家庭氛围、学校教育、社会环境等外部因素的影响，同时也受个体人格因素的影响。

（一）家庭影响

家庭对孩子职业态度的影响是潜移默化的。家庭的经济状况、社会地位、家庭成员的素质等方面都对孩子职业价值观的形成具有一定的影响。父母的价值取向、教育方式和举止言行都会影响孩子的价值取向，影响他们对职业的评价和选择。父母对子女择业的影响，与其年龄和受教育程度有关。父母的职业是影响青少年职业选择的直接因素，父母的职业态度不同，使得孩子的择业标准也存在着一定的差异。

（二）学校教育

教育不同，职业态度也不同。职业教育中教育氛围很重要，由于种种原因一些上不了普通高中或者普通大学的学生步入职业院校，他们或多或少存在着自卑心理，这时要形成良好的职业态度是比较困难的，尤其是如果其接触到社会中一些对职业教育学生的偏见和偏激理论，那么就有可能动摇其从事职业学校学习的念头。学生在学校所接受的专业教育直接影响着他们将来的职业选择，教师的职业态度和职业评价，对学生的职业认识也会产生很大的影响。学校是职业院校学生学习知识、形成正确职业态度的主要场所，应有目的、有计划、有组织地进行系统的职业态度教育，它是家庭教育的延伸、继续与提高。学校的德育是根据一定社会的要求，有目的、有计划、有组织地对受教育者施加影响，使其形成一定的思想政治观点和道德品质的活动。其中，培养当代职业院校学生适应社会主义市场经济发展要求的职业价值观是学校德育的基本任务之一。

目前职业院校在就业指导过程中重择业技巧和就业政策及就业信息的指导，

而职业态度的教育相对薄弱，有些学校还根本没有开展相关的教育，把职业态度教育摆在可有可无的位置。从近几年来看，市场经济的负面效应使得部分学生往往不能正确处理国家、集体和个人之间的利益关系，存在着"只讲实惠，盲目择业"的趋势。还有部分学生在求职择业中不是因为缺乏择业技巧而碰壁，而是因为职业期望值过高，择业目标不切实际的原因找不到工作。所以，教育和引导职业院校学生形成正确的职业态度应该是中等职业学校就业指导工作中的重要内容。

此外，职业院校就业咨询体系的建设滞后使得职业院校学生在择业过程中出现的各种心理障碍得不到有效的疏导和解决。面对当前激烈的市场竞争，职业院校学生在就业过程中出现了各种心理困惑和心理压力：有的担心不能公平竞争；有的担心学历层次低遭拒绝；有的则孤芳自赏，偏执自傲；有的则缺乏主见，在择业面前无所适从；而职业院校的就业咨询体系的建设滞后，目前尚未形成信息化、全程化的就业指导体系，不能对职业院校学生在市场竞争中出现的各种职业价值观念问题进行及时指导，从而导致职业院校学生的职业价值观念与市场经济的要求脱节。

（三）社会环境

每一次社会环境的变化，职业结构都会相应地进行大的调整，使得人们的职业观念不断发生变化。职业态度具有时代性的特点，每一个时期不同的历史社会背景对青少年的职业价值观都有很大的影响，其中社会主导价值和社会舆论对其影响最大。社会环境作为一种客观因素，它对态度的改变起着强有力的作用。社会环境包括了社会中的各种事物，如社会制度、国家法律、社会群体、社会交往、社会舆论、风俗习惯等。当社会环境的某些因素发生变化时，个体的态度也随之逐渐会发生某些变化。社会环境变化越大，个体的态度变化也越大，甚至出现不一致性改变。

1. 社会背景因素

社会的急剧变化、市场经济体制的建立，促使社会价值观念出现多元化。任何一种价值观都与社会生活有着紧密的联系。以前，我国是高度集中计划经济，因此在职业价值观上非常强调集体主义的思想和全心全意为人民服务的精神。随着我国改革开放不断深入，市场经济体制逐步确立，竞争、协作深入到社会生活的各个领域，人们的生活发生了前所未有的变化，呈现经济成分和经济利益、社会生活方式、社会组织形式、就业岗位和就业形式多样化的发展趋势。而青年又是最活跃的一个社会群体，他们的行为往往是其所处的时代最及时的反映。职业院校学生职业价值观作为社会意识的一个重要组成部分，必然受到社会变化的影响。

2. 就业市场因素

近几年高校年年扩招，大学毕业生日俱增多，再加上国际金融危机的影响，就业形势不容乐观，除了部分技工类的人才相对紧缺外，其他职业院校学生就业形势日趋严峻。当前，职业院校的招生竞争呈现白热化，因此职业院校只有努力调动自身的积极性、主动性，促使专业设置和专业调整与市场需求接轨，才能不被市场所淘汰。

3. 社会群体因素

同辈群体是非正式的初级群体，指年龄与社会地位相近者的结合体。其群体成员在年龄、心理特点、兴趣爱好和社会地位等方面都比较相近，并经常在一起进行直接的交往与互动。针对职业院校学生来说他们脱离家庭开始独立地过集体生活，他们首先要面对的就是如何进入同辈群体，并在群体生活中实现某种社会需要。同辈群体对职业院校学生价值观的影响是非常深刻而且是经常性的，这种影响可能超过父母和教师带来的影响。因为在同辈群体中，群体成员间的关系显得亲密、经常，而且主要是平等相处，职业院校学生在这样一种群体里，自然形成彼此互相模仿、相互认同与合作的群体氛围和团队精神，从而产生同群感、相融感，这就容易形成某种约定俗成的角色规范和价值观念。受这种角色规范和价值观念的影响，职业院校学生在职业选择的过程中，对职业评价表现出较强的价值认同，体现在职业价值观上就是有共同的价值倾向。

4. 大众传播的舆论导向因素

大众传播是指特定社会团体利用报刊杂志、广播电视等向社会成员传递信息的过程。由于大众传播本身具有广泛性、即时性、感染性和公开性，使其在某种程度上改变了人们的交往方式。大众传播对职业院校学生职业态度的影响既有正面作用也有负面作用。主要反映在三个方面：（1）传递功能。大众传播通过发布新闻，向社会提供各种新近发生的事情。这些信息是对传统价值观念的一种重新的审视，对于职业院校学生来讲，新知识和新行为的出现将促使他们对自身的传统价值观做出新的认识和评价。（2）导向功能。大众传播通过报道最新的职业动态，分析人们对各种职业的评价，描绘新兴职业的美好前景，这些都影响着广大职业院校学生对职业的选择。职业的选择过程必然要受到职业价值观的支配，而职业价值观的形成离不开大众传播的导向作用。（3）消极功能。

大众传播的兴起，特别是改革开放以后，各种外来文化通过大众传播传入国内，使得当代职业院校学生的传统社会价值观面临着新的考验。青少年喜欢新奇、刺激的事物，因此对从国外传入的东西很难分辨，因而西方极端的个人主义、享乐主义都会对青少年造成一定的影响。

(四)个体心理因素

不同人格特质的职业院校学生，在职业价值观上会表现出不同的取向。霍兰德(Holland)根据其多年临床经验与研究表明：人们根据自身的人格特点，寻找能够发挥其能力，成功扮演其角色的职业环境。他从个体特质维度提出"职业选择理论"，认为个性与工作越匹配，人们就越能获得满意，个性的结构决定了一个人的职业选择，不同的职业偏向于不同的个性。有关于这部分的内容将在第九章再进行具体阐述。

第三节 职业态度的有关理论

19 世纪末 20 世纪初，在西方已开始了职业发展的实践活动，并逐渐形成了相应的职业理论体系。这种理论体系在职业咨询、帮助人们选择合适的职业方面起到了重要作用。职业发展的理论分为两大类，一类是结构型的职业发展理论，另一类是发展型的职业发展理论，下面分别对两大类职业进行论述。

一、结构型的理论

结构型的理论关注个体特征和职业目标，把职业问题和决策看作是一个时间点上发生的事件，即在个人生活当中某一时刻所发生的事，这类理论强调选择什么以及将个人与环境相匹配。结构型理论的主要代表人物有 Parsons、Roe 和 John Holland。

(一)Parsons 的"三步范式"理论

这种职业发展理论，试图考察与个人选择和职业选择相关联的所有因素，强调制定职业发展决策时需掌握有关个人及与个人职业选择有关的信息。Parsons 提出职业选择的三因素理论，提出明智的职业选择需考虑以下三个因素：(1)对自己有清醒的认识。指了解自己的智力、能力、兴趣、资源、局限及其他的一些特质；(2)对工作有清楚的认识。指对从事该项工作需具备的要素及如何在工作中获得成功有深刻的了解，包括优势、劣势、竞争、机遇以及与工作相关的前景预测等；(3)使这两者互相匹配。同时这种理论的两个主要假设是：①个人和工作的特性是可以匹配的。②紧密的匹配和事业成功与工作满意度是正相关的。

(二)Roe 的个性和环境理论

该理论强调对早期童年经历和个人需求的理解，试图说明遗传因素和儿童时期的经历对于未来职业行为的影响，特别强调早期经历对以后择业行为的影响，认为早年的经验会增强或削弱个人高层次的需求，进而影响个人职业生涯的发展。该理论提出用 12 个因素来解释一个人的职业选择过程：

$$职业选择 = S[(Ee+bB+Cc)+(fF, Mm)+(IL+aA)+(pP \times gG \times tT \times iI)]$$

（大写字母表示一般因素，小写字母表示校正系数）

这 12 个因素分别是：S = 性别；E = 一般积极状态；B = 家庭背景，种族；C = 机遇；F = 朋友，同伴群体；M = 婚姻状况；L = 正常的教育；A = 后天习得的特殊技能；P = 生理特征；G = 认知；T = 气质和个性；I = 兴趣和价值观。该公式体现对满足个人生理需要和情境需要的所有可能因素的确认和归类，这反过来也对一特定的职业选择进行了解释。一个人若未能考虑所有的 12 个因素，或者未能考虑不同因素的相对重要性，他就可能会做出一个不太令人满意的职业选择。后来的职业规划师根据个人兴趣和需要的满足来划分和分析职业的方法就是从 Roe 的理论而来。

(三)Holland 职业选择理论

1959 年，美国咨询心理学家 Holland 首次从个体特质维度提出"职业选择理论"，引起强烈反响。40 多年来，Holland 本人及其同事不断探索，形成了一项不衰的科研领域，其理论构想在实践测评中显现出惊人的预测力。

Holland 职业选择理论提出六条构想：(1)个性是职业选择的主要影响因素；(2)兴趣包括在个性范畴之内；(3)职业选择观是一种稳定的心理状态；(4)早期的职业幻想预示未来职业方向；(5)个性、目标定位的"自知程度"决定了职业选择的聚焦范围，自知程度越清，焦点越明；(6)为达到职业成功和满意感，应选择与个性特点相容的职业。该理论认为，个性是遗传因素、社会活动和兴趣能力的交互产物，特别是周边环境、他人行为受强化程度对个性倾向和自我概念的形成有非常显著的影响。在与个性一致的工作环境下，人们的工作和职业发展能达到最佳状态，并能对工作满意。他认为个性与工作越匹配，人们就越能获得满意，个性结构决定了一个人的职业选择，不同的职业偏向于不同的个性。个人和工作环境分为以下六类：实用型、研究型、艺术型、社会型、企业型及事务型。霍兰德提出了 6 种个性模型（RIASEC），该模型很好地表达了个性结构、职业选择和职业满意情况（见表 6-2）。此理论认为以下的各种个性类型是每个人都具备的，但是其中有一种类型往往显示出最强，个别人可以同时显示出三种不同类型的个性。

表 6-2　Holland 的 6 种个性模型描述[①]

个性类型	与工作相关的行为	职业举例
现实型	与物品打交道，如工具、器械	农场主、木匠、机械工程师
研究型	与信息打交道，如抽象的思维与理论	化学家
艺术型	创造事物	画家、作家
社会型	帮助人们	社会工作者、咨询家
企业型	领导别人	销售代表、企业家
事务型	整理数据	收银员、秘书

此理论提出后，众多学者对之进行了大量的研究，职业教育和职业生涯咨询所使用的大多数工具和方法都是从结构派理论中产生的。

二、发展型的理论

发展型的理论关注人在其一生中的发展，把职业问题及其决策看成是贯穿个人一生的各种事件和选择的发展过程，这一发展过程随个人年龄增长变得日渐复杂。发展型的理论强调最先的选择以及之后指向某一目标的一系列事件或任务。发展型的理论又被称为是过程型的理论，因为此类型的理论强调了个人进行职业选择的毕生模式。

（一）Super 的理论

Donald Super 是发展型的职业发展理论家中最重要的一位。Super 于 20 世纪 50 年代初开始引入有关职业发展的新的思考方式。Super 注意到职业选择部

---

① 沈漪文．西方职业发展的理论综述［J］．产业与科技论坛，2008(8).

分是基于个人的自我概念，即个人通过职业选择来寻求自我概念的实现。这个观点将人格概念和职业概念紧紧联系起来，从而产生了他的职业理论。Donald Super(1957)研究了个人在成长过程中发生的变化，提出职业模式由以下因素决定：社会经济因素、体力和智力能力、个性和机遇。人们在工作角色中找到满足感，因为这可以使他们实现自己的个人计划。自我意识是 Super 模型中的一个基础要素，工作中自我意识的发展与以下因素相关：生理上的成长和智力的增长、在工作中观察他人、融入到工作、同事中、环境影响。Super 的主要贡献在于提出了职业发展阶段理论(见表 6-3)。

表 6-3　Super 的职业发展阶段理论[①]

阶段	年龄	特　征
成长	0～14 岁	形成自我意识，发展能力、意见、兴趣和需要，并形成对工作的一般看法
探险	15～24 岁	"经历"学习，工作经验，兴趣爱好，收集相关信息，尝试选择和相关的能力发展
建构	25～44 岁	在工作经历中进行能力建设并达到稳定
维持	45～64 岁	不断地调整以达到晋升的目的
衰退	65 岁以上	减少产出，准备退休

Super 的另一重要贡献是提出了彩虹理论(Life-career rainbow)。该理论考虑到人们在生命周期的不同阶段扮演的不同角色和对不同阶段的不同重视程度，认为有九种生活角色(依序是：儿童、学生、休闲者、公民、工作者、夫妻、家长、父母和退休者)是我们理解职业概念的良好途径。Super 指出每一个人在其有生之年的不同时期担当着一个或多个角色，每一种角色的强度随时间而发生变化，不同生活角色的结合和强度是个人职业生涯的基础。Super 从个人的自我概念、年龄和生活角色的角度来强调职业发展，帮助我们更清楚地理解职业发展和决策制定所涉及的内容。职业规划不仅仅是选择一个专业、一份职业或一个工作地点，它也应包括对我们自身和我们在生活中所扮演的所有角色的分析。

---

① 沈潇文. 西方职业发展的理论综述[J]. 产业与科技论坛，2008(8).

（二）Krumboltz 社会学习理论

职业发展是一个了解自身和各种选择可能性的过程。过去的经验以多种方式影响职业决策：一方面，假如在某些学科上曾有过积极的经验，那么个人会倾向于更多地了解这些领域；另一方面，消极的经验会使个人回避它们。个人通过观察别人和想象自己在那些情况中会如何行动来学习，角色榜样和良师益友提供了多种途径来学习有关职业和职业规划过程的知识，成长是学习和模仿他人行为的结果。基于社会学习理论，即环境的条件和事件，最初的影响和学习经验，此理论认为个人可以根据所学来选择职业。社会学习理论以社会学习的观点来解释人类职业生涯选择的行为，特别强调社会因素和学习经验对职业生涯选择的影响。此理论认为四类因素将影响到一个人的职业生涯，分别是：遗传天赋、环境条件和事件、学习经验以及任务进行技巧。其中，环境条件和事件包括了社会因素、教育条件和职业条件，而任务进行技巧是通过遗传天赋、环境以及不同的学习经验的交互影响而形成的技巧，包括目标设定、价值澄清、确认选择方案以及职业信息的获得等。按照社会学习理论的观点，上述这四类因素不断地相互作用，交互作用的结果是形成个体对自己能力、兴趣、价值观的推论，个体对世界的推论和任务进行技巧。而个体的行为是综合以前所有的学习经验、自我与世界的推论以及具备的各种能力的结果。基于对环境影响作用的重视，社会学习理论强调职业生涯的选择是一种相互的历程，这种选择不仅反映个人自主的选择结果，也反映社会所提供的就业机会与要求。同时，社会学习理论也认为生涯决定是人生长期的历程，不只是发生在一生中的某一阶段，是由从出生到退休连续不断的各种事件与任务进行技巧所决定的。因而提出在教育与职业生涯辅导中须重视职业生涯决定技巧的教导。

（三）Tiedeman 理论

此理论认为职业是一种过程。他们以船在开阔的海面上航行作比喻：对于职业这艘船来说，即使没有导航的坐标，船长也可以使用地图、指南针、风和有关洋流的知识来保持航向。为了不使船沉没并保持航向，船长必须经常做出判断。他们还指出，生涯就像开阔的地平线一样机遇无限。David Tiedeman 提出生涯选择的问题解决方法，指出因为个人经历未定向与无法区辨选择的时期，因此生涯选择并非全然是持续不断的。他们描述了决策制定的两个阶段：最初发生在个人头脑中的期待阶段和包含许多行为活动的执行阶段。模型包括探索、具体化、选择、澄清、推理、变革、整理七个步骤，强调了以下几点：(1)决策过程是双向的，而不只是向一个方向发展的；(2)选择阶段发生在这一过程的早期，而不是像我们期望的那样发生在过程的结束；(3)决策制定过程中有四个阶段主要发生在个人的头脑中，因此涉及我们的思维过程；(4)即使我们开始实施一个选择，我们依然处于决策制定过程中，当一个人已经处于推理阶段，也并不表明他无法回到澄清阶段，这只是决策制定过程的一部分而已。

对比以上结构型职业发展理论与发展型的职业发展理论，可发现各有侧重点：结构型的理论学家关注某一特定的选择情境，而发展型的理论学家则关注个人的决策模式、风格和生活情境，强调学习如何正确理解职业发展过程和良好的决策制定过程，而不是任何特定选择的结果。结构型与发展型的职业发展理论从不同侧重点对个人的职业发展进行了研究，分别指导个人静态（同一时间）与动态（不同时间）的职业发展，因此研究以上结构型与发展型理论对个人的职业选择和职业发展具有参考意义。

第四节 培养良好的职业态度

职业院校学生的职业态度直接影响到他们的职业选择，当前，职业院校学生中的一些不良的职业观使他们在择业过程中受挫。因此，教育和引导当代职业院校学生形成与社会主义市场经济发展相适应的职业态度，是广大职业院校不可忽略的重要工作，也是能否全面贯彻党的教育方针的重要体现。

一、转变职业观念

职业态度取决于个体对职业价值的认识和自身的职业追求。要培养学生良好的职业态度，必须特别注意宣传其即将从事的职业的特点和社会意义，既要帮助学生冲破传统职业观念的束缚，又要帮助学生排除市场经济下各种错误职业观的影响。

首先，要帮助学生树立正确的职业价值观，正确看待职业差别。职业价值观是职业态度的核心。学生的职业取向易受社会评价的影响，当今社会职业评价的偏差是以拿钱的多少、工作的舒适与劳累程度作为评价职业优劣的标准。因此，要使学生树立正确的职业价值观，就必须引导其摒弃传统的"重脑轻体"和"服务行业低人一等"的观念，摒弃拜金主义、实用主义和利己主义的价值标准。我们要结合政治课教学，向学生宣传职业道德，宣传该职业的社会价值，宣传职业价值在于造福社会，从而使学生正确对待职业差别，热爱自己即将从事的职业。

其次，帮助学生树立正确的职业目标观，立足本职岗位建功立业。职业技术学校的许多学生由于在升学考试中遭受挫折，上技校实属无奈，他们往往缺乏明确的职业追求。为此，我们要加强对学生的思想教育，要宣传"三百六十行，行行出状元"，"只有没出息的思想，没有没出息的工作"的道理，帮助他们驱散笼罩在心头的"灰色阴云"，鼓励他们确定自己的职业目标，争取不久的将来在本职岗位上建功立业。学生在思想上有了明确的目标，行动上才会有良好的表现。

再次，帮助学生树立正确的职业角色观，寻找竞争和道德的最佳结合点。要引导学生划清竞争进取、开拓创造与投机取巧、搞歪门邪道的界限，重在追求自身德、才、学、识整体素质的提高，坚决克服那种为追求个人功名利益而不择手段的极端个人主义，使每个学生都能正确选择并主动进入职业的德才兼备者的角色。

二、加强职业指导教师队伍建设

要提高职业指导工作的质量，必须加强职业教师队伍建设，提高职业指导教师的综合素质和专业化水平。使职业院校的职业指导工作在高素质教师的带动下，朝着规范化、科学化、正规化的方向发展。

首先，要结合职业院校的实际情况，按照一定的师生比配备好专职的职业指导人员和职业指导课教师，最好能由学有专长或经验丰富的老师担任，以保证课程和指导活动的质量和效果。可通过引进、自修、送培等途径加强专职队伍的结构和素质建设，使他们能具备教育学、心理学、经济学、社会学、统计学、咨询学等方面的知识，真正成为职业指导方面的行家能手，促进职业指导人员的专业化和专家化。

其次，加强职业指导兼职队伍的建设，班主任、德育教师、任课教师（特别是专业教师）是职业指导中的一支重要力量。以班主任来说，他们在主题班会、个别谈心、咨询、社会调查、社会实践等活动中起着十分重要的作用。任课教师则可在学科教学中通过挖掘教学中的职业指导内容对学生进行渗透式指导。

再次，以教师的人格魅力感召学生。教师人格对学生具有极强的示范作用，高尚的人格给学生以良好的榜样示范和有效的教育感召。教师的思想、行为作风和品质，每时每刻都在感染、熏陶和影响着学生。教师人格会对学生产生强烈而持久的影响。因此，教师不仅要有系统精深的专业知识，而且要有高尚的师德。只有这样，才能使学生真正亲其师，信其道，遵其侮，效其行。中等职业院校教师凭着自己高尚的思想品德、良好的身心素质、卓越的才能，凭着自己塑造人才的艺术和严谨的工作作风、扎实的专业知识去教育学生，促使学生树立正确的价值观，进而影响到整个民族及其未来。

同时教师要重视日常生活中学生价值观的取向。作为职业院校的教师，要轻松而又无界限地与学生融合在一起，关注学生的日常生活，要从生活中的小事中去发现。如对于单亲家庭缺少关爱的学生，给他们关心、爱护、安全感和一视同仁的教学态度，并且通过各种灵活教学形式适当提高学习积极性，提高自信心，让他们感受到关爱；针对随便花钱、没有学习目的的学生，给他们创造挫折式教育模式，加强吃苦锻炼，从学习中感悟，从感悟中认识，最后明确自己的学习目的；针对自卑心较重的学生采用成功激励法，让学生体验到成功的喜悦，从而激发学习兴趣和动机，提高面对困难的勇气。利用"情商"教育和因材施教的方法赢得他们认同。教育重在一言一行，一点一滴，教育无小事，事事是教育。作为教育者，就不能脱离学生，更不能脱离学生所在的生活进行空洞的说教。

三、营造良好的职业态度环境

"随风潜入夜，润物细无声"，环境对态度的影响常常是潜移默化的，要培养职业院校学生良好的职业态度，应该重视良好环境的建设。

1. 营造积极的职业院校学生人际关系

教师要努力促成学生之间形成积极的人际关系，营造和谐的同学关系氛围，可以使学生生活于一个较有利于其职业态度学习、改进和巩固的人际关系环境之中。首先，作为教育对象的学生个体同时也是一个自觉或不自觉的观念传播者，而且因其同学身份，这一宣传最具隐蔽性和非功利性。加上良好的同学关系中的情感投入往往强度很大，当认知失调发生时，学生极易倾向于采取自己伙伴的态度，而当两者的观点统一时，则会大大强化原有的态度。其次，"集体规定"能有效地影响学生的态度。社会心理学家勒温等人的实验证明，集体规定比个别劝说要有助于人们的态度改变。积极的同学关系极易使集体规定成为现实。正如马卡连柯所说的那样，必须"建立合理的集体，建立集体对个人的合理的影响"。

2. 加强校园文化建设

学校都应重视隐性教育，即通过无意识的心理活动与有意识的心理活动协同进行的教育。学校和教室的气氛、结构以及组织会影响学生的态度和行为，这实际上是注重学校文化内涵的建设，即包括价值观念、情感气质、思维模式、活动形式等都是难以用文字或符号描述的文化。隐性教育是职业态度教育应该重视的一个非常重要的方式。校园的隐性文化会逐渐影响学生的观念，制约学生的行为习惯，学生在对校园环境的解读、理解中获得新的生活经验，产生意义的重构，从而使校园环境中所富有的客观精神转化为学生个体的主观态度。

3. 优化家庭环境，为职业院校学生职业价值观教育提供良好的家庭氛围

家长作为子女成长中的导师和灵魂的奠基人，要想充分发挥家长言传身教的作用，必须不断提高自身的思想道德、科学文化等方面的素质，转变教育理念使家庭教育行为、教育方法从注重知识的灌输，向注重培养与塑造人的健全完整人格，具有良好人文素质与涵养的现代人方向转变。家长应该从社会对人才的需求出发，加强对子女的教育，引导他们确立适应市场经济发展的职业价值观念，克服择业过程的盲目性，树立恰当的职业期望；要把个人的需要和自身价值的实现同社会需要联系起来。家长要积极配合学校、社会，使三者达到最大合力，共同推动职业价值观的教育。

四、加强就业指导，做好职业生涯规划

首先，正确认识自我，加强自我修养。人生最大的敌人是自己。职业院校学生应通过对具体工作、学习、生活经历的反思，对自己的性格、才能、特长、兴趣和爱好做一个全面而准确的评价，同时通过家长、老师和同学对自己的反应，做出自己的职业选择。既要避免目空一切，亦不可妄自菲薄，要端正心态，不要盲目攀比，相信适合自己的就是最好的。

其次，职业生涯规划是现代人必备的人生计划与安排。职业生涯规划又称职业生涯设计，是指个人与组织相结合，在对一个人职业生涯的主客观条件进行测定、分析、总结的基础上，对其兴趣、爱好、能力、特点进行综合分析与权衡，并结合时代特点和被规划者的职业倾向，确定其最佳的职业奋斗目标，并为实现这一目标做出行之有效的安排。该规划具有持久性、稳定性和调整性等特点。学生要根据职业认知和自己的实际情况，制定出一份属于自己的职业规划。学校则应从学生一入学开始，就加强学生的职业规划教育和指导，将此类课程列入到正常的教学计划，伴随学业始终。学校要坚持集中授课指导与个

别辅导相结合，积极运用最新的心理学职业倾向测试工具，对每一名学生进行职业倾向测试，掌握学生的秉性、特长、兴趣和爱好。据此开展针对性的指导，使指导工作更具科学性、合理性，更符合学生个体的实际。建立学生成长档案，分析学生的优势与不足。帮助学生摆正心态，切勿好高骛远，不切实际。

总之，职业态度的形成或转变是一个长期、渐进甚至反复的过程。要有效地培养职业院校学生良好的职业态度，必须遵循职业院校学生心理发展规律，注意教育内容的适合性和梯度性，教育途径的开放性和实践性，教育方法的科学性和针对性；还要耐心细致地做好个别特殊学生的思想工作，用不同的"钥匙"开不同的"锁"。扎扎实实进行职业道德教育，培养学生良好的职业态度，使他们成为祖国现代化建设的合格人才。

第七章
职业教育教学心理

　　教学的本质是一种学习活动，其根本目的在于促进学生的发展。教师教学活动是否有效，取决于学生是否有效的学习。没有学，就无所谓教，教学要为学习服务，教学要围绕学生的学习而进行。本书第四章已探讨了职业教育中的学习心理问题。本章将从教学的基本问题、教学对象的分析、教学策略的选择、教学的课堂管理等方面来讨论职业院校中的教学心理问题。

第一节　职业教育教学的基本问题

　　教学对于我们来说并不陌生，每个人都亲身体验过老师的教学。但要给教学下一个确切的定义，却不是件易事。有的认为是教师给学生传授知识和技能的全过程，它包括教师讲解，学生问答，教学活动以及教学过程中使用的所有教具；有的把教学视为教师传授知识的教的活动；有的把教学视为教师教和学生学的活动等。

一、职业教育的教学及其性质

(一)教学的含义

　　关于教学的含义，大体可归纳为以下三类观点：

　　1. 知识、技能获得观点

　　这类观点依据教学的主要目标和任务，认为教学就是促进学生有效掌握知识、技能的目的性活动。"教学就是传授知识或技能"[①]。教学指"教师把知识、

---

　　① 简明国际教育百科全书·教学(下)[M]. 中央教育科学研究所比较教育研究室编译. 北京：教育科学出版社，1990：234.

技能传授给学生的过程"。[1] 布鲁纳认为，教学是通过引导学习者对问题或知识体系循序渐进的学习来提高学习者正在学习中的理解、转换和迁移能力。[2] 皮连生等人认为，教学是通过信息传播促进学生达到预期的特定学习目标的活动，是为了使学生能尽快掌握知识和技能而对学习活动进行精心的设计与安排，提供有利的学习条件的有组织、有计划的教与学的活动。其目的在于使学生掌握原先不知道的知识，获得原先不具备的技能，形成原先所没有的态度，进而在原有基础上发展学生的智力。[3]

2. 教学指导和设计观点

这个观点依据教师的教学设计，强调教师在教学活动中的指导和引导，强调教学活动的计划性、程序性和行为操作，关注教师如何设计教学以促进学生的学习活动。加涅认为，教学是以促进学习的方式影响学习者的一套事件，这些事件是居于学习者之外的体现在教科书的呈现和教师的谈话中。[4] 教学通常是有计划的，这就意味着，教学是以某种系统的方式设计的，仔细设计的教学旨在激励或支持个别学生的学习，它所设计的教学应使每个学生更接近于最适当运用自己的才能、享受生活和适应物质和社会环境的目标。

3. 教学主体交互活动观点

这类观点依据教和学主体间的相互关系，强调教和学的双边活动，认为交互主体的任何一方都不可能以单纯主体的姿态把其他主体当作单纯的客体来取得其他主体的认同和理解，也不可能直接达到对其他主体的改造。主体在交往活动中只能达到使自己的思想观点为对方主体所了解，并内化为对方主体心智结构的组成部分，而对方主体的思想和行为变化则是他们用了解到的思想观点对自身思想和行为进行自学改造的结果。"教学是一种由教师和学生两方面共同合作，搞好对规定教材的体会理解以有助于学生行为的经验的活动"。[5] "教学乃施教者有效地影响学习者达成预期行为改变结果之历程，就学校教育而言，教学是师生之间交互影响、多向沟通、共同参与以及学生自动学习的活动"。[6]

由此可见，如果把教学简单地定义为知识的传授，就难以解释学习活动中

---

① 现代汉语词典[M]. 北京：商务印书馆，2005：691.

② 顾明远. 教育大辞典[M]. 上海：上海教育出版社，1990：187.

③ 皮连生. 教学设计—心理学的理论与技术[M]. 北京：高等教育出版社，2000：1.

④ R. M. 加涅，L. J. 布里格斯，W. W. 韦杰. 教学设计原理[M]. 皮连生等译. 上海：华东师范大学出版社，1999：4～5.

⑤ 简明不列颠百科全书[M]. 北京：中国大百科全书出版社，1985：352.

⑥ 朱敬先. 教学心理学[M]. 台北：五南图书出版公司，1978：1.

的许多现象。比如，一些学生学习更主动，而另一些学生却是被动的；一些学生乐意写作业，而另一些学生却讨厌写作业。当把教学理解为师生之间的互动的时候，学生的个体差异则成为关注的焦点。因为学生的个体差异是影响师生互动的重要变量，进而影响教学效果。教学主体交互活动观点强调了教学中教师和学生这两个主体之间的相互作用，反映了教学的本质，即教学是师生之间、生生之间相互作用、彼此合作、共同参与，从而促进学生智能发展和人格成长的多向交互活动，具有明确的目的性和系统性。教学是教和学的有机活动的整体，其间存在着内在的交互作用，绝不能把教学视为教和学的简单相加。

综合上述观点，可以认为，教学是教师有目的、有计划地组织和引导，促进学生积极主动地掌握知识、发展智能、完善个性的交互活动。由此，我们可以从三个层面来理解教学的含义。(1)教学是一种主体性的活动，教学活动的主体是人。(2)教学是一种交互性活动，互动双方(师生)都具有主观能动性。(3)教学是一种协调的组织行为，具有明确的计划性、目的性和操作性。

(二)教学的性质

在日常生活中，人们通常把教学称为一种艺术或一门科学。进而要思考的问题是，教学能否进行实验性研究？对教师能否进行科学地培训？这便引发了教学的性质是科学还是艺术的争论。这场争论的代表人物是海特(Highet)和盖奇(Gage)。海特认为，教学是一门艺术，而不是一门科学，教学涉及人，人的感情和人的价值观念是"科学鞭长莫及"的领域(1954)。盖奇有不同的观点。他认为，艺术活动有其固有的条理性和规律性，很适合做科学分析，艺术家的规律性被揭示之后并不会成为机器人，他仍然有足够的余地去施展他的艺术才干和个性(1964)。[①]

从系统论和信息论的角度看，教学是一种信息、人际交互作用系统。与人类其他系统相比，教学系统既有一般系统的特性(整体性、结构性和层次性)，又有其自身的特殊性：主体性、交互性和生长性。在教学实践中，我们不难发现，有的教师学富五车，但由于把教学当做一般科学活动来进行，结果效果欠佳；反之，有的教师能说会道，极富表现力，但缺乏相应的知识基础，同样不能达到有效的教学。因此，现代教育心理学家都主张：无论教学生学习什么学

---

① 简明国际教育百科全书·教学(下)[M]. 中央教育科学研究所比较教育研究室编译. 北京：教育科学出版社，1990：232.

科，都应该采取知、情、意、行四者合一的全人化教育取向，提倡"寓情意教学于认知之中"的教学思想。①

综上所述，教学是一种综合性活动，教学是科学和艺术的结合。教学需要相应的知识和能力，严谨的态度和求真、求实的精神，又要求具备艺术活动灵活、生动、富有感染力地传递信息、表达感情、交流思想、引起认同与共鸣的特点。

职业教育的教学更要去实践科学和艺术相结合的教学活动。在教学目标上，关注个体认知发展目标——思维、创新能力的培养；关注教学的情意目标——情感、态度、价值观的形成以及发展对学科的兴趣、热爱和自信心；关注教学的行为目标——课程内容的生活化、情境性和趣味性以利于学生实践能力的培养。在教与学的方式上，要改变以教师、课堂、书本为中心的教学模式，强调师生之间的平等交流和对话，强调积极体验与探索，倡导研究性学习与合作学习，关注学习者之间的社会交往和学校文化对个体学习的积极影响。在教学评价上注重评价的过程性（形成性）和激励性。

二、不同心理学流派的教学理论

（一）行为主义教学理论的主要观点

行为主义学习理论把学习看成行为方式或频率的改变，行为教学的目标是让学生对刺激作出正确的反应。在教学中，教师要设立引起学习者反应的各种提示，把学习材料分解成能按顺序掌握的小步子，以利于学习者作出恰当的反应并对其进行强化，通过对反应的强化或塑造，使学习者不断取得进步。因此，行为主义的教学理论主要倾向于为行为结果而教学的教师中心取向。这种取向的教学理论强调从以下几方面来促进学生的学习行为的建立。②

1. 创设有助于传递信息、训练技能的教学环境

按照行为主义的学习观，要使学生积累大量的有组织的知识和技能，就必须提供相应的环境来向学生有效地传递信息，并且让学生有机会反复操练技能，直至熟练化。因此，教师要做的工作就是选择供学生使用的学习材料，安排好练习的时间进程，并对学生的学习进程和学习结果提供反馈，对学习全程进行

---

① 张春兴．教育心理学—三化取向的理论与实践［M］．杭州：浙江教育出版社，1998：39.

② 姚梅林，王泽荣，吕红梅．从学习理论的变革看有效教学的发展趋势［J］．北京师范大学学报（社会科学版），2003(5)：22～27.

控制。

2. 提供层级化的、循序渐进的教学内容

为了促进知识的获得和技能的形成，必须将复杂的教学任务分解，并按照由简单到复杂、由部分到整体的顺序加以排列，进行训练。学生的学习是小步子、程序化的，受到教师及教学程序的控制。因此，这样的教学方式很容易导致机械的学习。

3. 对知识和技能进行个别化的定量评估

基于学生所获得的某一学科领域的经验是个别的知识和技能的集合与累积，因此，在测验时应该对局部、个别的成分进行准确、量化的考查。这就需要从学科领域中抽取代表性的内容，并以适当的方式进行测验。在学校的学业成就测验中，最常用的就是标准化的成就测验，其中最典型的测验方式是多项选择。这类测验方式很难考察复杂的问题解决能力、与环境和他人的互动能力等。

由行为主义教学理论发展出来的教学模式有：

程序教学：是基于斯金纳的操作条件反射理论建立起来的一种教学形式。其基本操作是将有待学习的材料由易到难重新组织成短小的框架，学习者对每一个框架上的问题(刺激)作出反应。如果反应正确，学习者就会获得积极的强化，同时进入下一框架的学习；如果反应不正确，就会被要求重新回答或被提供有利于找出正确答案的信息。

掌握学习：是布卢姆提出的一种确保所有学生都能达到一定学习水平的教学模式。其指导思想是，在适当的学习条件下，几乎所有人都能学会学校所教的知识。基本操作是首先由教师把整个课程分解成一系列较小的学习单元，确定每一个单元的教学目标，教师每教授完一个单元的教学内容之后，即对全班实施形成性测验。对没有通过标准的学生，教师需进行额外辅导(矫正学习)。经过一段时间的额外学习，对他们进行第二次测试。已掌握该单元的学生可自由进行巩固性活动，或者充当未达到掌握水平的同学的"小老师"。当大多数学生(约85%)通过了测试，那么整个班级就可以开始学习新的内容。掌握学习理论在教学实践中收到了显著的效果，在国内外产生较大影响，被誉为"乐观的教学理论"。

此外，还有凯勒(F. S. Keller)的个别化教学体系(PSI)以及计算机辅助教学(Computer-Assisted Instruction，CAI)等，都是在行为主义基于程序教学和掌握学习而发展起来的一些教学理论。

教师中心取向的教学强调教师这一变量对学生学习行为的决定性影响，这

是有局限性的。有效的教学取决于多种因素，除教师这一变量外，学生、物理与社会环境及其彼此间的互动等都是不能忽视的因素。

(二)认知派教学理论的主要观点

认知学习理论使教学摆脱了行为主义的消极影响，从重视教材知识结构和学习结果转变到重视认知结构、学习的内部认知加工过程、学习策略和思维策略的培养上来，提出了过程中心（认知过程中心）、结构中心（认知结构中心）、学生中心（主动生成学习）的教学思想。认知取向的教学理论倾向于为认知建构而教学的学生中介取向。这种教学理论的主要观点有以下几方面①。

1. 创设有助于概念理解和问题解决的开放式环境

研究者认为，有效的教学环境应该给学生提供各种机会去建构深层次的理解。在此基础上结合实际，让学生应用所学概念来解决问题。还可以利用计算机技术，给学生提供具有交互功能的、开放式的物理环境或模拟情境，使学生能够通过人机互动来进行实际操作，对各种现象以及其中所体现的原理、规律等有更为准确、全面和深入地认识和理解。

2. 提供与认知发展水平相符的、有利于能力形成的、有组织的课程内容

教学不仅要关注课程内容、结构等问题，还应重视学生如何建构认知结构的问题。研究者认为，学生能否理解所学内容，与他们的认知发展水平以及已有的经验有关。学生必须通过自己的实际活动与体验来建构，而不是通过死记硬背等方式来掌握某一学科的专业知识。否则课程也只能是专家编写的课程，而不是学生用的课程。研究者反对直接教授课程，认为个体必须通过主动的观察、探索来建构理解。这就要求所提供的课程内容既不能太难，以免拔苗助长，也不能太易，一味迁就原有水平，而是要着眼于学生的最近发展区，采用先行组织者等教学策略，使课程内容与学生的认知发展水平和已有经验相适应。认知结构的真正建构需要花费时间，这意味着试图掌握大量的课程内容是不现实的，也未必产生有意义的学习结果。为此，研究者提出了"少而精"的原则，即透彻地学习适量的重要知识，远比浅水平、表面化地学习大量的东西更有价值和效率。因此，教育者需要精选并合理编排具有生成性、迁移性的知识点，将它们整合为有组织的课程内容。课程内容既要包括概念、原理等知识，也要包

---

① 姚梅林，王泽荣，吕红梅. 从学习理论的变革看有效教学的发展趋势[J]. 北京师范大学学报（社会科学版），2003(5)：22～27.

括自我管理、元认知、问题解决、推理、阅读理解等学习策略与思维技能等成分。

3. 对学生的认知能力及发展水平等进行扩展性的、表现性的评估

研究者认为，学生的真实能力及认知发展水平往往是在解决比较复杂、综合的问题中体现出来的，因此，要客观、真实地反映出学生的水平，有必要在时间、空间上加以扩展，让学生从事需要几天、几周甚至一学期才能完成的比较大的任务或活动。而此类活动绝非能在课堂内完成，需要扩展到课外、校外，有时还需要与他人合作。通过学生在完成此类活动时的各种实际表现，对学生的理解水平、问题解决能力等进行全面、客观的评价。为了提高评估的准确性，研究者建议利用录像、录音或计算机等多媒体设备，或者利用成长记录袋等方式，可以全面、客观地记录下那些通过笔试测验不易展现和考察的能力与活动，进而对学生在学习进程中各个方面的发展、进步状况有较为准确的评价。

总之，认知教学理论强调以学生为中心，以认知能力的形成为目的。教师的教学行为不能直接控制学生的学习结果，而是通过学生的认知、态度、自我调节等中介过程起作用，学习者头脑中的认知结构和认知加工过程是直接影响学生学习结果的重要因素。由这种观点产生的教学模式有：

结构教学观。布鲁纳于 20 世纪 50～60 年代倡导结构主义教学改革运动，主张教学的最终目标是促进学生对学科基本结构的理解。主张发现学习，即把学科的基本概念、原理及特有的研究方法纳入教材内容，并围绕学习课题准备好假设、验证用的资料、实验等，教师充当指导角色，学生作为学习主人去探索和发现，师生协作，保证学生积极主动开展学习活动的教学形式。布鲁纳认为，如果教材的组织缺乏结构或者学生缺乏认知结构的基本知识，发现学习是不可能产生的。

同化教学观。奥苏伯尔在其有意义接受学习理论的基础上，提出了"渐进分化、综合贯通"的同化教学理论，即主张教学要遵循从一般到个别，再呈现具体材料以重组学生认知结构要素的教学顺序，并提出先行组织者教学策略。

指导学习教学观。加涅将联结主义和认知观点相结合，运用现代信息加工理论的观点和方法，建立了指导学习教学理论。这一观点具体阐述了教学目标、教学过程、教学方法和教学结果的测量与评价，具有可操作性。

(三)建构主义教学理论的主要观点

建构主义是针对传统教学的诸多弊端而提出的。20 世纪 80 年代末 90 年代

初，由于受认知科学、生态学、人类学以及社会学等共同影响，教学研究的取向逐渐从认知建构转向了情境性认知，强调有效的教学应该统筹考虑学习者、教育者、教学内容和环境等各个要素，将学生的学习与发展置于开放性的、与外界不断互动的生态化的系统中来考虑，出现了为情境性认知而教学的生态化教学取向。其教学的原则与措施具体表现在以下方面①。

1. 创设有助于学生探究、互动和社会化的实践环境

传统的教学主要着眼于学生学科知识的获得，而对教学环境如何影响学生成为什么样的学习者缺乏实质性的深入的考虑。因此，许多学生只能消极地应对学校中的学习，而不能以有知识、有能力的社会成员的身份来解决现实生活中的问题。生态化取向的教学则力图使学生参与社会实践、进行探究学习，并支持其确立作为一名有价值的社会成员的积极身份。

2. 提供包含活动参与方式和现实问题的开放式课程

常规的课程内容主要包含某一学科的基本知识结构以及相应的话语表述系统，而这些内容要通过教师的直接教学传递给学生。从情境性认知的教学观来看，概念和原理等学科内容的学习不可能脱离具体的活动方式来进行，课程内容除了体现该学科的基本知识结构外，还应该体现学生参与活动的类型与方式。这就需要组织、安排相应的活动，使学生在合作、探究等活动中建构恰当的话语表述系统和学科知识结构。

3. 对学生的探究和参与实践活动的能力进行多元评价

生态化取向的教学强调结合真实的问题解决过程进行评价。强调对学生的探究能力以及参与实践活动的能力进行评价，而不是简单地对认知能力进行评价；既要评价团队中的每个成员的表现，也要评价整个团队的表现。此外，这种教学理论非常强调学生参与评价，认为学生不只是一个被评定者，而是评价的主体，应该参与到对自己、对他人、对团体的有意义的评定过程中来，进而培养其准确的判断力和责任感，加强对团队作出贡献的自觉意识。

由该理论产生的教学模式有支架式教学、抛锚式教学、随机进入教学等（参见第四章第四节）。这些教学模式的共同特点是，强调协作学习，学生在主动参与讨论、猜测、探究、解释、评价等活动中，形成自己的观点以及解决问题的方法，建立社会化的交往方式，而不只是关注答案是否正确。学生要掌握的学习内容是嵌在各种活动情境中呈现的，也正是在活动情境中，学生才真正掌握

① 张大均，郭成. 教学心理学纲要［M］. 北京：人民教育出版社，2006：64～83.

了学习内容。

第二节　职业教育教学对象的分析

教与学的关系相对独立，但又彼此制约。教是影响学的条件之一。学生不用教也可以学，即自己教自己。教师即使有能力教，但学生不注意、认知准备不足、或不主动建构新知识，教也不能导致学。因此，学习者的因素是学习的重要影响因素，不同的学习者具有不同的学习态度、起始能力和学习风格。教学应考虑学习者的差异，有针对性地因材施教，才能达到教育教学的最优效果。

一、学习者的学习态度

态度是个体对特定对象所持的较为持久的有组织的内在反应倾向。它由认知、情感和行为倾向三种主要成分所构成[①]。职业教育的学习者的学习态度也有认知、情感和行为倾向三种成分。学习态度的认知成分是学习者对教学活动的认识、理解和评价。比如，对所学习学科内容的理解、某类课业的社会价值等。学习态度的情感成分，是学习者对学习内容、方法等的内心体验。比如喜欢或厌恶、感兴趣或乏味等的情绪反应。学习态度的行为倾向成分，是学习者的态度与其行动相联系的部分。它是个体学习行为的一种准备状态，即学习者产生对教学活动作出操作反应的意向和抉择。如乐意听某门课程，努力在学习活动中表现主动，主动搜集与课程有关的课外资料信息等。

学习态度影响着学生的学习主动性和求知欲，表现在学习中是乐意与否的问题而不是能否完成学习任务的问题。当学生对学习有积极主动的态度时，将迸发出强烈的求知欲、高涨的学习兴趣，使人观察细致、思维活跃、记忆力提高。学生积极的学习态度是教师完成教学目标和教学任务的重要保证。了解职业院校学生的学习态度，可以通过以下途径：一是访谈，多方面听取相关人员如教师、家长、同学对学习者有关情况的介绍，据此对学习者的态度作出分析和了解；二是运用问卷调查法，了解学习者对教学设计将涉及的有关内容、教学目标、教材组织、呈现方法、策略学习等的看法、喜好和选择；三是通过学习、查阅有关文献资料或凭借所积累的教育教学经验对学习者的一般特点或可能具有的学习态度作出基本或大概地估计。

----

① 张大均，郭成 . 教学心理学纲要[M]. 北京：人民教育出版社，2006：150.

二、学习者起始能力分析

1. 确定学生的起点能力

学生在进入新的学习单元或课题时，其原有的学习习惯、学习方法、原有的知识基础对新的学习有着重要的影响，即学生原有的知识技能的准备，也被称为起点能力或起始状态。教学目标的陈述只规定完成一定的教学活动之后，学生应习得的能力和行为倾向。教学目标所表达的是学生习得的终点能力，而这些能力得以实现的条件则是通过分析学生的起始能力获得。认知心理学认为，教学过程实质上就是一个确定并填补教学空间的过程。

即学生的原有基础，决定新学习的成败。

填补距离

教学终末状态 ———————————— 学生原有起始状态

心理差距

教师需要分析学生的起始状态，本着"跳一跳即可摘到桃子"的原则来设计教学目标，即教学的终末状态。确定学生起点能力的方法很多，教师可通过学生的作业、小测验、课堂提问和学生的反应等方法来了解和确定学生的原有基础。布卢姆的"掌握学习"原则，要求学生必须掌握教学单元的85%的教学目标后，才能进行下一单元的学习。这一原则可以作为教学参考。因为以此原则可以确保全体学生保持适当的起点能力和水平来进行后续的学习。

2. 分析使能目标及其类型

从起点能力到终点能力之间，学生还有许多知识技能尚未掌握，而掌握这些知识技能又是达到终点目标的前提条件。表 7-1 是一节数学课的使能目标分析。

表 7-1　圆锥体体积教学的任务分析[1]

起点能力	使能目标一	使能目标二	终点能力
1. 能应用 $v=sh$ 公式计算不同圆柱体的体积。 2. 熟练转化圆的半径、直径、周长和面积。 3. 分数计算已熟练	能识别圆锥体的图形和物体（概念练习）	能在圆锥体的图形中识别或作出圆锥体的高（概念学习）	已知任一圆锥体的高、底面半径或周长或面积，能计算体积。（规则学习）

[1]　皮连生. 智育心理学[M]. 北京：人民教育出版社，1996：253.

一旦分析了起点能力、使能目标、终点目标及其知识的类型，教学的步骤和方法的确定就有了科学的依据。

3. 分析学习的支持性条件

有效的学习除了必要的条件之外，还需要有支持性的条件。例如，学习地理，其知识类型比较多的属于陈述性知识，但原有的一些识图技能是学习地理知识的支持性条件，而这些识图技能则属于程序性知识。再如学习数学的公式、定理，这类知识属于程序性知识，但要熟练地使用这些公式、定理解题，则需要理解和记住它们的关系、结构。这些理解、记住的能力则属于陈述性知识，也是学习更高难度的知识的支持性条件。因此，教师也要对这些支持性条件进行分析。

上述的学习者起始能力的分析对职业教育的课堂教学有指导意义。第一，可以加深职业教师对教学活动的理解，认清课堂教学行为的各个部分、各个侧面的操作特性，明确学生在各类知识的学习中应该达到什么样的具体目标，朝什么方向努力。这既有利于改进课堂教学，也有利于学生最终的学习结果。第二，有利于集中、有序地进行技能的学习。职业教育注重学生技能的培养。教师通过对学习者的分析，更能提高自己的教学行为的针对性，设计由浅入深、由易到难的技能训练系列，遵循人类学习的基本原理，使学生能够集中、有序地进行学习。第三，便于对课堂教学过程及学习结果作定量的观察分析。人们以往对课堂教学的分析评价基本上是经验性的，评价一堂课的好坏往往只凭某些主观感受或印象，不同的人因感受不同也可能导致评价结果差异较大，从而导致评价的客观性受到质疑。对学习者的起始能力和教学的终点目标进行科学恰当的划分后，我们就可以在课堂观察中专注于特定的教学、学习行为，在定性分析的同时，进行定量性的精确评价。

三、学习者认知方式分析

认知方式又称认知风格，是指学生在认知活动中持续一贯地采用的带有个性特征的信息加工方式。它是一种比较稳定的心理特征。比如，学生表现出偏爱某种阅读、背诵的方法；喜欢某种学习环境；对某种媒体使用的偏爱等，都属于认知方式的范畴。个体之间的认知方式差异很大。

(一)认知方式的类型

研究者对认知方式进行了不同侧面的分析与研究，以下介绍两种类型。

1. 场独立型与场依存型

美国心理学家威特金(H. A. Witkin)在垂直视知觉的一系列研究中，发现了认知风格的个体差异，并提出个体的认知风格可分为场依存型和场独立型。

场依存者是人际定向，往往更多地利用外在的社会参照来确定自己的态度和行为，特别是在模棱两可的情况下，他们比较注意别人提供的社会线索，优先注意他所参与的人际关系的情况，对其他人有较大兴趣，表现出善于与人交往的能力；在解决熟悉的问题时，不会发生困难，但在解决新问题时则缺乏灵活性；一般缺乏独立性，易于接受外来的暗示。

场独立者是非人际定向，在社会活动中不善于人际交往，对社会线索不敏感，社交能力弱；在解决新问题时，倾向于在更抽象和分析水平上加工，善于抓住问题的关键，灵活地运用已有的知识来解决问题；更有主见，处事有自主精神。

研究结果还表明，场独立型随年龄递增而增长，女性比男性更依存于场。但是，整体来说，场依存型和场独立型没有好坏之分，而且可以通过训练而得到改变。威特金的研究结果表明，对儿童进行艺术、音乐和体育训练，能有效地提高儿童的场独立性水平。

在学习活动中，场依存学习者和场独立学习者对于学习材料是否包含社会性的内容，其学习效果有显著的差异。场依存学习者尤其善于学习与记忆包含社会性内容的材料。场独立学习者，在学习缺乏组织的材料时，其学习效果要优于场依存学习者。

此外，场独立者还比较喜欢抽象的、理论的学习材料，而不喜欢学习一些具体的知识，他们达到概括化的程度比场依存性的学生高，但两者在获得的知识量上没有差异。另外还发现，具有场独立性的学习者通常以内在动机为主，对学习材料本身感兴趣，而场依存者则较依赖外部反馈，当受到批评或打击时，学习成绩容易下降。

2. 沉思型与冲动型

沉思与冲动反映个体信息加工、形成假设和解决问题过程的速度和准确性方面的差异。

沉思型学习者倾向于深思熟虑，审视问题，权衡各种解决问题的方法，然后作出反应。由于这类学习者总是把问题考虑周全以后再作反应，因而其特点是反应慢，但精确性高。他们看重的是解决问题的质量，而不是速度。但是当他们解决熟悉的比较简单的问题时，反应也是比较快的。在处理比较复杂的问题时，沉思型的特点表现得更为明显。沉思型学习者的信息加工策略多采用细节性加工方式，所以他们在完成需要对细节做分析的学习任务时，学习成绩会更好。沉思型的学习者阅读能力、记忆能力、推理能力、创造力等方面都表现得比较好。

冲动型学习者面对问题时总是急于求成，往往只以一些外部线索为基础，缺乏对问题的深究，不能全面细致地分析问题的各种可能性，不管正确与否就急于表达出来，甚至有时还没弄清问题的要求，就开始对问题进行解答。他们的信息加工策略使用的多是整体加工方式，在完成需要做整体性解释的学习任务时，学习成绩会更好些。而阅读、推理类的功课常常需要细心分辨，冲动型学习者因为粗心大意常常在这些功课中处于不利的地位，出现阅读困难，甚至表现为学习能力缺失，学习成绩不太好。不过，从解决问题的能力来看，冲动型的学生并不一定比沉思型的学生差。

(二)针对差异进行因材施教

1. 帮助学生认识自己的认知类型

教师要充分认识到不同的认知类型具有不同的学习特点，从而对不同认知类型的学生采用不同的教学方法。教师可以通过以下方法来帮助学生认识自己的认知类型：首先，教师要经常在课堂教学中有意识地传递与认知风格相关的知识，并运用调查表、周记、日记、自我评价表等，使学生了解自己的认知类型。其次，教师要帮助学生明确每种认知类型的不足，并指出针对不同认知类型的优势和劣势应该采用的不同的学习方式和学习策略。最后，针对学习的反馈帮助他们解决所遇到的困难。比如，为了帮助冲动型学习者克服他们的缺点，心理学研究表明，单纯提醒学习者，要他们慢一些做出反应，似乎对他们毫无帮助。但可以通过教他们具体分析、比较材料的构成成分，注意并分析视觉刺激，对克服他们的冲动型认知行为较为有效。也有人通过训练冲动型学习者大声说出自己解决问题的过程，进行自我指导，当获得连续的成功以后，由大声自我指导变成轻声低语，而后变成默默自语。最终可以训练冲动而又粗心的学习者变得有条不紊地、细心地进行学习和解决问题。只有当学生充分认识自己认知类型的优劣时，才会在学习中针对不同的学习任务，以积极主动的方式采用不同的学习方法、学习策略来调整自己的学习。

2. 教师要学习适应认知类型的两类教学策略

适应认知类型的两类教学策略包括匹配策略和失配策略。采取与学习者认知风格一致的教学策略就是匹配策略，采取对学习者缺乏的认知风格进行弥补的教学策略称作失配策略。

教师的认知方式也有差异，在教学过程中的表现也不同。有研究表明，场独立型的教师在教学中倾向于讲授法，注重教材的结构，教学的逻辑性比较强；场依存型的教师则倾向于采用多种教学方法，喜欢与学生的互动，喜欢采用讨论法。研究认为，教师和学生的认知方式的匹配程度可能影响学生的学习效果。因此，教师需要突破自身的认知方式限制，学习两类教学策略，针对学生的差异因材施教，促进学生的全面发展。

第三节 职业教育教学策略的选择

教学策略是在教学的过程中，各个环节中使用的指导思想和方法。职业教育教学策略的选择，需要遵循职业教育的学习规律。

一、教学策略的含义

国内外学者对教学策略有很多界定，这些界定既有共性，又表现出一些明显的分歧。共性表现为：教学策略有一定的目标，是在特定教学情境下，为完成特定的教学任务而产生的，包括教学活动中方法的选择、材料的组织、对师生行为的规范等。分歧在于：有人认为教学策略有一定的理论性，将之视为教学思想、教学模式；也有人认为教学策略就是教学方法；还有的人认为教学策略就是教学方案，在教学策略的归属上产生分歧。

综合各类研究观点，教学策略可以定义为：为了达成教学目标，完成教学任务，对教学活动进行调节和控制的一系列执行过程。它包含以下几层含义：第一，教学策略包括教学活动的元认知过程、调控过程和教学方法的执行过程。教学活动的元认知过程是指教师对教学过程有效监视和控制。教学活动的调控过程是指教师根据教学的进程和变化而对教学过程进行检查，及时反馈和调节。教学方法的执行过程是指教师在教学过程中采取的师生相互作用方式、方法与手段的展开过程。第二，教学策略不同于教学设计，也不同于教学方法，它是教师在现实的教学过程中对教学活动的整体性把握和推进的措施。第三，教师在教学策略的制定、选择与运用中要从教学活动的全过程入手，兼顾教学目的、任务、内容，学生的状况和现有的教学资源，灵活机动地采取措施，保证教学有效、有序地进行。第四，教学策略是一系列有计划的动态过程，具有不同的层次和水平。

二、职业教育教学策略的选择

有效教学要求能保持学习者的学习积极性，实现教学目标。这就涉及教学策略的有效性问题。而教学策略是复杂多样的，影响因素也比较多。

(一)教学策略选择的依据

一般而言，有效教学策略的制定或选择需要依据以下因素。

1. 依据教学的目标与任务选择教学策略

教学目标不同，所需采取的教学策略也不同，不同的教学目标与教学任务需要不同的教学策略去完成。比如新知识学习、技能形成、态度情感学习、学习动机的形成、问题行为矫正等，不同的教学目标和教学任务的课程，需要选择不同的教学策略。

不同学科性质的教材，也应采用不同的教学策略，而某一学科中不同的具体内容的教学，又要求采用与之相适应的教学策略。例如，同样是电工课程，如果目标是掌握基本的原理，那么在进行教学策略选择时就要考虑如何帮助学生理解原理并记住使用的条件和范围。而如果目标是使用原理解决实际问题，那么在教学中就要多采用变式练习以使学生能够举一反三、融会贯通。

2. 依据学生的初始状态

学生的初始状态主要指学习者现有的知识和技能水平、心理发展水平等。学习者的初始状态决定着教学的起点，教学策略的制定或选择必须以此起点出发进行具体分析。教是为了学，因此，制定和选择教学策略要考虑学生对某种策略在智力、能力、学习态度、班级学习氛围诸方面的准备水平，要能调动学生积极的学习兴趣和态度。

3. 依据学生的认知风格

每个人的认知风格有差异，研究认为，学生的认知风格与学习有着密切的关系。教师若能针对学生的认知风格差异，调整自己认知方式，选择适合学生认知风格的教学策略，能促进学生有效地学习。

4. 依据教学策略的适用范围和使用条件

每种教学策略都有各自的适用范围和使用条件，同时又有各自的优点和局限。某种教学策略对于某种学科或某一课题是有效的，但对另一课题或另一种形式的教学可能是完全无用的，如发现法教学策略，对培养学生的内部动机，学会发现的技能，记住和保持信息，有它的积极作用。但一切知识未必都需要自我发现，即人们获得的大量知识都不是来自亲身的发现。尤其是当今知识大爆炸的时代，学科的研究越来越精细，任何人穷其一生都难以把一门学科研究透彻。

(二)职业教育教学策略的选择

1. 以学生为中心的教学策略

(1)发现教学法。

发现教学法又叫问题法或探索式教学法，由美国教育心理学家布鲁纳倡导，是让学生自己发现问题，自己回答并解决问题的一种方法。运用这种方法的一般步骤是：①创设问题情境。教师提出要解决的问题，使学生面临矛盾，从而产生探讨或解决问题的欲望。②产生假设。引导学生利用材料，对所提出的问题，作出解答的假设。③讨论交流。通过讨论或辩论，学生提出论据进行论证，寻求问题的解答。④作出结论。在教师的指引下，学生对争论和证明作总结，得出结论。

发现教学法有以下优点：第一，学生自己动手动脑学习，有利于知识的巩固和应用。第二，在教学中鼓励学生的发现行为，意味着鼓励学生要对已知的信息进行重建与改组，建构自己的知识体系。第三，有利于培养学生内部学习动机，激发好奇心和探究心理，产生学习兴趣。第四，有利于学生学会发现的技能。第五，有助于培养独立性和创造性。

当然，任何方法都有它的局限性，发现教学法也不例外。第一，发现教学法在时间上难以把握，每个学生发现的速度不同。第二，有的学生不一定理解所发现的事物，也有可能人云亦云。第三，需要随情境变化而灵活运用，一般教师难以把握。第四，一切知识未必都需要自我发现，即人们获得的大量知识都不是来自亲身的发现。第五，解决问题的能力并非是教育的首要目标，还有一个重要目标，就是花足够多的时间去掌握各门学科的内容。如果这一点不能保证，便不能培养学生解决问题的能力。

(2)情境教学。

情境教学是指在具体情境中进行知识的教学的一种教学策略。

在情境教学中，教学的环境与现实情境相类似。教学的目标是解决现实生活的问题。学习的材料是真实性任务，这些任务未被人为地简化处理，隐含于现实问题情境之中。教学的过程要与实际的解决问题的过程相似：教师首先提出现实问题，然后引导学生进行与现实中专家解决问题的过程相类似的探索过程。学生解决问题所需要的原理和概念往往隐含在问题情境之中，学生为了解决当前问题而学习它们，通过解决问题理解它们，并把这些知识的意义与应用它们的具体问题情境联系在一起。对学习结果的测验将融合于学生解决问题的过程之中，学生在解决实际问题过程中的表现本身就反映了其学习结果。

(3)合作学习。

合作学习指学生们以主动合作学习的方式代替教师主导教学的一种教学策略。合作学习通常由多个各有专长的学生针对同一学习内容，在共同完成任务的过程中，通过协同、帮助、分工、伙伴和角色等形式，达到对学习内容的深刻理解和领悟。它不仅培养了学生主动求知的能力，而且发展了学生合作过程中的人际交流能力。

合作学习在设计与实施上必须具备五个特征。①分工合作，指以责任分担的方式达成合作追求的共同目的。②密切配合，指将工作中应在不同时间完成的各种项目分配给各个人，以便发挥分工合作的效能。③各尽其力，合作学习的基本理念是同心协力追求学业成就。④社会互动，合作学习的成效取决于团体成员之间的互动作用，即大家在态度上相互尊重，在认知上集思广益，在情感上彼此支持。⑤团体历程，指由团体活动以达成预定目标的历程。

2. 个别化教学

个别化教学是指让学生以自己的水平和速度进行学习的一种教学策略。个别化教学大致包括以下几个环节：第一，诊断学生的初始学业水平。第二，提供教师与学生或机器与学生之间的一一对应关系。第三，引入有序的和结构化的教学材料，随之以操练和练习。第四，容许学生以自己的速度进行学习。

经典的个别化教学模式有：

(1)程序教学。

程序教学指一种能让学生以自己的速度和水平自学，以特定顺序和小步子安排材料的个别化教学方法。从编写程序教学教材到实施程序教学所依据的原则：一是小步子原则；二是积极反应原则；三是及时强化原则；四是自定步调原则；五是低错误率原则。

(2)计算机辅助教学。

计算机辅助教学(CAI)指使用计算机作为一个辅导者，呈现信息，给学生提供练习机会，评价学生的成绩以及提供额外的教学。目前，CAI教学的发展趋势表现出：一是综合化；二是网络化；三是智能化。CAI在教学中的模式有，操作与练习、对话、个别辅导、问题解决、游戏、模拟等。

CAI教学的优点：第一是交互性，即人机对话，学生可以根据自己的学习情况选择学习路径、学习内容等。第二是即时反馈。第三是以生动形象的手段呈现信息。第四是自定步调等。

（3）掌握学习。

由布卢姆等人提出，其基本理念是：只要给了足够的时间和适当的教学，几乎所有的学生对所有的学习内容都可以达到掌握的程度。采用掌握学习方法，学生的成绩，是以成功完成单元内容所需时间而不是以在团体测验中的名次为依据。学生的成绩仍然有差异。这种差异表现在他们所掌握的单元数或成功学完这些单元所花的时间上。它的优势在于能真正做到使教学适应学生的心理特点和个别差异，有利于学生能力的发展和个性的形成。此外，掌握学习可帮助学生克服学习困难，获得成就感，此种训练后的学生在学习态度上较为积极。

教学策略的选择和运用，其最终目的是使教学有效性达到最大化。教学策略的选择依据是多方面的，可选择的策略也是多样的。因此，在选择和运用时要有所变化，有所创造。第一，要树立正确的教学指导思想。教学策略总是受一定教学思想、教学观念支配和规范，教学策略的运用能否达到预期效果，关键在于是否有正确的思想指导。错误的教学思想只能使教学策略失去它的作用和价值。第二，要树立完整的观点。每一种教学策略都有各自的功能、特点及应用范围和具体条件，而且又有各自的局限性。为了更好地达成教学目标，完成教学任务，教师必须坚持完整的观点，随教学的进程、环节及具体情况的变化，注意各种教学策略之间的有机配合，充分发挥教学策略体系的整体综合功能。第三，要坚持以学生为主体的教学理念。教师的教是为了学生的学，学生是学习的主人。教学的根本目的在于使学生学会做学习的主人，自觉主动地学习，成为自我发展的主体。教学策略的运用应以此为根本指导思想，通过采用各种有效的形式去调动学生学习的积极性，引导学生通过自己积极的智力活动去掌握知识、发展智力、完善人格。第四，要寻求教学策略的多样化配合和变通运用。教学过程是具体而复杂的，教学内容是丰富多彩的，教学要完成的任务又是多方面的。因此实际教学过程中应当有多种策略，不可能一种策略从头到尾用到底，要根据不同的教学目标、不同的教学情境、不同的教学环节，采用不同的教学策略。从学生方面而言，必须根据学生的学习准备、认知风格、学习进度、学习技能等方面的个别差异来作出相应的变化和调整。教学策略应呈现动态可调的结构。

第四节 职业教育教学的课堂管理

课堂是学校最基本的教学单位，学校要完成的教育教学工作都要通过课堂去实现。课堂教学效率的高低，取决于教师、学生和课堂情境这三大要素的相互协调。

一、课堂管理的目标

课堂管理是一种协调和控制的过程，是管理的一种特殊形式，是指教师在教学活动中有目的、有组织地通过协调课堂内各种人际关系，吸引学生参与课堂活动，使课堂情境达到最优化，从而实现预定教学目标的过程。教师要顺利完成教学的各个环节，需要实现以下的课堂管理的目标。

(一)有更多的时间用于知识学习中

课堂教学中，不能有效地把时间用于知识学习的现象时有发生，比如，过多的时间用于热身准备或导入，或者停止讲课花许多时间去感慨时事。要保证课堂学习时间的有效使用，教师需要有以下准备：(1)课前对整节课的时间安排有一个总体的设计。考虑课程知识的类型、教学目标的要求、以及学生的知识准备、学生的年龄特点、知识学习中的重点难点等因素，在此基础上协调教学时间的安排。(2)思考应急对策。课堂中可能发生的应急事件多种多样，学生的个性不同，学习能力不同，课堂上的表现也可能是多种多样的。应对可能的突发事件，如何保证教学任务顺利完成也是教师课前需要考虑的内容。(3)充分利用课堂时间。学生的学习有效果，很大程度上得益于在课堂上充分利用时间。教师需要精心地使用课堂的每一分钟。心理学的研究认为，人的注意力有起伏现象。教师需要考虑学生可能出现注意力起伏的时间，恰当地变换教学活动，保持学生的注意力稳定在课堂学习中。

(二)有更多的学生投入学习

在课堂教学中，常可以观察到这样的现象，老师提出一个问题，让某个学生回答。当这样的提问连续进行时，一些没有被提问的学生就开始开小差，讲话或搞小动作了。从学生投入学习的角度看，被提问的学生是最受益的，而没有被提问的学生如果有开小差的现象，则他们可能浪费了课堂的学习时间。为了使更多的学生投入到学习活动中，教师要注意以下方面：（1）确保每个人都知道参与活动的规则。比如，教师要求学生以小组为单位看图片完成一些任务。在实际的课堂中，常常可以观察到，有的小组很快就完成了任务，而有的小组却在玩耍。有时候，并非他们不能完成任务或只为了玩，有可能的情形是他们不知道老师的要求和完成任务的规则。（2）确保所要求的任务适合学生的能力。基于"跳一跳能摘到桃子"的理念，所分配的学习任务是学生经过努力能够实现的。（3）分配任务的信息是具体明确的。最好的办法是除了言语的说明，教师能把关键词或概念板书在黑板上，告诉学生你要他做什么，达到怎样的状态才是合适的。（4）确保关注到每个学生的反应。教师可能要走到课堂中的每个角落，观察学生完成任务的情况。

(三)学生学会自我管理

培养学生成长，一个很重要的结果就是学生学会自我管理，管理自己的学习、情绪和行为。可以通过以下的方面来实现：（1）引导学生正确认识自己。学生学会自我管理的一个前提条件就是唤起学生的自我意识，使学生对自己的思想、行为有一个客观的认识，并能与社会规范、学校要求相对照，调整自我认识，能够按照学校、社会的要求规划自己的行动。（2）强化责任感教育。责任是个人对待自己的职责、义务、群体要求、社会规范等的态度体验。一个有高度责任感的人也必然有较强的自我管理能力。培养学生责任感的一个重要措施就是教师需要帮助学生形成合作团结的班级氛围，并使每个学生清楚意识到自己在班级中应尽的责任和义务。（3）营造自我管理的氛围。可以通过团体的约束来使学生形成自我管理的能力。在课堂纪律的维护、学习过程的要求方面，可以制订一些课堂准则和行为规范。与传统不同的是，这些准则和规范的制定，不是教师或上级教育管理机构制定好了张榜贴在教室里，而是由学生们共同讨论来制宁，同时提出奖惩措施。如果教师或学生违犯了准则，都要按照奖惩措施严格执行。若所制定的措施在实施过程中发现操作上的问题，还可以适当调整或修改。心理学的研究表明，团体的约定对个体行为的管理更具有约束力。

二、课堂管理的策略

有效的课堂管理可以调动学生的学习积极性，引导学生投入到学习情境中。美国著名课堂纪律研究专家库宁（J. Kounin）研究了课堂管理高成效和低成效的教师的课堂管理方法，二者非常类似，他们的主要区别在于成功管理的教师能以良好的教学方法和课堂组织防止问题行为的发生，成功管理的教师在教学准备、教学组织及活动之间的顺利转移上，都更胜一筹。这些教师善于从一开始就激发学生的兴趣，注意在整节课中有效地吸引学生的注意力，安排具有个性化的作业等方法，使学生的活动一直围绕着教学有序展开。库宁把有效课堂管理者的行为特点归纳为四个方面：明察秋毫、一心多用、整体关注和变换管理。

(一)明察秋毫

明察秋毫就是指教师使学生知道，他注意到了课堂里发生的每一件事，没有漏掉任何一件事。善于"明察秋毫"的教师会尽量避免被少数几个学生吸引或只与他们交流。他们总是扫视教室，与每个学生保持眼光接触。这样，学生就会知道他们一直在受教师关注。这些教师知道是谁在捣乱，甚至在板书时也能意识到身背后发生的事情。他们能预防小面积的捣乱慢慢衍变成大面积的混乱，并且能准确地处理当事者，不会犯"时机错误"（等很长时间才进行干预），或"目标错误"（谴责错了学生，让真正的肇事者"逍遥法外"）。

(二)一心多用

一心多用指同时跟踪和监督几个活动。这一方面的成功，同样也需要教师不断地监控全班。例如，当教师不得不检查个别学生的作业时，还关照到其他的学生，并督促他们继续学习，使他们不因教师去检查别人的作业而自己打伴、开小差，仍然维持在学习的状态。一心多用要求教师不仅考虑自己的活动，还要关注学生的反应和正在进行的活动。

(三)整体关注

整体关注是指教师使尽量多的学生投入适当的班级活动中。在课堂上，教师应避免把注意力集中在一两个学生身上，要尽可能使所有的学生都有事可做。例如，教师可以要求每个学生写出某个问题的答案，教师在班上走动，了解所有学生对知识的理解和运用。

(四)变换管理

变换管理是指教师采取适当而灵活的进度并多样化地变换活动。有效的教师在课堂教学中能够避免教学内容或教学环节的突然过渡，他在处理各个教学环节方面表现得灵活而不生硬。例如，教师不会在赢得学生注意之前就宣布一个新的活动，或者在另一个活动中间开始一个新的活动。有效的教师会通过各种方式如表情、手势、语气、走动、言语等多种方式引导学生的注意力，以完成新任务。

库宁的有效课堂管理策略的研究启发我们，要创建良好的课堂秩序和纪律，既需要合理的课堂管理观念的指导和纪律制度的规范，更需要课堂教学的完善和改进。总之，以科学的教学行为进行课堂管理，完善课堂秩序，使学生在课堂上获得胜任感和自我价值感，积极地投入学习，是当代课堂管理的基本共识。

三、课堂问题行为的应对与矫正

(一)课堂中常见的问题行为

广义上，问题行为是指任何一种引起"麻烦"的行为①。这里要讨论的问题行为是指干扰学生学习和妨碍班级团体有效发挥作用的行为。比如，违反学校和班级的行为规范要求，不能有效地参与学习，恶意攻击，打架斗殴，过分盲从或逆反，过分退缩或紧张焦虑等，都属于问题行为。

学生的问题行为表现各有不同，为了更好地加以认识和研究，有人将学生的问题行为进行分类。我国心理学家根据调查研究，从学生行为表现的主要倾向来划分，把学生的问题行为分成两大类：一类是外向性的攻击型问题行为，包括活动过度、行为粗暴、上课不专心、与同学不能和睦相处，严重的还有逃学、欺骗和偷窃行为；另一类是内向性的退缩型问题行为，包括过度的沉默寡言、胆怯退缩、孤僻离群或者神经过敏、烦躁不安、过度焦虑等。

心理学家奎伊(H. C. Quay)把问题行为分成人格型问题行为、行为型问题行为、情绪型问题行为三种。人格型问题行为主要带有神经质的特征，常表现出退缩行为。这类学生过分忧虑、自卑、神经过敏，在课堂中的主要表现为：害怕被老师提问和批评，焦虑不安；无端猜疑；沉默寡言，胡思乱想等。行为型问题行为主要具有对抗性、攻击性或破坏性等特征。这类学生容易冲动，缺少耐心，课堂的主要表现为：做练习马虎，动作出错频繁；喜欢与同学讲话，难以安静地坐着；尖声怪叫，吵嚷起哄；有时动手动脚，欺负同学。情绪型问题行为主要是由于过度焦虑、紧张、情绪多变而导致的行为障碍。主要表现为：漫不经心，情感淡漠，态度忸怩，依赖性强，逃避身体活动，不能独立练习，

---

① [美]C. 林格伦. 课堂教育心理学[M]. 章志光等译. 昆明：云南人民出版社，1983：187.

情绪易紧张、慌乱、抑郁等。

(二)课堂常见问题行为的应对与矫正

问题行为常常会妨碍课堂教学，影响学生自己和他人的正常学习，教师要积极应对和矫正学生的课堂问题行为。

1. 教师积极地关注学生

学生出现问题行为有诸多方面的原因，有神经类型的差异，有成长的影响。教师首先要积极地关注学生，尊重个体的差异，理解学生在成长中遇到的各种问题，设身处地为学生着想，不强制也不急于要求学生按照教师的意愿去改变。要做到这些，教师必须放下架子，改变传统意义上的威严与高傲，理解和尊重学生，做学生的朋友。

2. 行为矫正

行为矫正是系统地应用先前刺激及其后果来改变行为的一种心理治疗技术，它的理论基础是行为主义心理学。行为学派把人的行为看作是环境学习的结果，因此也是可以塑造的，即可以通过学习和训练来获得，也可以通过各种方法来改变和修正。目前，在行为矫正原理基础上发展起来的具体方法种类繁多，主要包括强化、惩罚、消退、模仿、系统脱敏、代币法、行为契约法、认知行为矫正法等多种方法和技术。

3. 发挥班级团体的作用

学生的很多问题行为，如果能放在班级团体的背景下，利用班级团体的力量，则可能使问题解决变得容易或有效。首先，在建立班级团体之初，教师要与学生共同制定团体规范，规范要具有可行性和操作性。良好的团体规范导向能有效地约束学生的行为朝向合理、有序的方向发展。其次，引导团体成员彼此合作并承担责任。合作有助于班级良好人际关系的建立，为班级、他人以及自己的行为承担责任有利于学生责任心、道德感的成长。再次，让学生去讨论班级中所面临的问题的解决方案。即使有时候有些方案不是最好的，教师也要让学生亲自去尝试。这将有助于学生学习调节和管理自己的行为。

4. 积极争取与家长的合作

学生的问题行为与家长的教育有很大的关系。因此，积极争取家长的合作，让家长参与学校的教育，甚至让家长作为辅助教学人员或助手，对改善学生的课堂问题行为有积极的促进作用。教师可以通过多种渠道与家长联系，如家访、请家长到学校座谈、电话、互联网等方式，积极争取家长与学校的合作。

　　不同的职业，职业素质是不同的。对建筑工人的素质要求，不同于对护士职业的素质要求；对商业服务人员的素质要求，不同于对教师职业的素质要求。李素丽的职业素质始终是和她作为一名优秀的售票员联系在一起的，正如她自己所说："如果我能把 10 米车厢、三尺票台当成为人民服务的岗位，实实在在去为社会做贡献，就能在服务中融入真情，为社会增添一份美好。即便有时自己有点烦心事，只要一上车，一见到乘客，就不烦了。"

　　第二，稳定性。

　　一个人的职业素质是在长期执业时间中日积月累形成的。它一旦形成，便产生相对的稳定性。比如，一位教师，经过三年五载的教学生涯，就逐渐形成了怎样备课、怎样讲课、怎样热爱自己的学生、怎样为人师表等一系列教师职业素质，于是，便保持相对的稳定。当然，随着他继续学习、工作和环境的影响，这种素质还可继续提高。

　　第三，内在性。

　　职业从业人员在长期的职业活动中，经过自己学习、认识和亲身体验，觉得怎样做是对的，怎样做是不对的。这样，有意识地内化、积淀和升华的这一心理品质，就是职业素质的内在性。我们常说，"把这件事交给小张师傅去做，有把握，请放心。"人们之所以放心他，就是因为他的内在素质好。

　　第四，整体性。

　　一个从业人员的职业素质是和他整个素质有关的。我们说某某同志职业素质好，不仅指他的思想政治素质、职业道德素质好，而且还包括他的科学文化素质、专业技能素质好，甚至还包括身体心理素质好。一个从业人员，虽然思想道德素质好，但科学文化素质、专业技能素质差，就不能说这个人整体素质好。相反，一个从业人员科学文化素质、专业技能素质都不错，但思想道德素质比较差，同样，我们也不能说这个人整体素质好。所以，职业素质一个很重要的特点就是整体性。

　　第五，发展性。

　　一个人的素质是通过教育、自身社会实践和社会影响逐步形成的，它具有相对性和稳定性。但是，随着社会发展对人们不断提出的要求，人们为了更好地适应、满足、促进社会的发展的需要，总是不断地提高自己的素质，所以，素质具有发展性。①

---

　　①　许启贤．职业素质及其构成[J]．江西师范大学学报，2001(4).

三、职业素质结构

从总体看，人的职业素质包括能力、人格、理念、健康四大要素，每一个要素之中又有若干子要素，这些要素的不同组合就形成人们五光十色、大相径庭的素质。能够使职业生涯成功的素质的关键，在于一个人特定的生涯发展所必需的各种要素齐备，并且有着科学、合理的组合。这种组合，正反映了成功素质的多维性。从一般的角度来看，人的职业素质结构如图8-1所示。

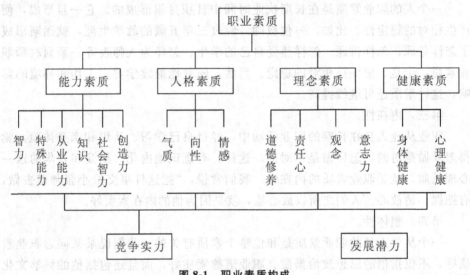

图 8-1　职业素质构成

四、职业素质测评

我国的职业素质测评工作在20世纪80年代才开始兴起，20世纪90年代中后期普遍应用在人才选拔和招聘方面，在当今就业压力日增、个人选择多元化的时代，职业素质测评逐渐走向市场。越来越多的大企业把目光投向了素质测评，甚至有不少民营企业，也开始花几十万元到上百万元，根据自己企业的实际情况，专门量身定做一套测评体系。职业素质测评已经广泛用于人才交流、岗位配置和公务员、干部的招聘中，目前正在向产业化方向发展。

1. 职业素质测评的含义

职业素质测评是随着现代科学技术和经济的发展而出现的一门新兴技术，它综合利用心理学、心理测量学、管理学、人才学和计算机等学科知识，对从业者的知识、技能、能力、气质、个性特征、职业倾向等素质进行科学的测量和评估。它有利于用人单位选择合适的人才，避免不必要的培训；同时使从业者了解自身的情况，选择适合自己的工作岗位，从而避免在求职中少走弯路。

2. 职业素质测评的内容

职业素质测评主要从个体的职业能力因素、个人特质因素、职业动力因素（如职业兴趣）等方面进行，具体包括以下内容。

(1)职业能力测验。

职业能力测验是用来测验未来的某种职业成就或职业才能，不同的职业所进行的测量内容也不尽相同。有的测验个体的运动机能，如握力、臂力、投掷力、听力、视力等；有的测量操作动作机能，如简单反应速度、双手协调性、敲击速度及准确性等；还有的测量口头语言能力、书面语言能力、注意力、记忆力、想象力、创造力等。

职业能力测验不同于一般的智力测验，也不同于具体专业知识技能的测验，它主要是通过测试一系列的测验，预测被测者在将来的职位上取得成功的可能性。通过这种测验可以帮助被测者根据自己的性格、能力来确定自己的职业生涯发展规划；帮助被测者确定职业目标，尽可能的发挥出自己最大的潜能；多角度专业化的职业评测维度可以帮助测评者提高个人的工作技能，提高自己的职场竞争力；让用人单位合理的应用职业评测报告结果实现人岗匹配，达到企业和个人的利益最大化。

(2)职业兴趣测验。

职业兴趣反映了职业特点和个体特点之间的匹配关系，是人们职业选择的重要依据和指南。职业兴趣测验是帮助人们明确自己的主观性方向，从而能得到最适宜的活动情境并给予最大的能力投入。职业兴趣测验对管理人员的选拔和安置也起着举足轻重的作用，还可以在能力鉴定的基础上甄别可能取得最大效益和成功的职业。

职业兴趣测验适合于大、中学生、社会一般人员和管理人员。因为大、中学生面临升学、就业的选择，大多数学生在高中甚至到大学阶段都不十分肯定自己的人生抉择，不能正确地判断和了解自己。职业兴趣测验为职业选择提供科学可靠的测评数据，有助于他们恰当地选择职业。对于那些正处于择业阶段的人，即使是成年人，很大一部分人并不能真正了解自己的兴趣。也不能全面了解各种职业的具体情况，他们往往只从有限的知识经验来判断自己的兴趣。因此科学地制订职业兴趣测验对人们的职业选择有十分重要的意义和作用。从企业用人角度来说，对管理人员进行职业兴趣方面的测验，目的就在于确定不同类型的管理活动与不同人的兴趣倾向之间是否存在恰当而合理的匹配关系，从而为科学的管理工作提供基础和保证。

此外还有职业人格测验、就业和创业分析测验和职业操作能力测验。职业人格测验包括对认知风格、组织管理倾向、创业倾向、自信心、挫折承受力、开放性、内外向、情绪稳定性和责任感等方面的测验；就业和创业分析测验主要包括个人就业资源分析量表和个人创业素质分析量表；职业操作能力测验主要包括小部件手指灵巧测验、小部件操作速度测验、操作潜能发展测验、手工效率纸板测验和眼—手协调题本测验等。

五、职业素质测评的意义

职业素质测评是人事决策的基本工具，为人事决策提供可靠、客观的依据和参考性建议，其意义有以下几个方面：

1. 合理配置人才资源

人力资源配置是人力资源管理的基础性工作。传统的人事管理由于缺乏人员素质与能力测评技术，人才资源没有得到科学合理的配置，从而造成人才资源的闲置、埋没和浪费，影响了社会经济和各项事业的发展。现代人事管理利用人员素质与能力测评技术、实现了人才资源的优化配置。因为人员素质与能力测评可以测查人的素质状况、优点及缺点，了解其特长、兴趣和爱好。掌握了这些信息，就可以为人事部门使用、安置人员提供客观依据，为领导进行人事决策提供科学根据。

2. 推动人才资源开发

现代人员素质与能力测评是为现代人事管理提供所需信息的有效途径和方法，因为他所提供的信息最多、最具科学性，因而也是最重要的。实施现代人员素质与能力测评，不但能发现优秀人才和稀缺人才，而且能明确各人的长短优劣，加强培训，扬长避短，最大限度地开发潜能，做到人尽其才，才尽其用。①

3. 在人力管理工作中具有激励效用

素质测评是将被测人员的特征行为与某种标准进行比较，以确定其素质的构成水平。任何人的素质都被确定在一个相应的位置上，以表明素质结构的优

---

① 贾斌，杜大为. 人员素质与能力测评[M]. 北京：电子工业出版社，2006：12.

劣与水平的高低，每个被测人员的行为将基本上按照这个标准进行调整与安排、由于每个被测人员都有自我尊重与上进的愿望，希望自己在测评中取得好成绩、好结果，因此素质测评能促进个体素质的培养与修养行为向着社会所需求的方向发展，能从外部激发个体的内部动机，使被测人员的素质开发行为更加自觉、更加积极地去接受并维护测评标准，从而促进与提高被测人员的素质与能力水平。[1]

六、职业素质测评的工具

职业素质测评工具的研制，是职业素质测评的核心内容。自职业素质测评诞生以来，职业素质测评工具的研制一直得到研究者的广泛关注。在职业素质测评工作中，研究者普遍使用的是心理测验量表，最近几年又有一些研究者把测验量表改编为软件的形式，更好地促进了职业素质测评的发展。总体上看，当前编制的职业素质测评工具主要有两大类：

第一类是综合型职业素质测评工具，如《一般能力倾向成套测验》和《霍兰德职业兴趣量表》，可以用来进行多种职业的素质评定，这类量表适用面广，更适合当前职业素质测评与人员选拔的需要，因此，我国目前关于职业素质测评工具的编制，也主要集中在对这类综合型的职业素质测评量表的修订和编制上。除了对《一般能力倾向成套测验》和《霍兰德职业兴趣量表》等国际上通用的职业倾向测量量表进行修订，还有不少人根据这类综合型职业量表的编制思路，进一步改造和扩充而编制了类似的综合性职业量表。目前许多人才市场使用的职业量表或测评工具，基本上就属于这类综合性的职业素质测评工具。还有人把很多著名的人格测验量表（如 16PF、EPQ 等）转变为职业倾向测量，并编制出测量软件，根据受测者的人格特点确定其适合的职业类型。这类也属于综合型的职业素质测评工具。

第二类是单项的职业素质测评工具，如国内编制的《一般行政能力倾向测验（简称 GAAT）》和企业管理倾向测验（简称 MAT），就是属于这一类型。《一般行政能力倾向测验》主要用于国家公务员的选拔，《企业管理倾向测验》主要用于企业管理人员的选拔，它们主要考察受测者是否具备了从事某类职业所需要的基本素质（称为胜任特质）。《一般行政能力倾向测验》主要测量行政人员 4 种职

---

[1]　周文，龚先，方浩帆．素质测评与职业生涯规划［M］．长沙：湖南科学技术出版社，2005：90～91.

业素质：数量关系、言语理解、判断推理和资料分析。《企业管理倾向测验（简称 MAT）》主要测量企业管理人员 5 种职业素质：言语理解、数量关系、逻辑推理、资料分析和思维策略。

第二节 职业素质测评的方法

职业素质测评产生以后，逐渐在政府机构及工商企业各界的人才选拔与评价中得到广泛应用。如今在西方，以"心理测评"为主要内容的人员测评非常盛行，从筛选员工到选拔管理层，全球大大小小的组织都普遍采用职业心理测评。目前开发的较成熟的职业素质测评方法也逐渐增多。

一、心理测验法

心理测验又叫心理测量，是指依据一定的心理学理论，按照一定的操作程序，通过对一部分人的有代表性的行为进行观察、分析，从而对贯穿在人的全部行为活动中的某些心理特征做出推理和数量化分析的一种科学手段。心理测验的方法是职业素质测评中常用的方法之一，在职业素质测评中常用的心理测评的方法有以下几种：

（一）智力测验

智力测验旨在测量个人的智力（即一般认知能力）水平的高低。这是心理测量最早涉及的领域。国内外比较著名的智力测验有"斯坦福－比奈量表"、"韦克斯勒智力量表"、"瑞文推理测验"等。

1. 斯坦福－比奈量表测验

斯坦福－比奈智力量表经过多次修订，于 1986 年公布第四次修订版。量表共包含 15 个分测验，可以评定 4 个认知领域，即言语推理、抽象/视觉推理、数量推理和短时记忆。

斯坦福－比奈测验以个别方式进行，成人被试不超过 90 分钟。测验程序是以稍低于被试实际年龄组开始，如果在这组内有任何一项目未通过则降到低一级的年龄组继续进行，直至某组全部项目都通过，这一年龄组就作为该被试智龄分数的"基础年龄"；然后再依次实施较大的各年龄组，直至某组的项目全部失败为止，此年龄组作为该被试的"上限年龄"。被试的智力年龄总分就是基础年龄加上分散于各年龄组的所有通过项目的分数。

从 20 世纪 20 年代起，我国心理学家陆志伟和吴天敏便开始斯坦福一比奈智力量表的中国版修订工作。1924 年，陆志伟在 1916 年斯比量表的基础上修订而成《中国比内西蒙智力测验》。1936 年他和吴天敏合作发表第二次修订本。1978 年，吴天敏主持第三次修订，1982 年完成《中国比内测验》。

中国比内测验必须个别施测，并且要求主试必须受过专门训练，对量表相当熟悉且有一定经验，能够严格按照测验手册中的指导进行施测。为了节省测验时间，吴天敏在《中国比内测验》的基础上又制定了一份《中国比内测验简编》，由 8 个项目组成，通常只需 20 分钟即可测完。

2. 韦克斯勒智力量表测验

韦克斯勒智力量表简称韦氏智力量表，由美国心理学家韦克斯勒所编制，是继比内—西蒙智力量表之后为国际通用的另一套智力量表，分为韦氏成人智力量表（WAIS）和韦氏儿童智力量表（WISC）。韦氏成人智力量表主要包括言语量表和操作量表两个部分，具体内容如下：

（1）言语量表：包括六项内容。

知识：智商越高的人，兴趣越广泛，好奇心越强，因此所获得的知识就越多。所以这项测验主要测量被试的知识广度、一般的学习及接受能力、对材料的记忆及对日常事物的认识能力。

领悟：此测验主要测量判断能力、运用实际知识解决新问题的能力以及一般知识。该测验对智力的 G 因素负荷较大，与知识测验相比，受文化教育影响小，但记分难以掌握。

算术：此测验主要测量数学计算的推理能力及主动注意的能力。该能力随年龄而发展，故能考察智力的发展，同时对预测一个人未来心智能力很有价值。

相似性：此测验设计用来测量逻辑思维能力、抽象思维能力与概括能力，是 G 因素的很好测量指标。

数字广度：此测验主要测量人的注意力和短时记忆能力。临床研究表明，数字广度测验对智力较低者测的是短时记忆能力，但对智力较高者实际测量的是注意力，且得分未必会高。

词汇：本测验主要测量人的言语理解能力，与抽象概括能力有关，同时能在一定程度上了解其知识范围和文化背景。研究表明，它是测量智力 G 因素的最佳指标，可靠性很高。但其记分较麻烦，评分标准难掌握，实施时间也较长。

（2）操作量表：包括五项内容。

数字符号：该测验主要测量一般的学习能力、知觉辨别能力及灵活性，以及动机强度等。该测验与工种、性别、性格和个人缺陷有关，不能很好地测量智力的 G 因素，但具有记分快、不受文化影响的特点。

图画填充：此测验主要测量人的视觉辨认能力，以及视觉记忆与视觉理解能力。填图测验有趣味性，能测量智力的 G 因素，但它易受个人经验、性别、生长环境的影响。

木块图：该测验主要测量辨认空间关系的能力、视觉结构的分析和综合能力，以及视觉—运动协调能力等。在临床上，该测验对于诊断知觉障碍、注意障碍、老年衰退具有很高的效度。

图片排列：此测验主要测量被试者的分析综合能力、观察因果关系的能力、社会计划性、预期力和幽默感等。它也可以测量智力的 G 因素，可作为跨文化的测验。但此测验易受视觉敏锐性的影响。

图形拼凑：此测验主要测量处理局部与整体关系的能力、概括思维能力、知觉组织能力以及辨别能力。在临床上，此测验可了解被试的知觉类型，他对尝试错误方法所依赖的程度，以及对错误反应的应对方法。此测验与其他分测验相关较低，并对被试的鉴别力不甚高。

1982 年，在湖南医学院龚耀先主持下修订出版了 WAIS 是中国修订本（简称 WAIS-RC）。此量表内容上变化不大，只是删除了部分完全不符合我国文化背景的题目，并根据我国常模团体的测验结果对测验项目顺序作了适当的调整。

3. 瑞文标准推理量表测验

瑞文标准推理测验是由英国心理学家瑞文（J. C. Raven）于 1938 年编制的非言语智力测验。瑞文标准推理测验有 60 道题，依照题目难度高低分为 A、B、C、D、E 五组，每组 12 题，组内题目也是依照由易到难排列，所用解题思路一致，而各组之间有差异。从直观上看，A 组主要测知觉辨别力，图形比较，图形想象力等方面的能力；B 组主要测类同比较，图形组合等方面的能力；C 组主要测比较推理和图形组合方面的能力；D 组主要测系列关系，图形套合，比拟等方面的能力；E 组主要测互换、交错等抽象推理的能力。本测验通过评价被测者这些思维活动来研究他的智力活动能力。

该测验的优点在于适用的年龄范围宽（6～70 岁），测验对象不受文化、种族与语言的限制，并且可用于一些生理缺陷者。本测验既可个别进行，也可团体实施，使用方便、省时省力，结果解释直观简单，测验具有较高的信度与效度，可以用于智能诊断和人才选拔。

瑞文推理量表一般来说没有严格的时间限制，但在必要的情况也可限制时间，比如在进行个别测验时，如果记录下测试所用时间，并分析其错误的特性，将助于了解被试者的气质，性格和情绪等方面的特点，通常情况下完成瑞文标准推理测验需要 40 分钟左右。

（二）人格测验

人格是个体在适应环境过程中所形成的独特行为和特质形式，它构成一个人的思想、情感及行为是特有模式，这个独特模式包含了一个人区别于他人的稳定而统一的心理品质。

人格测验就是通过一定的方法，对在人的行为中起稳定的调节作用的心理特质和行为倾向进行定量分析，以便进一步预测个人未来的行为。对人格特点的评估有助于了解个体的主要人格特征，预测其兴趣爱好、行为风格、未来在某一特定情境中的可能表现，以及可能存在的性格弱点。因此，人格测验在心理咨询门诊、人员选拔、职业选择指导以及个体发展咨询、学校教育等方面得到了广泛的应用。常用人格测验有以下几种：

1. 艾森克人格量表测验

艾森克人格测验（简称 EPQ），是英国心理学家艾森克（H. J. Eysenck）及其夫人编制，是目前国际上应用较为广泛的一种有效的人格测量工具，对分析人格特质及其机构具有十分重要的作用。

EPQ 由 P、E、N、L 四个分量表构成，主要用于测量内外向（E）、神经质（.）、精神质（P）三个人格的维度上的特征。L 是测谎量表，用于辨别被测者回答问题的真实性。

E 量表：内外倾性。高分表示人格外向，渴望刺激、敢于冒险，情感外露、容易冲动，爱好交际，开朗、活泼。低分表示人格内向，好静，富于内省，感情不易外露，除了亲密朋友之外，对一般人缄默冷淡；不喜欢刺激、冒险和冲动，喜欢有秩序的生活方式，情绪比较稳定。

N 量表：神经质。反映的是正常行为，并非指病症。高分表示可能焦虑、紧张、担忧、闷闷不乐、忧心忡忡，情绪起伏较大，情绪反应不够理智。低分表示情绪反应缓慢且较轻微，善于控制情绪，比较稳重，性情温和。

P 量表：精神质。并非指精神病，它在所有人身上都存在，只是程度不同。但如果某人表现出明显程度，则易发展成行为异常。高分表示可能孤独，不关心他人，难以适应外部环境，缺乏同情心，反应迟钝，对人怀有敌意，固执、倔强，喜欢寻衅，具有攻击性，且不顾危险。低分表示能与人相处，能较好地适应环境，态度温和，不粗暴，善解人意。

L量表：测定被试的掩饰、假托或自身隐蔽，或者测定其社会性朴实幼稚的水平。高分者表示有掩饰，也可能较成熟老练，它本身代表一种稳定的人格功能。

艾森克测验主要用于团体测验，目前被广泛应用于医学、司法、教育等领域，适合初中及以上年龄的人群测试。

2. 卡特尔16种人格因素测验

卡特尔16种人格因素测验(简称16PF)是美国伊利诺伊州立大学人格及能力测验研究所雷蒙德.B.卡特尔(Raymond B. Cattell)教授经过几十年的系统观察和科学实验，以及用因素分析统计后编制而成的一种精确的测验。

16PF主要是对个体人格因素进行分析，从16个方面对描述个体基本的人格特征，这16个因素分别为：(A)乐群性、(B)敏锐性、(C)稳定性、(E)影响性、(F)活泼性、(G)规范性、(H)交际性、(I)情感性、(L)怀疑性、(M)想象性、(N)世故性、(O)自虑性、(Q1)变革性、(Q2)独立性、(Q3)自律性、(Q4)紧张性。16种个性因素在一个人身上的不同组合，就构成了一个人独特的人格，完整地反映了一个人个性的全貌。

本测验是评估16岁以上个体人格特征的最普遍使用的工具之一，广泛适用于各类人员，对被试的职业、级别、年龄、性别、文化等方面均无限制。测验不限定时间。应试者做题时应以对问题的第一印象尽快回答，无须过多斟酌。一般用30—45分钟可以完成。测试结果与特征描述具体见表8-1。

表8-1　卡特尔16种人格因素测验测试结果与特征描述

因素	低分特征	高分特征
A. 乐群性	缄默，孤独，冷漠	外向，热情，乐观，容易交往
B. 敏锐性	思想迟钝，学识浅薄，抽象思考能力弱	聪明，富有才识，善于抽象思考，自我表达能力强，思考敏捷正确
C. 稳定性	情绪激动，易烦恼，心神动摇不定，易受环境支配	情绪稳定而成熟，能沉着冷静面对现实
E. 影响性	谦逊，顺从，通融、恭顺	好强固执，独立积极
F. 活泼性	严肃，审慎，冷静，寡言	轻松兴奋，随遇而安

因素	低分特征	高分特征
G. 规范性	苟且敷衍，缺乏奉公守法的精神	有恒负责，做事尽职
H. 交际性	畏怯退缩、缺乏自信心	冒险敢为，少有顾忌
I. 情感性	理智的，着重现实，自恃其力	敏感，感情用事
L. 怀疑性	依赖随和，易与人相处	怀疑，刚愎，固执己见
M. 想象性	现实，合乎成规，力求妥善合理	勤于思考，爱幻想的，狂放不羁，不拘泥于事件本身，倾向思索有限事实之外的东西
N. 世故性	直率，坦白天真	精明能干，世故
O. 自虑性	安详，沉着，有自信心	忧虑抑郁，烦恼自扰
Q1. 变革性	保守的，尊重传统观念与行为标准	自由的，批评激进，不拘泥于现实
Q2. 独立性	依赖，随群附众，希望成为组织中的一员	自立自强，独立解决问题
Q3. 自律性	矛盾冲突，不顾大体	知己知彼，自律谨严
Q4. 紧张性	心平气和，闲散宁静，很少对别人不满	紧张困扰，激动挣扎，经常感到不满

3. 爱德华个性偏好测验

爱德华个性偏好量表一般简称为 EPPS。是美国心理学家爱德华（A. L. Edwards）于 1953 年编制的一种自陈式人格调查量表。它以美国心理学家莫瑞提出的人类 15 种需求为理论基础所编制的，主要测量个体在 15 种不同的心理需求上的反应倾向。EPPS 不仅可作为心理咨询的工具，而且在职业指导和人员选拔中也被广泛运用。

EPPS 主要用于测量以下 15 种需要和动机：成就、顺从、秩序、表现、自主、亲和、省察、求助、支配、谦逊、慈善、变异、坚毅、性爱、攻击。这套测验是为大学生和成年人所设计的。EPPS 由这 15 种需要分量表和 1 个稳定性量表组成，共包括 255 个题目，平均分配到 15 个量表中，其中有 15 个重复题目，用以检查反应的一致性。每个题目都由一对以第一人称叙述的句子组成，两个句子分别隶属于不同的需要分量表，要求被试根据自己的个性偏好从二者中选一。最后，通过特殊的记分方法得到被试在 15 个分量表上的分数，从而了解被试的个性偏好。

EPPS 的主要特点在于采用强迫选择法来控制社会赞许性。所谓社会赞许性指的是题目内容受社会舆论赞许和反对的程度。被试往往倾向于对那些受社会赞许的题目作肯定回答,对不受社会赞许的题目作否定回答。例如,"我喜欢对我的朋友忠实"一题,大多数被试会做肯定回答,因为这符合社会规范,社会赞许性较高。这种社会赞许性可能会使被试隐瞒内心的真实想法而去迎合社会道德,而不真实地作答。为了控制社会赞许性的影响以提高测验的有效性,爱德华采用了强迫选择法来编制问卷。强迫选择法即要求被试在两个(或多个)具有相同社会赞许性而又测不同特质的题目(陈述、短语或词汇)之间作一个选择,每对题目可能是同样受称许的,也可能是同样不受称许的,二者不可兼选,必须将最符合自己情况的陈述选出来。例如,对于上例,EPPS 做如下处理:

A. 我喜欢对我的朋友忠实。

B. 对所有我承担的事,我喜欢尽力做好。

对这两个社会赞许性基本相等的题目,被试必须从中选一个。根据这种思路,EPPS 的 15 个分量表中,每个量表的每个句子都必须轮流与其他量表的句子配对,组成题目,每个句子皆重复两三次,构成整个量表。对于特定的人来说,某一题目的两个句子的赞许性不见得完全相同,但若将所有题目平均起来,则社会赞许性效应便基本抵消了。通过使用强迫选择形式,被试必须在项目内容的基础上,而不是在陈述的社会需求的基础上作出反应。强迫性选择的使用也导致了可比性分数——这些分数显示出个体之间各种需求的相对强度。这就出现了有关得分的解释和效度研究中的一些问题。比如两位被试可能在一个测验中获得相同的分数,但他们的需求和动机的绝对强度是不一样的。

二、能力倾向性测验

传统的智力测验自从诞生之日起便被广泛的应用于各个领域,在对个体差异的测量,尤其是对个体的分类和预测起到非常重要的作用。但随着经济及社会的发展,单靠智力测量无法满足现实的需要,特别是对于职业选择和人员招聘来说,单单靠智力测验是远远不够的,社会迫切需要能够辨别和判断在不同能力因素上的个体间以及个体内部差异,这样能力倾向性测验便应运而生。

能力倾向性主要是指受先天的或遗传的影响,而不直接依靠后天的教育或学习的潜在的能力趋势,主要反映个体从未来的训练中获取的能力。能力倾向性测验主要用于测验个体在未来的学习或者工作中可能达到的成功程度。在职业素质测评中常用的能力倾向性测验主要有一般能力倾向成套测验。

一般能力倾向成套测验（简称 GATB），是由美国劳工部就业保险局于 20 世纪 50 年代出版、70 年代修订的，是职业咨询和职业安置中非常有效的一套测验。由于这套测验在许多国家被广泛使用，因而备受推崇。后来，日本劳动省将 GATB 进行了日本版的标准化，制定成《一般职业适应性检查》（1969 年修订版）。这套测验主要是实现对许多职业领域中工作所必需的几种能力倾向的测定。它由 15 种测验项目构成，其中 11 种是纸笔测验，其余 4 种是操作测验，两种测验可以测定 9 种能力倾向。这 9 种能力倾向具体内容如下：

一般智力（G）。指一般的学习能力。对测验说明、指导语和诸原理的理解能力、推理判断的能力、迅速适应新环境的能力。可有词汇、算术推理和空间关系 3 个分测验相结合测量而得。

言语能力（V）。指理解言语的意义及与它关联的概念，并有效地掌握它的能力。对言语相互关系及文章和句子意义的理解能力。也包括表达信息和自己想法的能力。

数理能力（N）。指在正确快速进行计算的同时，能进行推理，解决应用问题的能力。

书写知觉（Q）。指对词、印刷物、各种票类之细微部分正确知觉的能力。能直观地比较辨别词和数字，发现有错误或校正的能力。

空间判断能力（S）。指对立体图形以及平面图形与立体图形之间关系的理解、判断能力。

形状知觉（P）。指对实物或图解之细微部分正确知觉和能力，根据视觉能够对图形的形状和阴影部分的细微差异进行比较辨别的能力。

运动协调（K）。指正确而迅速地使眼和手相协调，并迅速完成操作的能力。要求手能跟随着眼能看到的东西正确而迅速地作出反应动作，并进行准确控制的能力。

手指灵巧度（F）。指快速而正确地活动手指，用手指很准确地操作细小东西的能力。

手腕灵巧度（M）。指随心所欲地、灵巧地活动手及手腕的能力。如拿着、放置、调换、翻转物体时手的精巧运动和腕的自由运动能力。

适用于初三以上年级的高中学生及成年人，一般团体测验，测验时限为 120～130 分钟，主要用于职业指导和就业咨询。

三、职业兴趣测验

兴趣是个体力求认识某种事物或从事某种活动的心理倾向，表现为个体对某种事物、某项活动的选择性态度或积极的情绪反应。

不同的人兴趣各不相同，同一个人也有各种不同的兴趣。其中职业兴趣是职业的多样性、复杂性与就业人员自身个性的多样性相对应下反映出的一种特殊的心理特点，一般是指人们对希望从事的职业或工作的愿望或偏好。一个人事业上的成功，不仅受到一个人的能力倾向的影响和制约，而且与人的职业兴趣有着密切的关系，取得成就的人除了有着卓越的才能，他们往往具有对自己所从事的职业的强烈的兴趣。

目前，心理测验学家对兴趣的研究很多，但多数都集中在比较稳定的职业兴趣方面，常见的职业兴趣测验主要有以下几个方面：

(一)斯特朗—坎贝尔职业兴趣测验

斯特朗—坎贝尔兴趣问卷(SCII)是 1927 斯特朗(E. K. Strong)根据经验编制出的世界上第一个正式的兴趣问卷。他的方法是先编制涉及各种职业、学校科目、娱乐活动及人的类型的问卷，然后取两组被试，一组代表专门从事某种工作的标准职业者，另一组代表一般人，让两组被试接受测查，将两组被试反应不同的题目放在一起，构成职业兴趣量表。当时仅适用于男性，专门为女性而编制的量表则于 1933 年出版。

1963 年斯特朗教授去世后，坎贝尔(D. P. Campbell)主持了 1966 年、1969 年的修订，增加了基本兴趣量表(BIS)和一般职业主题(GOT)，更名为斯特朗—坎贝尔兴趣问卷(简称 SCII)，以后又相继进行了多次修订，主要有以下几种改变：

第一，引用一套理论构架作为分数组合和解释的依据；

第二，提供了新的男性及女性样本，并重新建立常模；

第三，增加了很多只需大学以下学历即可从事的职业、技术工作量表。

斯特朗—坎贝尔兴趣量表是国外流行的职业兴趣测验，它被广泛地应用于人才测评中，对个人职业选择提供了非常有效的讯息，为企业的选员提供了非常有益的信息。

(二)库德职业兴趣调查表

库德 1966 年编制了《库德职业兴趣调查表》(KOIS)，并于 1985 年进行了修订。《库德职业兴趣调查表》由 100 组 3 个项目构成的强迫选择项目组构成，它直接把个人的成绩与标准职业组或大学专业组的测验成绩进行比较，如果被测者与哪个标准职业组或大学专业组的分数接近，就说明其对该测验或专业感兴趣，确定感兴趣职业或专业的标准是最高相似系数之下相差 0.06 以内的职业或专业，一般程序 10 个职业或专业。

库德采用的是三择一的强迫选题，即题目每三个为一组，被测者必须在每一组中选出一个自己最喜欢的和一个自己最不喜欢的。每组都要做出选择，不得跳过任何一组，也不能在一组中选出两个自己喜欢的。所得的分数不是描述在某特定职业上得分的多少，而是 10 个广泛的兴趣领域分数。这 10 个兴趣领域是：户外活动、机械、计算、科学、游说、艺术、写作、音乐、社会服务和文书，然后确定与之相应的 10 个同质性量表，被试的结果按这 10 个量表记分，通过得分高低决定重要的兴趣领域。

除职业和大学专业量表外，KOIS 还有职业兴趣评估和个人匹配部分。库德职业兴趣调查表的最新版本同时提供了各种职业分数以及 10 个广泛的、同质的基本兴趣分数，称为职业兴趣评估（简称 VIE）。VIE 以百分位数表示，这些分数与霍兰德的 6 个职业兴趣领域相对应。

（三）霍兰德职业兴趣测验

霍兰德职业兴趣测验（SDS）是由美国著名职业教育专家霍兰德（Holland）根据他本人大量的职业咨询经验以及他所创立的"人格类型"理论的基础上编制的测评工具，是当前所有的职业兴趣类测验的起源，风靡全世界。其核心假设是，人可以分为六大类：

1. 现实型（R）

基本的人格倾向是，喜欢有规则的具体劳动和需要基本操作技能的工作，但缺乏社交能力，不适应社会性质的职业。具有这种类型人格的人其典型的职业包括技能性职业（如一般劳工、技工、修理工等）和技术性职业（如摄影师、机械装配工等）。

2. 探索型（I）

基本的人格倾向是，具有聪明、理性、精确、批评等人格特征，喜欢抽象的、分析的、独立的定向任务这类研究性质的职业，但缺乏领导才能。其典型的职业包括科学研究人员、工程师等。

3. 艺术型（A）

基本的人格倾向是，具有想象、冲动、直觉、理想化、有创意、不重实际等人格特征，不善于事务工作。其典型的职业包括艺术方面的（如演员、导演）、文学方面的（如诗人、剧作家等）。

4. 社会型（S）

其基本人格倾向是，具有合作、友善、善社交、善言谈、洞察力强等人格特征，喜欢社会交往，关心社会问题，有教导别人的能力。其典型的职业包括教育工作者与社会工作者。

5. 管理型（E）

具有冒险、有野心、独断、乐观、自信、精力充沛等人格特征，喜欢从事领导及企业性质的职业，其典型的职业包括政府官员、企业领导等。

6. 传统型（C）

具有顺从、谨慎、保守、实际、稳重等人格特征，喜欢有系统有条理的工作任务，其典型的职业包括办公室人员、会计、打字员等。

霍兰德认为人可以分为六大类，职业环境也可以分成相应的同样名称的六大类，人格与职业环境的匹配是形成职业满意度、成就感的基础。

本测验适用于高中毕业生、在读大中专生、应届大中专毕业生，以及已参加工作但渴望转行，需发现和确定自己的职业兴趣和能力特长的人士自测使用，也适合职业指导、咨询以及培训机构应用于具体的服务中。

四、评价中心技术法

评价中心技术（Assessment Center or Development Center），是近些年来西方企业主广泛使用的一种选拔和评估管理人员尤其是中高层管理人员的人事测评方法。严格来讲评价中心是一种程序而不是一种具体的方法；是组织选拔管理人员的一项人事评价过程，不是空间场所、地点。

评价中心技术是指将各种不同的素质测评方法相互结合在一起的一种新型人员素质与能力的测评技术。它通过设定一种逼真的模拟管理系统或工作场景，将被试纳入该环境系统中，使其完成系统环境下对应的各种工作，如处理公务、主持会议、进行决策等。[①] 在这个过程中，主试人采用多种测评技术和方法，观察和分析被试人在模拟的各种情景压力下的心理、行为、表现以及工作绩效，

---

① 贾斌，杜大为. 人员素质与能力测评[M]. 北京. 电子工业出版社，2006：289.

以测量评价被试人的管理能力和潜能等素质。评价中心最主要的特点之一就是它的情景模拟性，所以又被称为情景模拟测评。评价中心技术具有以下特点：

1. 综合性

与其他素质测评的方法相比，评价中心最突出的特点之一是综合利用各种测评方法和手段，而不只是局限于某一种测评方法。评价中心技术常用的测评方法有问卷、测量、笔试、面试、公文处理、角色扮演和管理游戏等。当然一次具体的评价中心技术不好运用上述所有的测评方法，而是根据具体情况在其中选用适合的几种，从而达到各种测评方法相互取长补短，提高测评的信度。

2. 情境模拟性

评价中心技术另一最突出的特点就是它的情境模拟性，通过模拟现实中的各种情境，从而测评被测人员观察问题、分析问题以及解决问题的能力。

3. 全面性

评价中心突出的特点之一是多种测评技术与手段综合运用，不仅能很好地反映被试人的实际工作能力，还可以测评其他方面的各种能力和素质。如果被试在一项测评中表现不理想，还可以通过其他测评弥补。同时评价中心采用多个测评者共同测评的方式，可以有效避免测评者可能出现的个人偏见。[①]

4. 可靠性

测评中心由多个主试小组成员分别对被试给予评价，减少了因被试水平发挥不正常或个别主试评价偏差而导致的测评结果失真。每项测验后，请被试说明测验时的想法以及处理问题的理由。在此基础上，主试进一步评定被试处理实际问题的能力和技巧，使评价结果的可靠性大大增加。

5. 动态性

将被试置于动态的模拟工作情景中，模拟实际管理工作中瞬息万变的情况，不断对被试发出各种随机变化的信息，要求被试在一定时间和一定情景压力下作出决策，在动态环境中充分展示自己的能力和素质。

6. 预测性

评价中心具有识才于未显之时的功能，模拟的工作环境为尚未进入这一层次的人员提供了一个发挥其才能与潜力的机会，对于测评人员的素质和能力具有一定的预测作用。同时，测评中心集测评与培训功能于一体，为准确预测被试人的发展前途，并有重点地进行培养训练提供了较为有效的手段和途径。

---

① 赵建伟，何玲．人员素质测评理论与方法[M]．成都．四川大学出版社，2007：252.

五、面试法

面试又叫面试测评，是指经过精心设计，在一种特定场景下测评者与被测评者面对面的交流、观察为主要沟通方式的一种测评方法。通过面试可以全面了解被试者心理素质和潜在能力，从而确定其是否符合职位要求。

面试主要测评个性差异，且单位时间中面试对象相对单一，因此对面试的具体内容就有调节的灵活性。与笔试、观察评定不同，面试中被试者的回答行为表现与主试人的评判是相连接的，中介没有任何中介转换形式；面试中主试人与被试者的接触、交谈、观察是相互的，是面对面进行的、主客体之间的信息交流与反馈也是相互作用的。而笔试与观察评定却对命题人、评分人严加保密，不让被试知道。面试的这种直接性提高了主试与被试间相互沟通的效果与面试的真实性，同时也了解了笔试中许多了解不多的信息，增加了人情味。此外，面试者考生与考官发出的信息具有相互影响性。

面试的判断带有一种直觉性，不仅仅依赖于主试严谨的逻辑推理与辩证思维，而且往往也包括很大的印象性、情感性与第六感觉特点。以面谈为基础，同时还可以引入答辩式、辩论式、讨论式、演讲式、案例分析式和模拟操作式等。内容全面，由开始仅限于举止、仪表、知识面发展到对知识素质、品德素质、智能素质、气质、兴趣爱好、愿望理想与动机需要的全面测评，是包括一般素质在内的综合素质测评。

第三节　职业素质测评的实施程序

职业素质的测评过程包含着测评前的准备、测评的具体实施和测评的反馈检验三个阶段。

一、准备阶段

俗话说"万事开头难"，实施职业素质测评是一个极其复杂的过程，因此在实施测评之前要做好充分的准备工作，从而为测评的实施夯实基础，以此确保测评达到良好的效果。

（一）确定测评的目的和测评对象

1. 确定测评目的

测评是解决实际问题的一个工具，测验的选择必须符合我们所进行测验的目的。因为每一个测验都有其特定的用途和适用范围，所以施测者应当对各种测验的适用范围以及特长、优缺点有一个了解。只有明确测评工作的目标，才能做到有的放矢，测评的结果才能更加有效地运用在人员测评工作中。否则，测评工作目标不明确或者目标定位错误，会导致测评工作劳而无功，针对性不强，甚至会产生负面效果。

2. 确定测评对象

测评对象的选择是指，要确定受测人员的类型，是就业咨询性质的还是人员招聘性质的的，例如，当我们的测评的对象是想要了解自己从业趋向，就应该选择职业兴趣测验；当我们的测评是为了人员的招聘、甄选，那么选择能够导致今后工作高绩效的素质作为测评对象。

3. 准备好测评的材料

实测者必须事先把测评过程中需要的各种材料按照一定的次序摆放在特定的位置，以确保受测者能够看到和找到。如果事先不把材料准备充分，到运用过程中必然会手忙脚乱，从而影响测评结果的效度。

（二）选择合理的测评方法和测评工具

不同的测评所使用的测评方法和测评工具不尽相同，甚至有很大的差异。测评方法和测评工具的选择主要由测评对象与测评目标来确定。测评对象不同所使用的测评方法和测评工具必然不同，比如有些量表的制订过程中可分为不同的年龄阶段，如果不考虑年龄特征，测评的效度必然不高，测评便失去了自身的意义。

（三）选择测评人员

测评活动是一个专业性非常强的活动，需要专业的人员才能进行测评，因此对测评人员的选择非常重要。因为测评人员是整个测评活动的施测者，是测评工作具体的负责人。尽管测评的结果受测评工具、测评目的、测评方法等条件的影响，但是测评的结果和效果与测评人员有很大程度上的联系。

选择的测评人员应具有以下条件：具有一定的实际工作经验，具有一定的专业知识，能熟练运用各种测评工具，具有良好的职业道德，做事认真负责。职业测评人员数量的确定可根据不同的测评单位具体来定，但原则上认为，测评人员越多，主观误差就越少，测评效果相应就越好。

(四)测评人员的培训

测评人员是具体实施测评的人员，对测评活动有很大的影响，因此，当我们自行实施测评活动时，应该对他们进行专业培训。然而时下许多测评工作往往忽视了这一点，甚至略过这一环节。一般来说，作为测评活动的具体实施者，测评人员必须很熟悉测评的具体过程和测评指导语，操作细节、测试中易发生的突发事件及应付办法等，所以应该事先由测评方面的专家对测评人员进行培训。基于测评人员需具备的条件，培训的内容一般应该包括测评的方法、具体的过程、具体的操作方法和操作步骤，突发事件的应付方法等。如果时间和条件允许的话，可以让测评人员事先做一做实际的操练。当然，如果是请专门的测评机构、公司来实施测评，就可以跳过这一环节。

(五)测评时间和环境的选择

1. 测评时间的选择

不同类别的测评所用的工具和方法不尽相同，这必然对所花费的测评时间产生不同的影响。

具体的测评时间应该选择能够充分发挥被测人员智慧和能力的时间段，比如中午人容易犯困，身心会比较疲劳，就不适宜安排。另外，在测评工作实施前，要合理地安排测评的先后次序以及两项测评之间的时间间隔。总之，选择测评时间的原则是被测人员最合适的测试时间。

2. 测评环境的选择

测评的环境包括测验场地的温度、通风性、光线的强度、噪声、座位、答题纸的类型、天气等。以上这些因素都会影响测评的结果，因此要加以控制，从而保证每一个受测者都相同。

其次，在测评过程中，务必不能有外界的干扰。因此，必要的时候可在测评的房门外挂一个"正在测评，请勿打扰"的牌子，表示测评正在进行，外人禁止进入。团体测验时，可以把房门锁上或者派一名助手在门外守候，以防止晚来者入场。

再次，测评者的年龄、性别、外表、着装，施测时的言谈举止、表情动作也会影响测验的结果。如果测评者不按规定实施测评，故意制造紧张气氛或者给予受测者特别协助或暗示，以及计时错误等，都会使测评结果产生误差。因此测评者要严格按照测验规定的步骤与方法进行测试，同时还要做到一视同仁。

(六)测评操作程序

测评操作的程序包括标准化的指导语、合理的测评时限、控制协调测评活动、搜集并记录测评信息四个步骤。

1. 标准化的指导语

指导语是指在测评过程中对测验目的的说明和对题目反应的解释，指导语在一定程度是影响着受测者的反应的态度和方式，因此，在测评过程中必须使用统一的标准化指导语。一般来说，标准化的指导语应包括以下内容：

(1)如何选择反应方式(如画圈、打钩、填数字、口答、书写等)。

(2)如何记录这些反应(答卷纸、录音、录像等)。

(3)时间限制。

(4)如果不能确定正确反应时，该如何去做(是否允许猜测等)，以及计分的方法。

(5)当测验题目形式比较生疏时，应该给出附有正确答案的例题。

(6)在某些情况下应告知被测验的目的。

2. 合理的测评时限

测评时限也是标准化的一项内容，测评既要考虑被测者的反应速度，也要考虑解决有难度的问题的能力，因此，对测评时间的控制也是非常必要的。至于时间的限制，不同测验具有不同的规定，测评人员不得随意缩短或者延长测验时间。

3. 控制协调测评活动

在实施测评过程中，如果被测人员产生疑难问题，测评人员应该随时协助他们解决问题，纠正他们的错误。测评活动可能会受到当时很多因素的影响，不可能总是一帆风顺，这就需要测评人员能随时协调与控制各方面的影响，以保证测评活动的顺利进行。

4. 搜索并记录测评信息

实施测评是为了获得有关待测素质的足够信息，在实施测评的过程中要随时随地地收集测评信息，一般来说，搜集的信息越多越详细，测评的效果就越好、越准确。在计分过程中，应该使用具体的测评工具获得测评数据，同时要做到客观化、标准化，保证得到的测评结果能公平、真实地反映被测人员的状况。

二、分析和决策阶段

对测评结果的分析主要包括对测评结果的统计和解释。在解释测验的分数时，应遵循以下原则：第一，测评人员应充分了解测验的性质和功能；第二，对导致测验结果的原因的解释应慎重，谨防片面极端；第三，必须充分估计测验的常模和效度的局限性；第四，解释分数应参考其他有关资料；第五，对测验分数应以"一段分数"来解释，而不应以"特定的数值"来解释；第六，对来自不同测验的分数不能直接加以比较。

在进行决策时应该注意，测评结果只是决策信息的一部分，在参考测评结果的同时，还要考虑其他的因素。另外，在人事选拔时，测评结果往往只给出参考性建议，决策需要有关部门通盘考虑而做出。

运用素质测评是实现人力资源管理科学化的主要目的，因此对待测评要持科学的态度，既要尊重科学，又要尊重客观性。要合理看待素质测评的可靠性与有效性，不能过分迷信素质测评，盲目使用甚至滥用素质测评，会造成对被测者的伤害，同时也就失去了测评的意义。

三、检验和反馈阶段

素质测评是基于不同的测量目的，对测评的结果进行跟踪调查，它属于评估的后续工作。比如，对选拔性的素质测评，就可以根据聘用结果以及员工后来的工作绩效对测评工作进行检验。主要是根据工作绩效对测量结果和聘用进行检验，反思以前工作中的优点和不足，这就为整个测评工作的经验和结果提供了重要的反馈，为测量取得经验性资料，为进一步矫正测量的方式方法，达到更大的精确度提供依据。只有到这一阶段，我们才可以说，一个完整的测评作业系统真正得以完成。

第九章
职业心理与职业指导

职业院校的职业指导包含就业指导，但不是单纯的就业指导，而是引导学生自觉地提高自身全面素质的重要途径。《职业教育法》明确规定："实施职业教育必须贯彻国家教育方针，对受教育者进行思想政治教育和职业道德教育，传授职业知识，培养职业技能，进行职业指导，全面提高受教育者的素质。"职业指导与就业指导虽然只有一字之差，内涵上却有极大差别。职业院校的职业指导应以"全面提高受教育者的素质"为目标，引导学生珍惜在校学习的机会，得到全面发展，为今后一生不断面临的就业竞争奠定基础。

从职业指导的角度引导学生全面提高自身素质，不但容易被学生接受，而且能够得到家长配合，还便于文化课、专业课教师结合教学内容加以实施，使"全面提高受教育者的素质"落在实处。从这个意义上看，不但担任职业指导的教师是指点人生的导师，而且每一位教师都担负着职业指导的任务；不但在毕业年级安排与就业直接相关的指导，而且在低年级就应该安排职业指导的基本内容。

第一节　职业选择与心理测量

随着我国社会主义市场经济体制的逐步确立和教育体制、劳动用工制度改革的不断推进，面对"面向社会、双向选择、自主择业"的就业制度，开展职业指导工作已经成为职业院校一项非常紧迫的任务，也是职业教育实现自我完善和可持续发展的需要。当前解决职业学校发展的困境，应以解决学生的"出口"问题为突破口。应该看到，社会对职业院校的毕业生的需求量越来越大，关键看学校如何适应社会的需要，做好自己的职业指导工作。解决好学生的"出口"问题，将会对学校招生、教学和管理等工作都起到积极的促进和推动作用。

一、职业选择的必要性

现代社会在人与职业之间存在着双向选择：人要选择职业，职业也要选择人。只有实现人与职业之间的合理匹配，才能最大限度地发挥人的潜能，提高各职业工种的效率和质量。职业的双向选择不是凭空提出来的，而是以现代社会职业工种的专门化和人的心理的个性差异为其理论依据的，标志着现代社会的进步和文明程度的提高。

随着生产力的高度发展和科学技术的飞速进步，现代社会职业分工越来越多，越分越细，并不断趋向专门化。据不完全统计，目前全世界职业岗位已达14000 多种，在我国仅专业工种已超过 6000 种。职业活动的专门化意味着不同的职业活动存在着不同的活动结构成分，在不同的职业活动结构成分中虽然存在着共同的活动因素，但是，决定各职业活动质量和水平的，则是职业活动中各自独特的活动结构成分。这种独特的活动结构成分必然会对人的心理素质提出特殊的要求，比如一首优美动听的歌曲不仅要求演唱者要有好的嗓音，而且还要求演唱者有敏锐的节奏感和曲调感，这在一般人中是难以做到的。因此，不同的职业活动对人的心理素质具有不同的要求，这种要求对完成专门化职业活动是至关重要的。由此可见，职业要选择人。

另一方面，人的心理存在着个体差异。由于各个人先天素质不同，后天的生活环境和受教育的条件不同，特别是各个人勤奋努力的程度不一样，因此，人们在心理素质上表现出明显的个体差异。俗话说，人心不同，各如其面，一个人有一个人的特点。比如，人们的理想、信念、价值观、兴趣、能力、气质、性格等都存在着个体差异。就一个人的能力素质而言，不同的人感知、记忆能力不同，思维、想象能力各异，注意广度大小不一，这些都是客观存在的事实。人的心理的个别差异性决定了不同的人必须选择适合自己心理特点的职业工种，才能获得良好的工作效果。而心理测量学正是以数量化的指标来表现人的心理素质的个体差异的一门应用性科学，为现代人类的职业选择提供了科学的心理学依据。

二、心理测量与职业选择

心理测量是使用标准化的测量工具——心理量表，经过标准化的施测程序，对人的各种心理特性——兴趣爱好、能力、气质、性格、价值观等作出数量化的评估，从中探明各个人的特点和个体之间的差异。心理测量在职业选择中占据十分重要的地位，苏联心理学家对某企业中两组缝纫女工进行对比性研究发现，经过能力考核的一组女工因改行所花费的职业培训经费，远远低于未经能力考核的一组女工，而且上岗后的生产指标，也大大超过未经考核组；有人研究发现，经过职业选拔测试的货运汽车司机的肇事和死亡数比未经选拔的司机少73％等。由此可知，在职业选择中，无论是职业选人还是人选职业，都要经过心理测量来了解一个人的个性特点和知识水平方面的差异，以寻求个性特点与职业需求的最佳匹配，才能获得良好的效果。

心理测量的具体方法和种类很多，对于一个人的反应速度、感知觉能力、注意广度、记忆特点等，可以在实验室内借助于各种实验仪器进行测定，而对于一个人的智力、特殊能力、情绪稳定性、气质类型、人格特征等，则采用心理量表进行测定。1993年9月3日，我国《信息日报》特约记者许前伟报道了天津"赛智心理指导与测评中心"为天津经济技术开发投资公司下属企业公开选择招聘20名总经理的消息。消息指出，该中心用《卡特尔16种个性因素问卷》对250多名应聘者的个性特征进行了评判；用初级和高级《瑞文标准推理测验》对应聘者的认知能力、推理和判断能力作了测评；用《爱德华个性爱好量表》测定了应聘者的个性偏好；用《艾森克个性问卷》测量了应聘者的情绪稳定性和性格的内外向程度；用《隐蔽图形测验》测量了应聘者的反应速度、判断能力和抗干扰能力等。显然，这种心理测评的方法不同于以往只考察知识水平的考试，它是从心理素质的全方位上对应聘人员作出的定量化评估，因而是比较客观和科学的。这种测评方法凝聚了千百年来人类智慧的结晶，具有很高的可信性和有效性。有关专家称这种心理测验的方法"将对中国产生跨世纪影响的人才工程"。

在职业选择中应用心理测验应注意以下几个方面的问题：

(一)心理测量必须标准化

科学的心理测量是一种标准化测量，其目的是为了防止无关变量对测量结果的影响。测量标准化包括测量工具标准化和使用测量工具的标准化。从实践应用的观点看后者更重要，因为凡是由心理学工作者编制和修订过的、经专家组鉴定通过的心理量表，其科学性是毋庸置疑的。然而，如何使用好心理量表却是另一回事。经验表明，测量误差更多地产生在测量过程中。比如，有些施测者不能严格按测验指导语施测，有些测量情境并不符合测验手册中规定的要求，有些有严格时间要求的测验并没有严格控制好时间，更有甚者，个别施测者在被试反应过程中有意无意地产生"诱答"现象，这些都是违背标准化测验的规定和要求的，因而必然会产生测量误差，使测试结果不能如实地反映被测人的实际情况，影响职业选择的准确性和可靠性。所以，施测者一定要严格按照测验说明书的要求进行测试，以确保测量过程的标准化和结果的准确有效性。

(二)施测者要结合向被试解释测验分数同时作好思想工作

心理测量仅仅是对一个人心理特点和水平的一种粗略估计，人的心理是发展和变化的，某些高水平的心理素质仅仅是一种潜在的能量，潜能只有通过实践活动才能充分发挥其作用。而某些相对低水平的心理素质通过科学的实践训练也是可以得到改善和一定程度提高的。因此，测试者要引导被测人用唯物辩证法的观点来看待自己测试结果的分数，不要过分迷信测验分数，既要防止被测人因分数高而盲目自满，又要防止其因分数低而悲观失望，要通过测试者的科学标准化解释，使被测人立足于艰苦奋斗，不断前进。

(三)必须注重保密性原则

中国心理学会《心理测验工作者的道德准则》第 6 条规定："为维护心理测验的有效性，凡规定不宜公开的心理测验内容、器材、评分标准以及常模等，均应保密"。心理测量的对象是活生生的人，人有学习和积累经验的能力，因此在测试前，心理测验的题目对被测人一般都要保密。否则，测验将会失去作用。当然，测验内容的性质不同，保密的程度也不同，如人格测验属于典型作为测验，回答结果无所谓对与错，只是从中了解被测人的人格特征，因此把题目公开一些问题不大。但若是最高表现性质的测验，如智力测验、特殊能力测验、学习成就测验等，被测人对问题的不同回答会直接导致不同水平的评价。因此，测试前测验题目对被测人必须绝对保密，这是一条纪律和原则，凡是涉及心理测验的人都必须遵守。只有这样，才能确保心理测量在职业选择中的正确有效性。

第二节　人的个性与职业匹配

选择职业，是全社会凡具有劳动能力的人所面临的最普通、最基本、也是最重要的问题。因为人活着就要解决衣食住行问题，满足生存的基本需要，否则生命将无法维持。而要满足人们的物质要求，就得工作，寻求一份职业，并在职业岗位上实现自己的人生价值。随着社会的发展，现代社会的人们已不再满足于一般的物质需要，职业本身也不再仅仅作为谋生的手段，人们在满足物质需要的同时，还要满足精神需求。也就是说，职业选择的意义，除了满足人们基本的物质需求外，还有更高的精神追求。由于人的个性迥异，不同的人需要满足的方式也就各不相同，对职业的期望就变得纷繁复杂、多种多样。

一、个性与个性差异

现代心理学把个性理解为一个人的整个精神面貌，它是一个人在生理基础上，在一定的社会生活条件下形成的具有一定倾向性的、比较稳定的、独特的各方面心理特征的总和。具体地说，个性包括个性倾向性和个性心理特征两大组成部分。这两者的有机结合便构成个性的整体结构。在一般情况下，个性和人格作为同义词使用。"人心不同，各如其面"，这充分说明了人的个性差异普遍存在。

所谓个性差异，是指人们在个性倾向性与心理特征上的差异，主要包括个体在气质、性格、能力等方面的差异。我们在日常生活中经常看到同一件事情反映在不同的人上就会有不同的表现，这就是个性差异，不同个性的人即使在同样的情况下，也会有不尽相同的表现。个性差异不仅表现为人们是否具有某些方面的特点，而且也表现为同一特点的不同水平，个性差异具有多层次、多侧面的特点。

(一)气质差异

气质指一个人在情绪体验和行为反应的强度和速度等方面的特点。是一个人典型的、稳定的心理特点。人们常说的一句话是：江山易改、本性难移。这实际上指的就是气质。气质在人的个性中是最稳定也是最突出的特点。气质这些心理特点以同样的方式表现在各种活动中的心理活动上。也就是说气质是不会单独存在的，而是体现在人的心理活动过程中。

气质类型心理学家把气质分为多血质、胆汁质、黏液质、抑郁质四种类型。不同气质类型在感受性、耐受性、不随意反应性、速度与灵活性、内向与外向、情绪兴奋性、情感和行为特征、可塑与稳定等方面表现出差异。不同气质类型的人在生活和工作中会表现出不同的心理活动和行为方式。多血质的人活泼、好动，反应灵敏，喜欢与外人交往，兴趣和情趣容易变换。胆汁质的人精力旺盛、脾气急躁、容易冲动，心情变换剧烈。黏液质的人安静稳重、沉默寡言，显得庄重、情绪不易外露。抑郁质的人孤僻、行动迟缓，善于观察他人不易觉察的细节，具有内向性。气质本身并无好坏之分，每种气质都有积极和消极的一面，多血质和胆汁质的人比较适合一些要求做出迅速、灵活反应的工作，黏液质、抑郁质的人比较适合做要求细致的工作。

气质是制约人们选择职业的重要因素之一，不同职业对人的气质有特定的要求，如医务人员要求耐心、细致，飞行员要求机智灵敏、注意力集中等特点。气质具有相对的稳定性，但后天也可以锻炼改造，况且纯粹属于某一气质类型的人很少，大多数人都是几种气质类型兼具的混合体。在选择职业时要注意扬长避短。

(二)性格差异

性格不是天生的，而是现实社会在人头脑中的反映，是贯穿在一个人的态度和整个行为中具有稳定倾向的心理特征。性格是人对现实的稳定的态度和与之相适应的行为方式上的心理特征。例如谦虚或骄傲，勇敢或怯懦，勤劳或懒惰、公而忘私或自私自利都是人的性格特征。每个人都具有多种性格特征，从而构成一个人完整的性格统一体。性格是在后天的社会环境中逐步形成的，有好坏之分，是个性中的核心成分。性格在个性中具有核心意义，人的性格受社会、历史及道德规范的制约，与人的理想、信念、人生观等联系密切，代表着人的本质属性。恩格斯说："人物的性格不仅表现在他做什么，而且表现在他怎样做。""做什么"即说明一个人对现实、对他人的态度；"怎样做"即说明一个人的行为方式。

性格作为个性心理中的核心部分，在职业选择中是个体应考虑的与职业相匹配的主要因素之一。许多工作对性格品质有着特定的要求，要选择某一职业就必须具备这一职业所要求的性格特征。如企业家，除了具备这一职业所要求的气质、能力外，还应具有果断、勇于开拓创新的特征；教师除了具备丰富的知识外，还应具备热爱学生、正直、有责任感等良好品质；医生要求具有救死扶伤的人道主义精神和一丝不苟的工作态度。实践证明，没有良好的与职业要求相适应的性格品质，就不能很好地适应工作。关于性格品质主要包括以下方面：

1. 独立性

高独立性者自信、有独立见解，遇事通常自己做主，不依赖他人，不迷信权威、长者，喜欢独立思考，独立工作，但较为固执。从事创造性工作、管理工作和需要当机立断采取行为的工作，需要有高独立性。

2. 敢为性

高敢为性者大胆、敢于冒险，不怕失败和挫折，意志较为坚毅，但其中有的人喜欢惹是生非，破坏纪律，向上级挑衅。宜从事保卫工作和其他具有一定危险性工作如消防员、飞行员等，以及团体领导人应当有高敢为性。低敢为性者通常缺乏自信，自卑感较重，胆怯退缩，遇事观望，缺乏竞争意识，害怕失败，因而较易适应无风险但难引人注目的职业，如一般的办事员。

3. 幻想性

高幻想性者富于想象，常以自己兴趣为行动出发点，容易感情冲动，想入非非。有时忽视生活现实，不够踏实。从事文学艺术和创造发明工作需要较高幻想性。低幻想性者踏实、稳重，行动要求符合现成的规范，考虑问题较现实，办事稳妥，不贸然行动，但缺乏创新精神，较难接受新思想和新观念，适合于从事需要脚踏实地、镇静、按部就班进行工作的职业如会计师、司机等。

4. 怀疑性

高怀疑性者警惕性较高，对外界的变动十分敏感，不轻易相信别人的宣传而要依靠自己的观察和判断。对人存戒心，不轻易向人吐露内心的真实想法。常对人有偏见，且难以消除，不易结交亲密朋友。从事安全保卫工作的人员常有高怀疑性。低怀疑性者为人随和，善于体贴信赖别人，与人合作得很好，不喜欢与人争斗，但有时过于轻信别人。护士、教师和机械师等职业的人员常有低怀疑性。

5. 克制性

高克制性者行为温顺、合乎常规，能迎合别人旨意而克制自己，不善于表达自己内心的要求、欲望和情感，与人发生争执时常主动退让，但缺乏热情和闯劲。高克制性的人适合从事教师、医生、护士、宾馆服务员、保育员等需要耐心与人打交道的职业。低克制性者喜怒于色，遇事好冲动。这种人有干劲、有热情、积极性高，当机立断，但不善于体察外界情势而制约自己的行为，头脑易发热，以致做出后果不良的事情来。自发团体的首领、艺术家、消防队员常有低克制性。

6. 乐群性

高乐群性者热情、开朗、随和，喜欢和别人一起学习、工作，易于搞好社会人际关系。容易接受别人的批评，性格外向，在需要独自一人长时间工作或学习时会心情烦躁，效率下降。因而适应从事各种与人交往多的职业，如供销员、教师、服务员、演员等。低乐群性者性格内向，喜欢独自活动，不喜欢与人多交往，对人缺乏热情，孤独、缄默、拘谨，对别人的批评十分敏感，常坚持自己独特的思想观点，能冷静、严肃地完成自己的工作，适合从事各种不需要多与人打交道，而主要是独立工作的职业，如会计、机械设计师等。

7. 缜密性

高缜密性者做事十分细心、负责、有始有终，处世谨慎，喜欢结交踏实肯干的朋友，但做事速度较慢，有时因过于仔细浪费了时间。高缜密性的人适合从事需要耐心和细心工作的职业，如刺绣工、排字工、精密仪器装配工、外科医生、护士等，管理人员、警卫人员也需有高缜密性。低缜密性者做事较粗心，丢三落四，忽略细节。显得缺乏责任心，不拘小节。但工作速度较快，喜欢出新点子以追求效率、节省时间和精力，适应从事需要体力和速度的工作，如搬运工。

8. 稳定性

高稳定性者情绪平稳，遇事不慌不躁不冲动，沉着处理各种事情；有自信心，失败不气馁、不喜欢感情用事，但有时显得过于冷酷无情和骄傲，能适应需要沉着应付大量日常工作难题的职业，如教师、机械师、医生、供销员、消防队员等。低稳定性者情绪波动大，易冲动，易烦恼，易受环境的影响和支配，受挫折时情绪沮丧，不易恢复，但感情丰富，富于幻想，能适应需要感情丰富和能独立安排自己工作进度的职业，如作家、艺术家、设计师、邮递员、清道工等。

9. 外向性

高外向性者性格外向，好动不好静，喜怒哀乐皆形于色，容易适应各种社会环境；活泼开朗，喜欢交际，气量大，不拘小节；兴趣广泛但难以持久；善于决断但常较轻率，不善于进行自我批评，适合从事工作内容变化较多，需要与人打交道的职业，如外交人员、记者、教师、管理人员、律师、营业员、导游、供销员、演员等。低外向性格者性格内向，好静不好动，感情深沉、含蓄，不轻易外露，不喜欢广交朋友，待人接物小心谨慎，处世稳重；善于思考但缺乏决断力；对事能锲而不舍，经常自我分析和自我批评，适合从事不需要经常同陌生人打交道，工作内容较固定的工作，如自然科学家、工程和机械设计人员、画家、绘图员、打字员、会计、档案和图书管理员、保管员、计算机工作人员、机械操作员等。

10. 显示性

高显示性者有较高的成就欲望，喜欢抛头露面，引人注目，千方百计想显示自己的能力和成就；行动积极主动，富有自信心，但自傲、固执；喜欢攻击比自己地位高的人而控制能力和地位不及自己的人，团体领导人、创造发明家、消防员等需要高显示性。低显示性者为人谦虚、温和，不喜欢抛头露面，不追求名声、地位，愿意默默无闻、不惹人注意，踏实工作反倒心情宁静，但常有自卑感，适合从事秘书、会计、翻译员等工作。

（三）能力差异

能力是指顺利完成某种活动所必须具备的心理特征。能力只有通过具体的活动才能表现出来。能力有两种含义：其一指已经表现出来的实际能力和已达到的某种熟练程度。其二指潜在的能力，即需要学习和训练才可能发展起来的能力和达到的熟练程度。

能力的种类按不同标准可做如下分类：（1）一般能力和特殊能力；（2）模仿能力和创造能力；（3）认识能力、实践能力和社会交往能力。人的能力具有明显的差异，一个人的能力有高低、大小的不同。个体的能力差异主要表现在能力类型和发展水平两个方面。能力是人最重要的个性特征，也最能体现一个人的实际价值。人的能力事实上是存在着很大的差异：同类能力的发展水平和有无各种特殊能力，都表现了人们个体上的差异。每个人在能力方面都有其自己的强项和弱项，这使得每一个人在从事某项工作或活动中，既有其有利的一面，又有其不利的一面。职业与能力的匹配有两方面：能力类型与职业类型的匹配——不同类型的职业对人的能力有不同的要求；能力的发展水平与职业层次的匹配——能力水平的高低决定职务层次的高低。

能力，是一个人能否进入职业的先决条件，是能否胜任职业工作的主观条件。社会上任何一种职业对工作者的能力都有一定的要求。如对会计、出纳、统计等职业，工作者必须有较强的计算能力，对于工程、建筑及服装设计等职业的工作者要具备空间判断能力；对于飞行员、外科医生、运动员、舞蹈演员等职业的工作者则要具备眼与手的协调能力。在选择职业时不能好高骛远或单从兴趣爱好出发，要实事求是地检测一下自己的学识水平和职业能力，这样才能找到"有用武之地"的合适工作。没有任何能力，根本谈不到进入职业工作，对个人来讲也就无所谓职业生涯可言。

表 9-1　对职业产生影响的能力因素

能力类型	主要功能特征	主要影响因素
注意能力	1. 具有选择功能 2. 保持功能 3. 具有对活动进行调节与监督功能	1. 能否指向有意义的活动 2. 能否保持有意义的信息 3. 能否集中和根据需要转换注意
观察能力	1. 是智力活动的起点 2. 具有发现的功能	1. 能否锁定目标并集中在所要观察的事物上 2. 能否得出客观公正的结论 3. 能否将稍纵即逝的重要问题提取出来，把握偶然的机会
记忆能力	1. 衡量人智力高低的重要指标 2. 人储存并提取信息的仓库 3. 人智力活动的基础	1. 能否记忆和随时提取所学过的知识 2. 能否保持记忆和减少遗忘
思维能力	1. 是人智力活动的核心 2. 具有人的智力活动的调节功能	1. 能否反映事物的本质特征和内部联系 2. 能否反映事物的本质和规律 3. 能否协调人的各种能力去完成智力活动
想象能力	1. 具有对已有表象加工、改造并创造新形象的功能 2. 增强人学习的主动性、预见性和计划性，使人的活动更具创造性	1. 能否让自己的思想沿着正确的方向发展 2. 能否产生思想的火花，并产生和捕捉"灵感" 3. 能否让丰富的想象去激发求知欲和创造力

（四）兴趣差异

兴趣是一个人力求认识、掌握某种事物，并经常参与该种活动的心理倾向。兴趣是最好的老师，对人的发展有一种神奇的力量。人们对某种职业感兴趣，就会对该种职业活动表现出肯定的态度，在工作中调动整个心理活动的积极性，开拓进取，努力工作，有助于事业的成功。反之，强迫做自己不愿意做的工作，对精力、才能都是一种浪费。兴趣引导爱因斯坦走进科学迷宫，成为一代科学巨匠，贝多芬迷恋神奇的音乐世界，终成永流芳名的音乐家。人们的兴趣是千差万别的，这种兴趣上的差异是人们在选择职业时的重要依据之一。不同的职业需要不同的兴趣特征，一个擅长技能操作的人，靠他灵巧的双手，在技能领域得心应手，但如果硬把他的兴趣移到思辨型的理论研究或与人交往的营销和公关上来，他会感到无用武之地。

兴趣差异对择业的影响主要体现在：(1)兴趣广度的差异——有的范围广，有的则单一。一个人的兴趣爱好有很多，一般说来，兴趣爱好广泛的人，选择职业时的自由度就大一些，他们更能适应各种不同岗位的工作。广泛的兴趣可以促使人们注意和接触多方面的事物，为自己选择职业创造更多有利条件。(2)兴趣目标的差异——有的虽广但较分散，不能指向中心目标。而目标明确的则可将兴趣与职业统一。(3)兴趣稳定的差异——兴趣一经形成要持久不变，并有增无减。但有的则兴趣持续不长久。(4)兴趣效能的差异——由兴趣产生的实际效果。有的人将兴趣转化为行动，有的人将兴趣停在期望和等待。(5)兴趣客观的差异——指兴趣是否符合客观条件。有的过于理想化，想得好做不到。有的切实可行，符合主观条件也符合客观条件

表 9-2 职业兴趣类型与相适应职业的匹配

兴趣类型	兴趣特征	职业举例
愿与事物打交道	1. 接触工具、器具或数字 2. 不喜欢与人打交道	制图员、修理工、裁缝、木匠、建筑工、出纳员、记账员、会计、勘测、工程技术、机器制造等
愿与人打交道	1. 喜欢与人交往、接触 2. 对销售、采访、传递信息一类的活动感兴趣	记者、推销员、营业员、服务员、教师、行政管理人员、外交联络员等
愿与文字符号打交道	1. 喜欢常规的、有规律活动 2. 习惯与在预先安排好的程序下工作 3. 愿干有规律的工作	邮件分类员、办公室职员、图书馆理员、档案管理员、打字员、统计员等
愿与大自然打交道	1. 喜欢地理地质类的活动 2. 喜欢农业、生物、化学类活动 3. 喜欢种养、自然的实验性活动	地质勘探人员、钻井工、矿工、农业技术员、饲养员、水文员、化验员、制药工、菜农等
愿从事社会福利和热心助人	1. 喜欢帮助别人解决困难 2. 试图改善他人的状况 3. 愿意帮助他人排忧解难	律师、咨询人员、科技推广人员、教师、医生、护士等

续表

兴趣类型	兴趣特征	职业举例
愿从事组织和管理	1. 喜欢掌管一些事情，以发挥重要作用 2. 希望受到众人尊敬和获得声望 3. 愿做领导和组织他人的工作	各级各类组织领导管理者、行政人员、企业家、学校领导和辅导员等
愿研究人的行为和心理	1. 喜欢谈涉及人的主题 2. 对人的行为举止和心理状态感兴趣	心理学、政治学、人类学、人事管理、思想政治教育研究工作以及教育、行为管理工作、社会科学工作者、作家、教师等
愿从事科技事业	1. 喜欢通过逻辑推理、理论分析、独立思考或实验发现和解决问题 2. 对分析的、推理的、测试的活动感兴趣 3. 善于理论分析，喜欢独立地解决问题 4. 喜欢通过实验有新发现	生物、化学、工程学、物理学、自然科学工作者、工程技术人员等
喜欢从事有创造性的活动	1. 对需要想象力和创造力的工作感兴趣 2. 喜欢独立的工作 3. 对自己的学识和才能颇为自信 4. 乐于解决抽象的问题，而且急于了解周围的世界	社会调查、经济分析、各类科学研究工作、化验、新产品开发以及演员、画家、创作或设计人员等
喜欢操作机器的技术活动	1. 对运用一定技术操作各种机械，制造新产品完成其他任务感兴趣 2. 喜欢使用工具特别是大型的、马力强的先进机器 3. 喜欢具体的东西	飞行员、驾驶员、机械制造、建筑、石油、煤炭开采等
喜欢具体的工作	1. 喜欢制作看得见、摸得着的产品并从中得到乐趣 2. 希望很快看到自己的成果，并从完成产品中获得满足	室内装饰、园林、教师、美容、理发、手工制作、机械维修、厨师等

根据这种分类，一种兴趣类型可以对应许多种职业，而每一个往往又都同时具有其中几种类型的特点，假如你要成为一名护士，那你就应有愿与人打交道（类型2）、愿热心助人（类型6）、愿作具体工作（类型12）这三个兴趣类型的特点；如果对其中的某一方面缺乏兴趣，那就应努力培养和发展这方面的兴趣以适应护士职业的要求，否则，还是选择更适合兴趣类型的职业为好。

二、个性差异与职业匹配

每个人的个性都存在差异，所以在职业上同样存在着适应与不适应。怎样才能根据自己的个性差异来科学地选择职业，使自己的个性与职业相匹配？并不等于说必须先具有某种个性特征才能从事相适应的职业。由于个性结构既具有稳定性，又具有可变性，因此，长期从事某一职业的人员也会因职业的要求和工作实践的锻炼而改变原来的个性差异，形成相适应的新的个性特征。不过，如果能根据个性差异选择相适应的职业，则能较快适应，也较易取得成功。当前，关于个性差异与职业匹配的理论主要有特性—因素理论和个性类型理论。

1. 特性—因素理论

是由美国职业指导专家弗兰克·帕森斯（Frank Parsons）创立，并由威廉逊（Williamson）发展成型，一般也被称为"特质—因素匹配理论"。该理论的核心是人与职业的合理匹配。它认为所有人在其成长发展的各个方面都存在着差异，可以通过使用量表，并辅之以观察法、谈话法、问卷法等，测量被指导者的体质与心理特性，对其进行全面的特性评价，从而得出每个人不同于其他人的特性。同时，该理论采用工作分析法，研究有关职业特定的工作任务、程序以及工作环境等对工作人员的要求，再将这些要求与人的特性相对应，以求达到人职匹配的目标。总之，特性—因素理论认为人的特性是可以用科学手段测量的，职业因素也可以运用一定方法进行分析确定，而职业指导就是研究两者的相关性，通过职业指导达到人与职业两者之间的合理匹配。

2. 个性类型理论

由美国职业指导专家霍兰德（Holland）创立。他认为：①每个人的人格都能主要地划为某一类型。每一特殊类型人格的人，便会对相应职业类型中的工作或学习感兴趣。②人格类型可分6种：现实型、调查型、艺术型、社会型、企业型和传统型。③人们寻求能获得技能、培养智力、发展能力倾向、感到愉快的职业环境。④个体行为取决于其人格和所处环境特征之间的相互作用。⑤每种人格类型都有与其协调的职业环境类型。

霍兰德将人格分为六个类型，并根据个性特征提出相应的职业建议。

表 9-3　霍兰德人格分类表

代码	类型	人格类型特点	职业类型特点	职业举例
R	现实型	物质的、实际的、安定的、喜欢具有基本技能、有规则的具体劳动。缺乏洞察力、不善与人交往	有一定程序要求的、明确的、具体的岗位职务、运用手工工具或机器进行的操作性强的技术工作	电工、机械工、制图员、维修工等
I	研究型	分析的、独立的、内省的、慎重的、喜欢运用智力通过分析、概括、推理的科学研究与技术工作。缺乏领导能力	以观察和科学分析进行的系统的创造性研究活动和实验工作，一般侧重于自然科学方面	自然科学研究者、技术员、电子学工作者
A	艺术型	想象力丰富、直觉的、冲动的、理想的、有独创力的、喜欢以表现技巧表达丰富感情。缺乏事务性办事能力，不愿依赖、服从他人，不愿做循规蹈矩的工作	在文学与艺术创作方面，通过非系统化、自由的活动方式，擅长具有艺术表现的职业	雕刻家、艺术家、设计师、作家、编辑、音乐教师
S	社会型	助人的、易于合作、喜欢交往、责任心强、有说服力、愿为他人服务、关心社会问题。缺乏动手操作能力	为社会及他人服务，从事与人打交道的、说服、教育、治疗及社会福利事业有关职业	教师、社会工作者咨询员、护士等
E	管理型	支配的、冒险的、自信的、有自我表现欲、喜欢管理和控制别人，喜欢担任领导角色。缺乏科学研究能力	从事具有风险、需要胆略、善于管理、营销、投资、主持指派别人工作的职业	管理人员、销售员人、寿保险员
C	常规型	有耐心和良好的自制力、顺从的实际的、稳定而有秩序的、比较保守、循规蹈矩、有条理、喜欢系统性强的工作。缺乏创造力和艺术性	按固定程序与规则、从事重复性、习惯性、具体的日常事务、适宜常规管理方面的职业	文员、办事员、会计、接待员、打字员

该理论对择业者的人格类型及其相应的职业环境进行划分，形成一套系统的职业指导模式。基于这种理论，霍兰德（Holland）还制定了两种类型的测定工具，帮助择业者进行职业决策。一种测定工具是职业选择量表（Vocational Preference Inventory，VPI）。该量表要求被试者在一系列职业中做出选择，然后根据测定结果确定个人的职业倾向领域。另一种测试是自我指导探索（Self－Directed Search，SDS）。在测试感兴趣的活动、能力和喜欢的职业的基础上，查寻比较适合自身特性的职业。

三、职业选择

选择职业是人生一件大事。古今中外的许多成功人士，无一不是扬长避短地优选了最适合其能力、兴趣爱好、个性特征并与主客观条件及环境相适应的工作；反之，如果选错了职业，可能会遭遇许多的挫折与坎坷。因此，对于每一个职业院校学生来说，如何选择一份适合自己的工作，万万不可马虎。求职时，影响职业选择的以下四大因素应仔细掂量，下面是关于人格特征与适合的职业的自我评价表。

表 9-4　自我评价人格特性及适合的职业

姓　　名		班　　级	
兴趣爱好			
性格特点			
理想职业			
能力优势			
人格类型及适合职业			

实例分析：

陈楠，会计学专业的学生。其实对会计并不感兴趣，三年来虽强迫自己努力，但是学习起来很吃力，每次考试都是费尽心力才勉强过关。就要毕业了，对选择会计类职业确实没兴趣，另外改换专业，又要从零开始，心中无底，不敢冒险。他想知道，如果不选择会计类职业，该选择其他的什么职业好呢？他想透彻地了解自己的性格与兴趣，看看自己究竟适合做什么？

这是典型的"专业与个人兴趣不符"的困惑类型的个案。造成这样的原因是选专业不慎，进校后改换专业不成，学习期间未及时测试自己的职业适应性并及时调整，缺乏对行业与职业的认知和了解。要解决陈楠的问题，首先就要引导他对自己进行全面的认识。心理测试，我们所作的第一项自我认识方式是对陈楠进行职业适应性测试。测试表明，陈楠属典型的社会经营性特质。其主要性格特征为：仁慈、助人的、易于合作的、社交的、有洞察力的、责任感强的、重友谊的、有说服力的、比较关心社会问题、善变的、支配的、乐观的、自我显示的、自信的、喜欢发表意见和见解的、不易被人支配的、想象力丰富的、独创的、感情丰富的。具有这种性格特质的人有这样一些职业特征：利用更多时间与人打交道，例如服务、说服、教育；喜欢需要胆略的、冒风险且承担责任的活动；精细的操作能力较差；喜欢参与解决人们共同关心的社会问题，渴望发挥自己的社会作用；寻求亲近的人际关系，比较看重社会义务和社会道德；追求权力、权威和物质财富，具有领导才能；喜欢竞争，敢冒风险；精力充沛、自信、善交际，口才好，做事巧妙；喜欢以各种艺术形式的创造来表现自己的才能，实现自身价值。

将上述两个层面结合起来，陈楠的职业适应性则可以定性描述为：适合从事直接为他人服务的、组织与影响他人共同完成组织目标的、讲究艺术性的工作。而会计或财务管理类职业的职业特点是：在室内，少与人打交道，与文本书籍、数字图表常年接触，要求对数字有很强的敏感性，从业者应具有内向、沉稳、能重复做机械的较枯燥的事务性工作。由于自身性格不符合与所选专业相对应的职业的要求，所以陈楠对会计一直不感兴趣，难怪他学习起来总是非常吃力。同时，我们还选用了两项心理测试。卡特尔16项人格测试和情绪商数测试结果表明：陈楠的成就欲、自主性和强迫性都比较显著，这就是他自觉学习、自我完善、寻求专业机构帮助的动力源泉所在。

职业定位：陈楠适合从事这样一些职业，如咨询师、公共专家、社会学者、福利服务、社会科学教师、营销、室内装饰专家、作者、评论员、职业分析师、酒店管理、企业综合性管理、房地产商、公务员、学校管理。再结合陈楠的兴趣和所学专业，我们建议陈楠可以往企业的行政管理或人力资源管理方面发展。这样的职位很多行业与企业都有，如何与之具体结合呢？我们建议陈楠在以下范围内选择：房地产、物业管理、建筑、装饰、酒店、建材生产及销售企业。

第三节　职业院校学生择业心理与调适

选择职业是人生的一件大事，是每一个职业院校学生所面临的共同课题。面对竞争日益激烈的就业市场、强大的就业压力，职业院校学生在择业求职过程中，不可避免地会遇到困难、挫折和冲突。这些挫折和冲突常常会使职校学生在心理上出现种种困惑和不适应，引起各种心理问题。因此，加强对职业院校学生的择业心理指导，帮助他们以长远、理性的眼光来看待求职非常重要。

一、职业选择的心理障碍

求职择业，不仅应具有良好的思想品德素质、科学文化素质和身体素质，也应有良好的心理素质。良好的心理素质，不仅使学生在择业期间保持良好的心态，适时调整自己的行为，促进顺利就业，而且可以在择业后顺利适应职业及环境，尽快成才。求职择业是广大学生人生的重要转折时期，面对择业，学生的心理既复杂而又多变，同时择业的过程本身是一个复杂的心理过程，受个体心理、群体心理和社会心理所制约。因此，学生在择业过程中难免会出现种种心理矛盾、心理误区和心理障碍。心理障碍是指心理不健康的现象或倾向，它是指心理压力和心理承受力相互作用，使人失去应有的心理平衡。职业院校学生择业过程中常见的心理困扰、心理障碍有：

1. 自我认知失调

职业院校学生的自我认知失调主要表现为不能正确地认识自我和评价自我。有的人自我评价过高，对个人的能力缺乏自知之明，对就业条件要求苛刻。在这种心理支配下，一些学生择业观念不正确，心理定位偏高，结果高不成低不就，迟迟不能落实单位。而有些学生自我评价过低，没有认识到自己的优势，总觉得自己不如本科生，产生自怨自艾、自卑自贱的心理，尤其是在面试时，更是紧张得词不达意，语无伦次，表现大失水准，白白丧失机会。所以职业院校学生在择业时，要客观地评价自己，面对复杂的就业市场，要把握自己的情绪，保持信心，正确地看待自己。

2. 焦虑与恐惧心理

绝大多数职业院校学生在择业过程中，都会产生程度不同的焦虑心理，这是在就业心理压力下所产生的一种不踏实感、失落感、危机感和迷茫感。在过去传统的择业观中，人们职业选择往往是由国家统分、统管，而目前在职业生涯中人们的择业完全市场化，职业院校学生面对就业的压力，自我认为与大学生无法相比，没有充分的认识到自我应建立的择业层面是动手能力较强的操作层，在社会分工体系中自己所占有的位置，不能根据自我所学专业实事求是分析，更不懂得如何面对就业竞争，对现实与将来的一系列问题感到束手无策、无能为力，不知如何获取用人信息，如何进行自我设计，如何推销自我。成绩不佳的同学甚至在毕业后对自己的职业取向问题回答一无所知，认为这种事情不是由个人考虑的问题，一谈就业就一脸的茫然。有关研究表明，引起毕业生焦虑的问题主要有：能否找到理想的单位，用人单位是否会选中自己，屡屡被用人单位拒之门外怎么办，选中了却不能胜任工作怎么办，还有一些学生甚至为自己不知道毕业后到底该何去何从而焦虑。

焦虑心理的一种特殊表现就是急躁。在工作未确定以前，很多学生都有焦躁心理。他们希望在应聘现场一锤定音，埋怨用人单位优柔寡断；签约后一旦发现并不如意，又追悔莫及。尤其在规定时间内未能落实单位的毕业生，心理更为急躁。这种焦虑急躁心理如果不能得到及时的缓解，就可能表现出情绪紧张、心情烦躁、注意力不能集中，学习上得过且过，应付了事，在生活中郁闷消沉，长吁短叹。有些学生在屡次失败后，甚至产生择业恐惧感，一提找工作就心理紧张。

3. 悲观怯懦

有的职业院校学生求职时害怕自己说错话，害怕丢面子，害怕别人不高兴，在用人单位面前唯唯诺诺，缩手缩脚，谨小慎微。有些学生渴望公平竞争，但真正机会到来时，却手忙脚乱，局促不安，结果不敢放开说话，应该表达的没说清楚，不能充分发挥自己的才能和优势，以至于错失良机，于是产生悲观失望的情绪，导致自我评价和自信心的下降。有的人遇到挫折就一蹶不振，再也鼓不起勇气和信心去寻求另外的机会。

4. 消极冷漠与自卑

消极冷漠是遇到挫折后的一种错误的心理反应，是逃避现实、缺乏斗志的表现。一些学生在择业中受到挫折而感到无能为力、失去信心时，会出现听天由命、不思进取、情绪低落、情感淡漠、沮丧麻木等反应。他们自认为看破红尘，决定放弃努力，任凭发落。

自卑心理表现为对自己的能力评价过低或看不起自己。部分学生由于在初高中阶段没有养成良好的学习生活习惯，学习已无兴趣可言，行为举止是散漫的。为掩饰自卑的心理，在吃穿上相互攀比，行为习惯极不规范，对自己缺乏信心，认为将来即使是选择了某种职业，也缺乏竞争力，仅仅是混饭吃，满足生存需要而已，生活缺乏长远的目标。

5. 依赖心理

职业院校学生在认知能力上表现的较弱，缺乏自主选择的决断能力，不能积极主动的去竞争、推销自己，择业的信心不足。"等、看、靠"的思想严重，把就业的希望完全寄托在他人身上，总想等待学校老师给予推荐，等待用人单位上门来找，更要等待父母亲朋为自己托关系寻找出路，总认为毕业就可以就业。

6. 从众心理

从众心理是指个人的观念与行为由于群体的引导或压力，因而面向与多数人相一致的方面变化的现象。能够选择一个自己感兴趣的职业，做到人职匹配，是每个人理想的追求目标，是自我价值实现的一种体现，然而，许多职业院校学生往往不从自身的特点、能力和社会需要出发，只要大家都去选择的，如：目前的数控专业很有市场，结果大家都来学，无论自己有无此方面的专长都去学。很少保持清醒的头脑、独立思考问题，人云亦云，随波逐流，使得自己错过了许多其他的就业机会。

二、自我心理调适技巧

随着现代社会职业的复杂化和高深化，人的个性心理特征即心理因素对职业选择的影响越来越重要。即将步入社会的职业院校学生在面临择业时，心态很茫然，存在着各种各样的择业心理障碍和择业心理误区，对职业选择过于理想化或盲目化，从而影响到职业选择的成功。因此，教师应当重视对职业院校学生的职业心理健康教育，帮助他们正确认识自身的条件与社会环境，走出求职困惑，达到顺利求职。引导、帮助职业院校学生克服择业的不良心理，调整好择业心态的主要策略有：

1. 自我反省

面对择业，除了客观分析就业环境外，应当明确自己适当的定位，自己的兴趣、性格、气质、能力适合什么样的工作，自己的劣势等。有了充分的认识，找到合适的自我定位，才能使自己在择业过程中处于主动的位置。

2. 正视社会现实

随着知识经济时代的到来，社会越来越尊重知识，尊重人才，随着国家劳动制度的不断改革深化，社会将尽可能为职业院校学生求职择业提供较好的环境，职业选择的机会将大大增加，这是非常有利于学生自身的发展和成才。同时，目前我国的就业形势仍然存在供需矛盾，加之教育结构不合理，社会为学生们提供的工作岗位不可能使人人满意。

3. 挑战自我，主动出击

每个人有很多潜能，但往往因为不自信而被自己找各种理由忽略和否定。所以，欲求职者先挑战自我，勇于尝试，迈出去，才有被单位选中的机会。

4. 转变观念，合理定位

有的学生认为找工作应该找体面的管理工作，到生产第一线是很掉价的事，导致迟迟无法就业。

5. 正确对待求职过程中的挫折

面对求职中的挫折要有充分的心理准备，通过自我认识自觉地调整自己的需要、动机、目的、情绪，经过全面认真地分析，才能心中有数，调整好心态。

6. 自我安慰

在择业中遇到挫折是常有的事，当经过主观努力仍无法改变时，可适当地进行自我安慰，说服自己做适当地让步，让自己内心保持平静，解除焦虑、抑郁、烦恼和失望情绪，这样有助于保持心理稳定。

7. 情绪转移

当不良情绪出现时，可以参加各类自己有兴趣参加的活动，使自己没有时间沉浸在各种原因引起的不良情绪反应中，以求得心理平衡。

8. 适度宣泄

在倾诉的过程中，不仅可以获得更多的情感支持和理解，还能得到正确认识和解决问题的新思路，增强克服困难的信心。但注意宣泄要适度，不能影响他人生活。

第四节　促进职业心理健康的策略

《宴子春秋·内篇杂下》说："橘生淮南则为橘，生于淮北则为枳，叶徒相似，其实味不同。所以然者何？水土异也。"环境对事物影响非同一般，在人的成长与教育中，它也意义非凡。当前，职业院校学生心理适应能力较弱，自我稳定性稍差，并敏感好动，作为教育者应帮助他们适应环境，排除环境干扰，在良好的教育环境中促进其心理健康成长。

一、指导学生"了解自己"

要促进职业心理健康，首先要让学生"了解自己"，在"了解自己"的有关内容教学时，不但应让学生学会自测的方法，更应发动学生去访问、调查一些职业生活的成功者，直接感受兴趣培养、性格完善、能力提高、潜能挖掘对职业生涯的重要性，并培养公关能力。"人职匹配"的教学中，应该引导学生根据自己的个性，在本专业对应的职业群或相关职业群中选择适合自己的职业。职业群中有许多职业，有更多的岗位，其中总会有"比较适合"自己的职业和岗位。要让学生知道，在现实生活中，想不通过自我调整，就找到一个"完全适合"自己的职业，几乎是不可能的。职业院校"人职匹配"教学的落脚点，应定位在帮助每一个学生找到完善自我的具体目标，以主动适应职业的需要。职业院校职业指导如果套用基础教育的做法，在"了解自己"的教学中过分强调兴趣、性格、能力在选择职业中的作用，必然适得其反。职业院校在"人职匹配"的有关教学中，应把握以下四个要点：

第一，兴趣是可以培养的。应在让学生了解职业兴趣的种类和兴趣对从业重要性的同时，强调职业兴趣既可以在学习专业知识和技能的过程中培养，更能够在未来的职业生活中得到强化。

第二，性格是可以完善的。一些职业对从业者性格有特殊要求，性格有许多"天生"的成分，但却并非一成不变，人群中有许多因从事某种职业而改变性格的实例。

第三，能力是可以提高的。由从业能力和关键能力组成的综合职业能力，不论是专业能力，还是方法能力和社会能力，既可以在学习生活中得到提高，也可以在职业生活中得以强化。就传统意义上的职业能力，即一般学习能力包括观察力、注意力、思维力、言语能力、算术能力、空间判断能力、形态能力、眼手协调性、手指灵活性等，均可以在知识学习、技能训练、实践活动中得到提高。

第四，潜能是可以挖掘的。每个人都具有未被发现的潜能，特别是在应试教育环境中受到压抑的青年人，可能具有更多的潜能。这些青年人进入职业院校以后，给予恰当的引导和合适的环境，潜能就能变为显能，在职业生活中表现出卓越的才华。

二、帮助学生制定合理的职业生涯规划

职业生涯设计对于人生道路来说具有战略意义，至关重要。决策正确，则一帆风顺，事业有成。反之则弯路多多，损失多多，乃至苦恼多多、教训多多。在进行职业生涯设计时可以遵循一个"三定"原则：

一是要"定向"，此为"一定"。方向定错了，则南辕而北辙，距离目标会越来越远，还要重新走回头路，付出较大的代价。因此，职业生涯决策，决不能犯"方向性错误"。通常情况下，职业方向由本人所学的专业确定。但现实的情况是，很多人毕业后，并不能完全按照自己所学的专业来选择工作，有的甚至与原专业风马牛不相及。"学非所用"、"用非所学"、"专业不对口"的情况比比皆是，已不足为怪。这种情况下，就需要认真考虑，选择适合自己的职业岗位。有时为了就业，甚至要强制自己去"适合"并不喜欢的岗位，只要这种职业是社会紧缺的、急需的或有发展前景的。有些学子在学校里拿了几种职业等级证书，就业时就比别人多了几个机会，显得高人一筹。

二是"定点"。所谓"定点"就是确定职业发展的地点。应该综合多方面因素考虑，不可一时冲动，心血来潮，感情用事。比如有的毕业去了珠三角，认为那里是改革开放的前沿，经济发达，薪资水平较高。但忽略了竞争激烈、观念差异、心理承受能力，结果时间不长又跳槽离开。当然这也无所谓，但如果一开始就选准方向，就可以在一个地方，围绕一个职业长期稳定发展，对自己的资历和经验都会有助益和长进。时间加努力，有望成为某一领域的资深人士，岂不更为有利。频繁更换地点，今天在这，明天到那，对职业生涯成长肯定弊多利少。

三是"定位"。择业前要对自己水平、能力、薪资期望、心理承受度等进行全面分析，做出较准确的定位。不可悲观，把自己定位过低。更不要高估自己，导致期望值过高。一旦不能如愿，失望也就越大。刚毕业就被知名大公司选中，而且薪资福利不菲，当然是你的运气。如果没有碰上这种好机遇，也无须气馁。不要过分在意公司的名气，薪资的高低。只要这家公司、这项专业岗位适合我，是我所向往和追求的，就应该去试一试，争取被录用。确立从基层做起、从基础做起，逐步积累经验，循序渐进，谋求发展的思想理念。可能对你的一生都会有好处。

除了这"三定"，其实还有很重要的"一定"，就是"定心"。心神不定，朝三

暮四，何能准确地"定向、定点、定位"？不过无论做什么，都需要"定心"。从哲学角度来看，"三定"实际上就是解决职业生涯设计中"干什么"、"何处干"、"怎么干"这三个最基本的问题。这三个问题解决好了，职业生涯发展就会比较顺利。

三、提供心理咨询指导

职业院校学生由于社会经验不足，市场经济知识匮乏，在改革的现实与原有的习惯和价值观发生撞击时，便容易出现对社会现实不适应和不理解，而导致重重心理障碍的产生。如意志力差、心理脆弱的学生面对市场经济优胜劣汰的激烈竞争感到无所适从，产生一种恐惧感；空中楼阁式的理想化的个人目标在现实生活中难以实现带来的一种烦恼感；频繁而复杂的人际关系使不善于交往的学生出现了难以应付的心理负担等。通过组建心理咨询室，对学生进行心理健康教育，帮助学生克服心理障碍，摆脱沉重的心理负荷。通过开设职业指导课，向学生传授职业选择的基本原则、就业心理准备等，帮助学生改变不正确的从业心理，确立新型的自主择业观。

（一）就业技巧指导

求职、就业是一门艺术，涵盖许多技巧和学问，是毕业生谋职成功不可缺少的因素。为了提高毕业生求职就业的成功率，学校要从心理、气质、形象、口头表达、待人接物、人际关系处理等多方面对学生加以训练，使学生更好地认识自己，掌握必要的求职技巧，根据自己的优势选择职业，以达到顺利就业的目的。有针对性地对学生进行就业能力和职业适应能力的培养。

学生毕业前在选择就业方向时，所遇到的问题往往是不相同的，职业咨询除有针对性地个别进行外，平时就要根据学生的特点，进行就业能力和职业适应能力的培养。通过举办座谈会、演讲比赛、辩论会、智力竞赛、主题班会、学习经验交流会、体育比赛等方式，提高学生的组织能力、表达能力、人际交往能力、心理承受能力。通过交流、座谈、讨论等提出具体的职业咨询建议。

（二）职业指导要与思想教育相结合

为使学生在自己将来的职业岗位上更好地为社会做贡献，思想教育应始终贯穿于职业指导的全过程之中。学校要加强对学生的职业道德、职业理想等思想教育，使学生树立正确的人生观和职业观，帮助学生正确认识自我，了解自我，正确理解个人与社会、事业与谋生、奉献与索取之间的关系，为职业选择奠定良好的思想基础，使学生在就业视野上变封闭型为开放型；在就业追求上变理想型为现实型；在就业心理上变自卑型为自信型。

(三)职业教育要与家庭教育相结合

家庭尤其是父母对子女职业意向的形成有着重大而直接的影响作用，所以职业指导不仅要面向学生，而且要面向学生的家长，向家长宣传职业指导的意义和方法等，争取家庭教育与院校职业指导的有效配合，帮助学生进行职业定向。

四、加强学生职业能力的培养

一是加强学生社会交往能力的培养，创造机会让学生多参加一些人际交往活动，通过交往活动使学生学习和掌握言谈的艺术、得体的举止、处事的态度和待人接物的本事等；二是加强学生环境适应能力的培养，为学生生存和发展创造条件，使其在复杂多变的环境中找到自我的位置，调整好自己的心态；三是采取开设课程或讲座的形式，讲授管理知识和市场信息，并通过让学生到实习企业或社会调查，学习和掌握生产部门的经营管理技巧，以加强学生经营管理能力的培养；四是针对学生在就业的道路上将面临着应聘、谋职、提薪与晋升等竞争，加强学生竞争能力的培养，引导学生树立竞争意识；五是加强学生承受挫折能力的培养，使学生能够正确对待失败，养成吃苦耐劳、知难而进的作风，培养学生在思想、意志、体力等方面做好迎风斗浪的一切准备。

第五节　成功度过试用期

刚入职的新人往往都要经历一个试用期，在这一时期该如何适应新的工作环境、如何处理好与上司和同事的关系、该以什么样的心态来对待新工作，这些问题会直接影响着个体后续职业的发展。如何成功度过试用期？

一、试用期存在的社会现象

找到工作的职业院校学生，相当一部分会进入试用期。试用期，是用人单位和劳动者相互了解、适应的一个时期。但是，少数用人单位却利用劳动力市场供大于求、学生求职心切的心理，屡屡设下试用期陷阱。"半年被'试用'了三次，不签合同、不买保险、不发全薪……什么福利都没有。"广东某职业学院应届生齐同学初入职场，却连连遇上不良企业，试用期成为"白用期"。据广州媒体报道，由于就业形势严峻，"试用合格方签劳动合同"目前成为不少招聘企业的不成文规定；许多职业院校学生因求职心切，遭受过用人单位的各种"剥削"。

对此，职业院校学生要擦亮眼睛，警惕黑心的试用期陷阱，并依法维权。这些试用期陷阱主要有以下几种：口头约定一"试"了之；找借口试用期将满被辞退；试用期"没完没了"；试用期内不享受工伤保险。为了防止掉入种种试用期的陷阱，职业院校学生应该注意以下几点：

一是进入用人单位后，必须及时要求和单位签订劳动合同；二是试用期间要注意保留相关证据，如试用期间的劳动合同、工资单、考勤表等，凡是能够证明自己与单位存在劳动关系、工作起始日期、工作内容等的证据，都要保存好；三是求职时要先了解用人单位是否真有用人意向，不要被那些常年招人、常年换人的不法单位所蒙骗；四是一旦发现权益受到侵害，如不付报酬、薪金过低、工伤拒赔、违规延长试用期等，要及时向劳动监察部门举报或提起仲裁和诉讼，以便维护自己的合法权益。

二、试用期常见的心理问题

"我的几个同学找的工作都比我好，我一定要超过他，可是怎么做才能超过他呢？""我总是把我自己的思想锁在工作上，可是不知为什么，越干越没精神？""天哪，领导又在骂人了，下一个会不会轮到我？"这些都是职业院校学生在试用期常常出现的想法。

试用期的心理状态比较复杂，一方面是对岗位的茫然，工作无从下手，不知所措。另一方面又想积极表现自己，争取获得同事和老板的认可，争取早些稳定下来，摆脱忐忑不安的焦躁心理状态。这是人在不熟悉的环境中的本能心理反应，希望得到别人的认可是人类所具有社会属性所决定的。各种因素的影响，往往给人的压力是巨大的，过大的压力有时会因为精神过度集中而造成反应迟钝，不能从容调整工作及事务的关系和顺序，更难做到统筹安排，从而产生怕失误怕工作不到位的心理压力。受心理放大效应的影响，这个时期的人也往往极其敏感（神经过敏时期），工作环境中的正常的事物，可能会产生判断的失误和动作及行为的过激。所以，安全度过入职的试用期显得尤为重要。

另外，职业院校学生在试用期中最容易遇上两种压力：一种是工作压力，一种是心理压力。而工作压力若是加重了，很可能也会上升到心理压力。正常的压力并不足惧，可怕的是重压之下，对自己的工作状态形成了负面影响。如果你发现自己已经有这个苗头，就意味着你的心态出了问题，心态出问题，试用期可能要出现危机了。现在有学生在试用期间一边面对现实的压力，一边是对未来不确定性的担心，种种原因使他们要么冒着风险证明自己，犯了错又承受不了压力；要么安于现状，求稳怕变。无论是哪种情况，都出于心态的不稳所致。最后都不会给企业留下好的印象。

刚刚工作最容易犯的一个错误就是心态不好，认为事事应该绝对公平，认为以自己的才能应该可以有一个更好的位置或薪水，这种心态万不可取。许多学生事先对新岗位估计不足、有不切实际的想法。当他们按照这个过高的目标接触现实环境时，往往会产生一种失落感，如看到身边的同事与自己拿一样的薪水或更高的薪水，却做着比自己少的多的活时，心理感到不平衡，觉得处处不如意、不顺心。因此在踏上工作岗位后，要能够根据现实的环境调整自己的期望值和目标，从基层小事中去锻炼自己。

三、做好度过试用期的心理准备

职业院校的学生在进入工作岗位时，就要做好试用期转正的心理准备，首先要清楚试用期究竟"试"什么。试用期往往会"试"三个方面的内容：一试工作态度。一个人的工作态度在试用期内，是完全能够看出来的。一个人对工作的看法不一样，自然采取的行动也不一样。这背后就是一个人的价值观和成就动机。一个没有任何职业成就动机的人，很难说工作认真、负责、用心和勤奋，只有把工作当作生活重要组成部分的人才能勤奋敬业，仅靠装是装不出来的。工作态度不好的员工，或者说没有任何职业成就动机的员工，是绝对不可能有什么好的工作成绩，自然是不能给予转正的。二试工作方法。试用期对一个人的工作能力形成一种综合评价是很难的。因此在实际的工作中，人的能力就是指工作方法。工作方法来源于两个方面：一是经验；二是思维能力。同样一件事情，不同的人做会有不同的结果，其原因就是工作方法问题。所以试用期考察一个人的能力，就是考察他的工作方法。三试职业毛病。任何人都或多或少有点毛病，而试用期就是试毛病的大小和毛病的性质。毛病的大小是指是否被团队成员所容忍，是否在企业文化能包容的范围之内；毛病的性质是指是否与企业的价值观冲突，是否和工作本身的业务特点相冲突。比如：财会人员如果粗心毛糙，一定做不好，累死也做不好。

另外，还要熟悉了解自己所在的行业、企业、部门、岗位。这主要包括：

(1)了解公司所在行业的发展状况：该行业是朝阳产业，还是夕阳行业？这样就能知道几年后自己积累的工作经验，对职业发展有什么帮助。如果转入相关行业，还需要补充哪些技能，或自己可对哪些领域进行研究、谋求发展。在工作中要不断关注行业评论，听取前辈们的观点，逐渐深化认识。(2)了解公司在行业内的地位，关注公司的战略发展，所在公司是属于行业龙头，还是面临内忧外患、业绩正在下滑等。这样就能知道自己能和公司一起走多远，3-5年计划也就有了雏形。即使公司在规模、盈利、薪酬等各方面都不算最好，但是对如一张白纸的新人来说，有足够的东西可以学习是最宝贵的。工作技能、企业规章制度、企业管理、上岗培训的知识积累，以及对职场礼仪、办公室政治等职场潜规则的学习，都是职场生存的重要基础。(3)关注职业机会，熟悉公司内部的组织结构。包括公司有哪些部门，各个部门的职能、运作方式如何，自己所在部门在公司中的功能和地位，所在部门内同事的头衔和级别，公司的晋升机制等。对公司整体框架有了概念，就能初步明确自己在公司的发展前景，从而争取主动、实施计划。在做好本职工作、积累职场经验的同时，还可以积极为下一份工作做准备。比如了解心仪职业的职业定义和应该具备的职业技能、核心竞争力，利用空余时间提升自我。(4)熟知工作程序和工作环境。在最短的时间内熟悉与工作相关的人和事；熟知自己的工作性质和工作任务，所在岗位有些什么要求，责任有多大，处罚如何规定，必须牢记在心；熟悉公司的业务范围和与岗位有关的客户情况，这些方面的内容越详细清楚，就越有帮助。

四、试用期心理调试技巧

稳定的心态是使自己工作出色的基础。切忌这山望着那山高。试用生刚刚踏入一个新的单位往往因人面不熟遭冷落、受排挤，甚至受委屈，干活多、受指使、报酬低。试用生往往克服不了这些暂时的困难，受不了这份气，于是思想动摇，又听说别的单位报酬高，别人在那儿干得挺好，不妨去试试，没料到那儿一试也不过如此，于是觉得很后悔。这样一来二去不仅耽误了宝贵时间，更失去了展示自己的机会。因此，作为一名试用生，掌握好一些心理调试技巧是必要的。

(一)学会应对压力

首先要努力去"享受"压力。不管你从事什么职业，只要你处于试用期阶段，辛苦与焦虑都极有可能会与你常相伴，甚至还会产生烦躁和倦怠。要消除心中的压力，关键就是要把自己的心态调整平衡。遇到工作量大或强度高时，应该采用积极的办法，迎着压力而上，不能采取忍受、掩饰、找借口逃避等，以免造成心理上的疲惫。消极态度不但不会增加工作动力，反而还会耗费能量。

其次是为自己做好职场压力管理，努力不让压力"升格"为心理忧郁症，以免给自己带来莫名的苦恼。管理的重点是了解自己优缺点，修正不正确的自我特质。此外，要设定"合理"的工作及人生目标，要求完美大多只会失败，从开阔、弹性的角度来看待人生中的挑战，危机也许会变成转机。

最后是要学会合理使用"减压法"。减压不是忍受，也不是逃避，而是为自己在压力面前营造一种积极的心态，让自己的工作和心理更轻松。比如你想象一件你认为最有趣的事情，并持续回味一会儿；比如在办公室里溜达一会儿，同时回忆一下你最喜欢烹调的某一种菜肴；比如站起来向窗外眺望，仔细观察远处的某种东西，然后刻意地描述出相关细节；比如从自己的位置站起来，尽可能快地把你的办公室或办公场地清扫一遍……总之，减压的办法有很多，不管用什么办法，只要你认为"做些别的事"后，可以让你感到心情轻松许多，不会再为压力而烦恼了，你就毫不犹豫地去做。

(二)妥善处理人际关系

新到一个公司，首先要做的就是在最短的时间内融入这个集体，避免受到排挤和孤立。对于职业院校学生，对搞好同事关系的"游戏规则"就要有更多的了解，才能与他们和谐相处，并从中享受到融入集体所带来的好处和乐趣。概括起来就是为人：锐气藏于胸，和气浮于脸，才气见于事，义气施于人。处世对上司先尊重后磨合、对同事多理解慎支持、对朋友善交际勤联络、对下属多帮助细聆听、向竞争对手露齿一笑。对于多数初涉社会的新人来说，短时期内就在工作上做出令人刮目相看的业绩不是一件容易的事，但你完全有理由不把自己的人际关系搞得乱七八糟。日本给人际关系取了一个形象而动听的名字叫"人脉"，相信良好的人际关系是每一个新人都热切盼望的。它不仅可以带来一份快乐的心情，让工作本身注入一种享受的成分，更能提供许多有形或无形的契机，帮助你的计划在也许成功也许失败之间更大限度地倾向于前者。与周围同事处理好关系，同事们不仅传授经验、指点迷津，而且在试用期结束时，同事们的意见与评价往往会影响着领导作最后的决定。处理好人际关系的要点在于：谦虚、热情、诚恳，以交朋友的方式处理与周围同事的关系。平时多虚心请教，礼貌待人，尊重别人，对别人的事情主动热心地帮忙，不要怕吃点小亏，受点委屈。

(三)调整就业心态

新人最需要的是以下几种心态：

1. 行动的心态

行动是最有说服力的，我们需要用行动去证明自己的存在，证明自己的价值。如果一切计划、一切目标、一切远景都是停留在纸上，不去付诸行动，那计划就不能执行，目标就不能实现，远景就是肥皂泡。

2. 给予的心态

没有给予，就不可能索取。要索取，首先学会给予。给同事以关怀；给经销商以服务；给消费者以满足需求的产品。

3. 学习的心态

干到老，学到老。竞争在加剧，学习不但是一种心态，更应该是一种生活方式。21世纪，实力和能力的打拼将愈加激烈。谁不去学习，谁就不能提高，谁就不会去创新，谁就会落后。同事、上级、客户、竞争对手都是老师。学习能增强自己的竞争力，也能增强企业的竞争力。

4. 包容的心态

用包容的心态，包容他人的不同喜好，包容别人的挑剔。

(四)正确定位自己

要学会脚踏实地、从小事做起、从基层做起。新人在自己部门可以从整理报纸文件、接听电话等做起，为其他同事做些辅助性工作，如打印资料、填写简单表格等，业余时间打扫一下卫生、帮老同事倒杯水，给人留下勤快的印象，又易于融入同事圈中，和同事们相处和谐，得到大家的帮助支持。不但要完成好属于自己的每一项工作，还要做自己不愿做的事情。能否做好那些自己不愿意做的事情是一个人是否成熟的标志，也是一个人能否取得人生成功的主要因素。要学会去适应环境和社会，常言说得好，"合抱之木，生于毫末"。在即将开始的基层第一任职实践中，只要立足本职，从点滴学起、做起、干起，在实践中不断提高自己的综合能力，胜任本职工作只是时间长短而已。

(五)勇于承担责任

在工作中要保持一份高度的责任心，千万不要采取消极的态度，在工作中要千方百计避免出错，做事一定要克服马马虎虎的习惯，谨小慎微，遇事多想，仔细认真，反复检查；提前做些准备，以免措手不及。对一些拿不准的事情，一定要请示领导或请教同事。要督促自己、观察别人，只要是交办自己的事情就非要踏踏实实做好不可，做得好会对工作对自己自身有益。如果做错事要主动承担责任，想办法弥补。事情做不好没关系，但只要勇于承担责任，通常都会获得公司的原谅，甚至会获得公司的信任。

后 记

　　《职业教育心理学》是一门体现职业院校办学特色的重要课程，也是师范生教师教育类专业课程之一。国内已有《职业教育心理学》教材公开出版，但数量并不多，而且在体系的构建上，尚无共识。理性反思与科学建构是新兴学科发展与成熟的关键。一门学科只有在把自身也作为一个问题提出来的时候，它才开始走向成熟。《职业教育心理学》作为一门新兴学科，应当通过不断反身自观而获得可持续发展。本书正是在这一指导思想下进行的一个尝试，编者确立了"以生为本，以实为本"的编写理念，意在以先进的教育教学理论为指导，以职业院校学生学习活动为主线，聚焦于职业院校情境中教与学过程中的心理学基本规律的探讨。本书既具有对职业教育中学生与教师心理规律的理论探索与思考，又力求能理论联系实际，力图体现实用、实效，服务于职业教育。

　　本书由广西师范学院曾玲娟副教授担任主编，并拟定提纲，后经过参编者多次研讨，最后定下全书编写框架。各章具体分工如下所示。第一章：曾玲娟，徐飞；第二章、第五章：徐捷；第三章：曾玲娟；第四章、第七章：张旭；第六章：郭焱、陈刚；第八章：郑斌、陈刚；第九章：徐飞。在各章作者初稿完成后，由曾玲娟负责全书各章节的修改、统稿和定稿，根据实际需要对部分章节内容进行了调整、补充。在这一过程中，贺祖斌教授、黄艳芳教授在百忙中审阅了此书，提出了宝贵意见，梁燕燕老师也进行了部分章节的文字校对工作。

　　本书在编写过程中参考、借鉴、引用了国内许多研究者的宝贵研究成果和鲜活的实践经验，在此谨向原作者和出版者表示衷心的感谢。由于本书由多位教师编写，加之统稿能力有限，在内容、文字风格和一些观点、表述方面有不够完善的地方，敬请广大职业教育工作者、专家、学者和读者提出宝贵意见，在此我们深表由衷的谢意！

　　本书得到广西自治区教育厅高枫厅长、黄宇副厅长、师范处何锡光处长、师资培训中心刘冰主任、职成处张建虹处长的指导和帮助。在此一并致谢！

编　者
2010 年 3 月

主要参考文献

[1]陈琦,刘儒德. 当代教育心理学[M]. 北京:北京师范大学出版集团,2007年第2版:12

[2]张春兴. 教学心理学——三化取向的理论和实践[M]. 杭州:浙江教育出版社,1998

[3]姚海林. 教育心理学的整合与超越[J]. 北京师范大学学报(社会科学版).2005,8(6):5~9

[4]徐大真,金太亮. 中国职业教育心理学回眸:1978—2008[J]. 江苏技术师范学院学报,2008,23(10):12~16

[5]郑日昌,等. 职业技术教育心理学[M]. 北京:北京师范大学出版社,1999:7

[6]黄强,等. 职业技术教育心理学[M]. 天津:天津人民出版社,1991:1

[7]崔景贵. 职业教育心理学导论[M]. 北京:科学出版社,2008

[8]崔景贵. 我国职业教育心理学发展的困境与变革[J]. 职业技术教育.2006(22):68

[9]刘重庆,崔景贵. 职业教育心理学[M]. 上海:立信会计出版社,1998

[10]刘德恩. 职业教育心理学[M]. 上海:华东师范大学出版社,2001

[11]崔景贵. 方法论视角:职业教育心理学研究的问题与对策[J]. 江苏技术师范学院学报,2008,8(23):27~31

[12]冉苒. 关于职业教育心理学研究对象的思考[J]. 职教通讯.2004(12):8~10

[13]王燕,董圣鸿. 职业教育心理学教材内容体系的分层构建[J]. 职教论坛(教研版),2006(5):28~29

[14]韩进之. 教育心理学纲要[M]. 北京:人民教育出版社,1989

[15]谢璟. 中职生职业生涯规划与职业生涯教育[J]. 中国科教创新导刊,2009,9(30)

[16]文书锋. 中职生的师生关系及其对心理健康的影响[J]. 中国职业技术教育,2009(2)

[17]王国华. 职业教育心理学[M]. 北京:高等教育出版社,2005

[18]郑和钧,邓京华,等. 高中生心理学[M]. 杭州:浙江教育出版社,1999

[19]张大均. 教学心理学[M]. 重庆:西南师范大学出版社,1997

[20]林崇德. 发展心理学[M]. 北京:人民教育出版社,1995

[21]刘金花. 儿童发展心理学[M]. 上海:华东师范大学,2001

[22]彭聃龄. 普通心理学[M]. 北京:北京师范大学出版社,2003

［23］张文新．高等教育心理学［M］．济南：山东人民出版社，2004

［24］广东教育学院教育系．现代学校心理学［M］．广州：中山大学出版社，2001

［25］吴增强．现代学校心理辅导［M］．上海：上海科学技术出版社，1998

［26］李有，段虹，郭玉宾．大学生心理健康教育［M］．北京：中国林业出版社，2001

［27］郑维廉．青少年心理咨询手册［M］．上海：上海人民出版社，2000

［28］朱莉娅·贝里曼等．发展心理学与你［M］．陈萍等译．北京：北京人民出版社，2000

［29］张社字．我国职业教育"双师型"教师队伍建设的障碍与实现路径分析［J］．教育发展研究，2004(7～8)

［30］杨启华．教师职业生涯发展阶段与教师职业道德建设［J］．中国教师，2007(2)：22～23

［31］林美玲．教育改革、教师倦怠与报酬［M］．高雄：复文图书出版社，2001：125～140

［32］李代慧．中等职业教育教师压力源分析［J］．职业技术教育，2008(31)：52－53

［33］曾玲娟，伍新春．教师职业倦怠研究综述［J］．辽宁教育研究，2003(11)：79－80

［34］吴真，徐富明，黄蓉．中等职业学校教师心理健康及工作压力状况调查研究［J］．中国职业技术教育，2005，201(11)

［35］冯建国．郑州市中等职业学校教师心理健康调查研究［D］．辽宁师范大学硕士学位论文，2006

［36］毕全起，等．中等职业学校师生关系现状调查与对策［J］．职业时空，2007(20)

［37］曾慧玲，重视中职生的职业心理健康教育［J］．新课程学习，2009，2(21)

［38］皮连生．教育心理学［M］．上海：上海教育出版社，2004

［39］黄蕾．中职生如何做好职业生涯规划［J］．中学教学参考，2009，4(12)

［40］张大均．教学心理学［M］．重庆：西南师范大学出版社，1997

［41］张春新．教学心理学——三化取向的理论和实践［M］．杭州：浙江教育出版社，1998

［42］施良方．学习论［M］．北京：人民教育出版社，2000

［43］李洪玉，何一粟．学习动力［M］．武汉：湖北教育出版社，1999

［44］张爱卿．动机论：迈向二十一世纪的动机心理学研究［M］．武汉：华中师范大学出版社，1999

［45］冯忠良．学习心理学［M］．北京：教育科学出版社，1981

［46］朱智贤．心理学大辞典［M］．北京：北京师范大学出版社，1989

［47］崔景贵．职业教育心理学导论［M］．北京：科学出版社，2008

［48］詹万生．职业道德与职业指导［M］．北京：教育科学出版社，2001

［49］鲁洁，王逢贤．德育新论［M］．南京：江苏教育出版社，1998

［50］李苗．职业道德修养［M］．上海：华东师范大学出版社，2002

[51]刘春生、徐长发. 职业教育学[M]. 北京：教育科学出版社，2002

[52]曹育南、常小勇. 职业道德教育的中外比较研究及启示[J]. 职业技术教育，2002 (19)

[53]陈松兰、陈慧、修云. 对护生职业态度教育的研究[J]. 护理研究，2005(19)

[54]李建设. 高等职业院校应注意加强职业道德教育[J]. 职业时空，2007(24)

[55]秦正修. 浅议职业道德品质的培养途径[J]. 河南财政税务高等专科学校学报，2003 (10)

[56]王进. 论职业技术教育中的职业态度教育[J]. 四川教育学院学报，2001(6)

[57]万洁. 职业素质测评系统在大学生职业规划中的应用探讨[J]. 高教论坛，2008(6)

[58]许启贤. 职业素质及其构成[J]. 江西师范大学学报(哲学社会科学版)，2001(11)

[59]王瑞明、莫雷. 职业素质测评的发展述评[J]. 华南师范大学学报，2007(4)

[60]钟一先、翁上锦、王雅珍. 职业态度的含义及其养成[J/OL]. http: // www. tech. net. cn/y-jyjs/gjgn/tw/830. shtml

[61]赵建伟，何玲. 人员素质测评理论与方法[M]. 成都：四川大学出版社，2007

[62]周文，龚先，方浩帆. 素质测评与职业生涯规划[M]. 长沙：湖南科学技术出版社，2005

[63]郑日昌. 心理测量学[M]. 北京：人民教育出版社，1999

[64]贾斌，杜大为. 人员素质与能力测评[M]. 北京：电子工业出版社，2006

[65]萧鸣政等. 人员测评理论与方法[M]. 北京：中国劳动社会保障出版社，2004

[66]萧鸣政. 人员测评与选拔[M]. 上海：复旦大学出版社，2005

[67]戴海崎，张峰，陈雪枫. 心理与教育测量[M]. 广州：暨南大学出版社，2005

[68]彭聃龄. 普通心理学[M]. 北京：北京师范大学出版社，2004

[69]傅瑜. 开展中职生职业生涯规划的经验[J]. 职教论坛，2005，10(3)

[70]欧少冠. 浅论中职生职业生涯设计的必要性[J]. 青年科学，2009，9(3)

[71]张承芬，张景焕. 教师心理素质的隐含研究[J]. 心理科学，2001，24(5)

[72]舒尔兹. 成长心理学[M]. 北京：三联书店，1988

[73]李亚芹，凌云. 从中职生的就业心态谈职业指导[J]. 职教论坛，2004，11(4)

[74]李莉，阎兵. 关于中职生职业心理健康状况的分析[J]. 高教论坛，2008，1(6)